당신은 내 인생입니다.
이 책을 읽고 꿈에 도전하여
성공하시길 소망합니다.

_____ 님께

우리는 대부분 자신이 생각했던 것
이상의 용기를 가지고 있다

{ 데일 카네기
인간관계론 }

사람을 다루는 방법

데일 카네기
인간관계론

2013년 5월 20일 1판 인쇄
2018년 5월 10일 5판 발행

지은이   데일 카네기
옮긴이   차전석
디자인   김민호
펴낸이   김정재
펴낸곳   나래북 · 예림북
신고번호 제313-2007-27호
본 사   경기도 고양시 일산서구 대산로 215 연세프라자 303호
전 화   031-914-6147
팩 스   031-914-6148
이메일   naraeyearim@naver.com

ISBN 978-89-94134-25-3 (14320)

* 잘못된 책은 구입하신 서점에서 교환해 드립니다.
* 책값은 뒤표지에 있습니다.
* 역자와 협의하여 인지는 생략합니다.

HOW TO WIN FRIENDS AND
INFLUENCE PEOPLE

데일 카네기
인간관계론

사람을 다루는 방법

데일 카네기 지음 | 차전석 옮김

 나래북

| 머리말 |

사람을 알기 위한 유용한 기술

이 책은 1936년에 초판이 발행된 이후 지금까지 세계 각국의 언어로 번역되면서 약 1500만 부, 1년에 30만 부 이상이 판매되었다. 이런 경이로운 판매 실적을 올리게 된 것은 이 책이 사람들에게 절실하게 느껴지는 부분에 화답을 해주고 있다는 반증이기도 할 것이다. 이 책은 사람을 다루는 3원칙, 사람의 호감을 사는 6원칙, 사람을 설득하는 12원칙, 사람을 변화시키는 9원칙, 행복한 가정을 만드는 7원칙으로 구성되어 있으며, 인간관계의 분야에 있어서 그야말로 현대의 고전이라 불릴 수 있는 지위에 오르면서 수많은 사람들의 필독서가 되었다.

이 책은 카네기가 강의를 위한 교본을 만들기 위해 신문, 잡지, 재판 기록은 물론이며 심리학, 철학, 그밖에 인간관계와 관련이 있는 모든 글들을 1년 반에 걸쳐 모은 것이며, 또한 각계의 유명 인사들과 직접 만나 그들의 경험담을 듣고 정리한 것이다.

카네기의 이런 작업은 15년 동안 계속되었고, 결국은 인간관계론이라는 한 권의 책으로 완성되게 되었다. 따라서 이 책은 어느 날 갑자기 완성된 것이 아니라 15년이라는 긴 세월을 카네기 자신이 강연 현장에서 직접 가르치고 그 성과를 직접 체험한 집대성이라 할 수 있을 것이다.

인간관계에서 가장 큰 문제는 하나의 객관적 진실에 두 개 이상의 주관적 관점의 차이에서 비롯되는 것이 아닐까 생각한다.

우연히 책을 읽다 발견한 이야기이다. 앤드루 카네기가 주최하는 '문학 만찬회'라는 연례 모임에서 존 버로스와 『동물기』로 유명한 어니스트 톰프슨 시턴의 관계에 대해 나오는 장면이 있다. 이 두 사람은 그동안 사이가 별로 좋지 않았지만, 이 자리를 통해 화해를 하게 된다는 장면인데, 재미있는 것은 화해를 하게 된 계기에 대해 시턴이 자신의 자서전에서 쓴 주장과 앤드류 카네기의 자서전에서의 주장이 서로 상반된다는 것이다.

어쩌면 인간의 이런 관점의 차이, 혹은 서로 상반된 주장을 하기 때문에 인간관계가 힘든 것일지도 모르겠다.

-역자

Contents

| 머리말 | • 6

| Part 01 | **사람을 다루는 3원칙**

1. 꿀을 얻으려면 벌통을 걷어차지 마라 • 13
2. 사람을 다루는 중요한 비밀 • 32
3. 상대의 입장에 서보라 • 50

| Part 02 | **사람의 호감을 사는 6원칙**

1. 성실하게 관심을 쏟아라 • 75
2. 웃는 얼굴을 잊지 말아라 • 92
3. 이름을 기억하라 • 103
4. 듣는 입장에 서라 • 116
5. 관심이 무엇인지를 꿰뚫어보라 • 131
6. 진심 어린 칭찬을 하라 • 137

| Part 03 | **사람을 설득하는 12원칙**

1. 논쟁을 피하라 • 159
2. 잘못을 지적하지 말라 • 169
3. 잘못을 인정하라 • 185
4. 차분하게 말하라 • 195
5. 'Yes'라고 대답할 수 있는 질문을 선택하라 • 211
6. 상대가 말하게 하라 • 219

7. 스스로 생각하게 하라 • 228

8. 상대의 입장이 되어보라 • 239

9. 공감 능력을 발휘하라 • 245

10. 아름다운 마음에 호소하라 • 255

11. 연출을 생각하라 • 263

12. 경쟁심을 자극하라 • 268

Part 04 사람을 변화시키는 9원칙

1. 먼저 칭찬을 하라 • 275

2. 우회적으로 주의를 주어라 • 283

3. 자신의 실수를 먼저 말하라 • 286

4. 명령을 하지 말라 • 291

5. 체면을 살려주어라 • 293

6. 사소한 일에도 칭찬을 하라 • 298

7. 기대를 걸어라 • 304

8. 격려해주어라 • 309

9. 기꺼이 협조하게 만들어라 • 313

Part 05 행복한 가정을 만드는 7원칙

1. 지나친 잔소리는 금물 • 321

2. 장점을 인정하라 • 329

3. 허물을 캐지 마라 • 333

4. 칭찬하라 • 339

5. 작은 배려를 게을리 하지 마라 • 344

6. 예의를 지키자 • 348

7. 성에 대한 올바른 지식을 가져라 • 353

Feeling sorry for yourself, and your present condition, is not only a waste of energy but the worst habit you could possibly have.
당신 자신과 당신의 상황을 불쌍하게 여기는 것은 단순히 기운을 낭비하는 것에 그치지 않고, 인간이 가질 수 있는 최악의 습관이다.

-Dale Carnegie

Part 01

사람을 다루는 3원칙

FUNDDMENENTAL TECHNIQUES IN

HANDLING PEOPLE

01
꿀을 얻으려면 벌통을 걷어차지 마라

1931년 5월 7일 뉴욕에서는 전대미문의 체포 작전이 펼쳐졌다. 흉악한 살인범에 사격의 명수이지만 술 담배를 전혀 하지 않는다는 '쌍권총 크라울리'가 몇 주일 동안의 수색작전에 쫓겨 결국 여자 친구가 살고 있는 웨스트앤드 거리의 아파트에 숨어들었다.

범인이 숨어든 아파트 꼭대기 층을 150명의 경찰관이 포위하고 지붕에 구멍을 뚫어 최루탄을 쏘아 크라울리를 몰아내려 했다. 주변 빌딩의 옥상에는 기관총이 설치되었다. 이렇게 해서 뉴욕의 고급 주택가에 권총과 기관총의 총성이 한 시간 이상 울려 퍼지게 되었다. 크라울리는 두툼한 소파 뒤에 숨어 경찰들을 향해 총을 쏴댔다. 이 체포 작전을 구경하기 위해 모여든 구경꾼의 수가 만 명에 달했다. 실로 뉴욕에서는 전례가 없던 대활극이 펼쳐진 것이다.

크라울리가 체포 된 뒤, 경시청 총감 멀루니의 발표에 의하면 이 '쌍권총'은 뉴욕 범죄사상 보기 드문 흉악범으로 바늘구멍만 한 사소한 일에도 쉽게 총을 들어 살인을 저질렀다고 한다.

그렇다면 이 '쌍권총 크라울리'는 과연 자신에 대해 어떻게 생각하고 있을까? 사실 이에 대한 대답의 단서가 남아 있다. 빗발치는 총격전 속에서도 이 사내는 관계자들에게 편지를 썼던 것이다. 편지를 쓰는 동안에도 피가 철철 흘렀고, 붉게 물든 편지지에는 다음과 같은 내용이 적혀 있었다.

"내 마음은 피로에 지쳐 있지만 그래도 따뜻하다. 그 누구에게도 상처를 입히고 싶지 않다."

이 사건이 일어나기 직전에 크라울리는 롱아일랜드의 한적한 도로에서 자동차를 세우고 여자 친구와 애정행각에 푹 빠져 있었다. 그런데 갑자기 경찰관 한 명이 차로 다가와 말을 걸었다.

"면허증을 보여주시오."

순식간에 권총을 꺼내 든 크라울리는 다짜고짜 경찰관에게 총을 쏘아댔다. 경찰이 쓰러지자 크라울리는 차에서 뛰어내려 경찰관의 총을 빼앗아 다시 최후의 한 발을 날렸다. 이 살인마가 '누구에게도 상처를 입히고 싶지 않은 마음'의 주인이라고 스스로 자칭하고 있는 것이다.

크라울리가 사형선고를 받아 싱싱 교도소의 전기의자에 앉게 되었을 때, "이렇게 된 것도 자업자득이다. 많은 사람을 죽였으니까"라고 했을까? 아니, 천만의 말씀이다.

"나 자신을 지키려고 했을 뿐인데 이런 꼴을 당하다니."

이것이 크라울리가 마지막으로 남긴 말이었다.

이 이야기의 요점은 흉악무도한 크라울리조차 자신이 나쁘다고는 전혀 생각하지 않는다는 것이다. 이런 생각을 가진 범죄자는 적지 않다.

"나는 젊은 시절의 대부분을 세상과 사람들을 위해 살았다. 그런데 내가 얻은 것은 세상의 차가운 비난과 전과자라는 낙인뿐이다."

이렇게 탄식한 것은 과거 미국 전체를 공포의 도가니로 몰고 갔던 암흑가의 보스 알 카포네였다. 카포네와 같은 극악무도한 인간조차도 스스로를 악인이라고 생각하지 않았다. 아니, 오히려 자신이 자선가라고 진지하게 생각하며 세상 사람들이 자신의 선행을 오해하고 있다고 했다.

뉴욕의 일급 악당 더치 슐츠도 그랬다. 갱들 간의 싸움으로 목숨을 잃기 전에 어느 신문기자회견장에서 슐츠는 자신이 사회의 은인이라고 자칭했다. 그리고 본인은 실제로 그렇게 믿고 있었다.

나는 싱싱 교도소장으로부터 이 문제에 관한 흥미로운 이야기를 들었다. 대부분의 수감자들 가운데 자신이 악당이라고 생각하는 경우는 거의 없다는 것이다. 자신이 평범하고 선량한 시민들과 다를 것이 전혀 없다고 생각하고 있으며, 어디까지나 자신의 행위는 정당하다고 믿고 있다는 것이다. 어째서 은행을 털어야 했는지, 또는 왜 권총의 방아쇠를 당겨야 했는지에 대해 기가 막힐 정도로 잘 설명을 한다. 대부분의 범죄자들은 자신의 악행을 그럴듯한 이유로 정당화시키며 교도소에 갇힌 것을 부당하다고 착각하고 있는 것이다.

앞서 예를 든 악당들조차 자신이 정당하다고 착각하고 있다면, 그들과 다른 일반인들은 자신에 대해 어떻게 생각하고 있을까?

"30년 전, 나는 남을 꾸짖는 것이 얼마나 어리석은 것인가를 깨달았다. 자기 자신조차 자신이 마음먹은 대로 되지 않는다. 신이 모든 사람에게 평등한 지능을 주지 않으신 것에까지 화를 내고 있을 여유가 없다."

이것은 미국의 위대한 실업가 존 워너메이커의 말이다. 워너메이커는 이미 젊은 나이에 이 사실을 깨달았지만, 나는 아쉽게도 마흔 살이 다 되어서야 겨우 인간은 아무리 자신이 잘못을 했더라도 결코 자신이 나쁘다고 생각하려 하지 않는다는 사실을 알게 되었다.

남의 흉을 들추는 것은 아무런 도움도 되지 않는다. 상대는 당장에 방어태세를 갖추고 어떻게 해서든 자신을 정당화시키려 노력할 것이다. 게다가 자존심에 상처를 입은 상대는 결국 반발심을 일으키기 때문에 정말로 위험하다.

세계적으로 유명한 심리학자 B. F. 스키너는 동물을 훈련시키며 말을 잘 들었을 때 상을 주고 잘못했을 때 벌을 주었을 경우를 비교해봤을 때, 전자의 경우가 훨씬 더 훈련효과가 높다는 것을 입증했다. 또한 그 이후의 연구를 통해 사람의 경우에도 이것이 똑같이 적용된다는 것을 밝혀냈다. 비판만으로는 지속적인 효과를 기대할 수 없으며 오히려 상대를 화나게 하는 경우가 대부분이다.

또 다른 위대한 심리학자 한스 셀리는 이렇게 말했다.

"우리는 타인으로부터 칭찬받기를 원하는 만큼 비난을 두려워한다."

비판으로 인한 두려움은 종업원과 가족, 친구의 의욕을 떨어뜨릴 뿐 비판의 상황은 조금도 개선되지 않는다.

오클라호마 주 이니드의 조지 존스톤은 한 공장의 안전관리 책임자로 현장 작업자들의 헬멧 착용을 철저히 감독

했다. 헬멧을 쓰지 않은 작업자를 발견할 때마다 규칙 위반을 엄하게 따졌다. 그러면 상대는 불만스러운 표정으로 헬멧을 쓰는 척 하다가 존스톤이 사라지면 다시 벗어버렸다. 그래서 존스톤은 다른 방법을 생각했다.

"헬멧을 쓰는 건 정말 불편해, 안 그런가? 게다가 크기까지 안 맞을 때는 화가 나지. 자네 헬멧은 잘 맞나?" 일단 이렇게 말을 꺼낸 다음 헬멧이 좀 불편하기는 하지만 큰 사고를 예방할 수 있으니 반드시 헬멧을 쓰자고 이야기를 한 것이다. 이렇게 해서 상대는 화를 내거나 원망하지 않고 규칙을 제대로 준수하게 되었다.

남을 비난하는 것이 얼마나 무익한 것인지 그 예는 역사상으로도 많이 있다. 루즈벨트 대통령과 그 후계자인 태프트 대통령 사이의 불화도 그중 하나이다. 이 사건으로 두 사람이 이끄는 공화당이 분열되면서 민주당의 윌슨이 백악관의 새 주인이 되었을 뿐만 아니라 제1차 세계대전에 미국이 참전하게 되면서 역사의 흐름이 바뀌게 되었다.

1908년, 루즈벨트는 대통령의 지위를 같은 공화당원인 태프트에게 물려주고 자신은 아프리카로 사자 사냥을 떠났다. 그러나 얼마 뒤 돌아와 보니 태프트의 정책이 너무나도 보수적이라는 여론이 들끓고 있었다. 그래서 루즈벨트는 차기 대통령 후보의 지명을 받기 위해 혁신당을 조직

했다. 그 결과 공화당은 파멸의 위기를 맞이하게 되었고, 다음 선거에서 태프트를 대통령 후보로 내세운 공화당은 버몬트와 유타 주 두 곳에서만 지지를 받으며 전례가 없는 참패를 당했다.

루즈벨트는 태프트를 비난했다. 그러나 과연 태프트는 자신이 틀렸다고 생각했을까? 물론 그렇게 생각하지는 않았다.

"아무리 생각해봐도 나는 그것 말고 달리 방법이 없었다." 태프트는 분에 찬 눈물을 흘리며 사람들에게 이렇게 말했다.

솔직히 나는 이 두 사람 중에 과연 누구의 잘못이 더 큰지 모르겠고, 또한 알 필요도 없다. 내가 말하고 싶은 것은 루즈벨트가 아무리 심하게 태프트를 비난한다고 하더라도 태프트는 스스로 잘못했다고 생각하지 않는다는 것이다. 때문에 어떻게 해서든 자신의 입장을 정당화시키기 위해 필사적으로 "아무리 생각해봐도 그렇게 할 수밖에 달리 방법이 없었다"라는 주장만 되풀이할 뿐이다.

다음으로 터포트 돔 유전 의혹사건의 예를 들어보기로 하자. 이 사건은 미국에서 일어난 전대미문의 의혹사건으로 국민의 분노가 몇 년 동안이나 식지 않을 정도로 큰 사건이었다. 앨버트 폴이란 인물이 이 의혹의 핵심 인물로,

하딩 대통령이 집권 당시 요직인 내무장관을 하던 인물이었다. 그는 당시 정부 소유의 터포트 돔과 엘크 힐의 유전 임대에 관한 실권을 쥐고 있었다. 원래 이 유전은 해군용으로 보존하게 되어 있었지만, 폴은 입찰도 하지 않고 친구인 에드워드 도헤니와 임대 계약을 체결하고 큰돈을 벌게 해주었다. 그리고 도헤니는 '대부금'이란 명목으로 10만 달러를 폴에게 융통해주었다. 그러자 이 내무부장관은 주변 유전으로 인해 엘크 힐의 석유 매장량이 감소할 것을 우려해 해병대까지 동원해서 유전 주변의 다른 업자들을 몰아내기 시작했다. 그러나 총칼에 내몰린 사람들은 모두 힘을 합쳐 법원에 소송을 제기했다.

이렇게 해서 1억 달러에 달하는 배임수뢰 사건이 만천하에 드러나게 되었다. 이 사건은 너무나도 추악했기 때문에 결국 하딩 대통령은 하야하게 되었고 전 국민의 분노를 산 공화당은 위기에 처했으며, 앨버트 폴 자신은 교도소 신세를 져야 하는 결과를 초래했다.

폴은 현직 장관으로서는 전례가 없는 중벌을 받았다. 과연 폴은 자신의 죄를 뉘우쳤을까? 전혀 아니다. 몇 년 뒤에 허버트 후버 대통령이 어느 강연회에서 하딩 대통령의 죽음을 재촉한 것은 친구인 폴의 배신으로 인한 정신적 충격 때문이었다고 말한 적이 있다. 그때 우연히 강연회 자리에 있었던 폴의 부인이 의자에서 벌떡 일어나 주먹을 휘두르며 악을 썼다.

"뭐라고요, 폴이 하딩을 배신했다고요? 천만에 말씀! 내 남편은 배신을 한 일이 단 한 번도 없어요. 이 건물 안에 황금이 가득 차 있다고 하더라도 남편은 비리에 휘말리지 않을 사람이에요. 남편이야말로 배신을 당했어요. 배신당하고 죽임을 당한 희생양이라고요."

이런 식으로 나쁜 사람일수록 자신의 잘못은 뒤로한 채 남의 탓으로 돌리려 한다. 이것이 인간의 천성인 것이다. 이것은 비록 악당들에게만 국한된 이야기가 아니다. 평범한 우리 또한 마찬가지다. 따라서 만약 타인을 비난하고 싶어질 때는 알 카포네와 크라울리와 폴의 이야기를 떠올리길 바란다. 누군가를 비난하는 것은 마치 하늘을 향해 침을 뱉는 것과 마찬가지로 반드시 자신에게로 돌아오게 되어 있다. 남의 잘못을 헐뜯거나 상대를 공격한다면 결국 상대는 역으로 당신을 원망하며 태프트처럼 "그렇게 하는 것 이외에 달리 방법이 없었다"라고 말할 것이 불 보듯 뻔한 일이다.

1865년 4월 15일 아침의 일이다. 포드 극장에서 부스의 흉탄에 쓰러진 아브라함 링컨은 극장 건너편의 싸구려 여관의 침대에 눕혀져 죽음을 기다리고 있었다. 침대가 너무

작아 링컨은 그 위에 비스듬하게 누워 있었다. 벽에는 로자 보뇌르의 유명한 〈말 시장〉의 싸구려 복제 그림이 걸려 있었고, 어두침침한 가스 등불이 노랗게 흔들리고 있을 뿐이었다.

그 자리에서 이 비통한 모습을 지켜보고 있던 스탠턴 육군 장관은 "여기에 누워 있는 사람만큼 완전하게 인간의 마음을 지배해온 사람은 이 세상에 아무도 없을 것이다"라고 중얼거렸다.

그 정도로 완벽하게 사람들의 마음을 사로잡았던 링컨의 비결은 무엇일까? 나는 링컨의 생애에 대해 10년 동안 연구를 하고, 다시 3년에 걸친 집필과 수정 끝에 『알려지지 않은 링컨』이라는 책을 펴냈다. 링컨의 인간적 측면과 그의 가정생활에 대하여 빈틈없이 연구하였고, 그 결과물에 대해서는 타의 추종을 불허할 만한 것이라 자부하고 있다. 그중에서도 링컨이 사람을 다루는 비결에 대해서는 특히 심도 깊은 연구를 하였다. 링컨이 과연 남을 비난하였는지를 보자면, 결론적으로 아주 많이 그랬다.

그가 젊은 시절 인디애나 주의 피전 크리크 밸리라는 작은 시골 마을에 살고 있을 때, 그는 사람들을 헐뜯는 것은 물론이고 상대를 조롱하는 시나 편지를 써서 일부러 사람들 눈에 잘 띄는 길가에 떨어뜨려놓곤 했다. 그 편지 하나 때문에 평생 그에게 반감을 품은 사람도 있었다. 스프링필드에서 변호사를 개업한 뒤에도 그는 반대자를 공격하는 편지를 신문지상에 공개했고, 나중에는 그로 인해 분란이 과열되어 결국은 호되게 봉변을 당하기도 했다.

1842년 가을, 링컨은 제임스 실즈라고 하는 허영심 많은 아일랜드 출신의 싸움꾼 정치가를 공격했다. 스프링필드 저널에 익명으로 풍자 글을 실은 것이었다. 이 글이 게재되자 도시는 온통 웃음바다가 되었지만, 다혈질에 자존심이 강한 실즈는 화가 단단히 났다. 투서의 주인이 누군지를 밝혀낸 그는 당장에 말을 타고 링컨에게 달려가 결투를 신청했다. 링컨은 결투 자체를 반대했지만 어쩔 수 없이 결투를 받아들일 수밖에 없었고, 무기의 선택은 링컨이 하게 되었다. 링컨은 유난히 팔이 길었기 때문에 기병용 칼을 골랐고, 육군사관학교 출신 친구에게 검술을 배웠다. 결전의 날이 되어 두 사람은 미시시피 강의 모래사장에서 만나 드디어 결투가 시작되려고 할 때, 두 사람 사이에 중재인이 나서 결국 이 결투는 보류를 하게 되었다.

이 사건은 링컨의 간담을 서늘하게 했고, 덕분에 그는 사람을 다루는 방법에 있어 대단히 소중한 교훈을 얻게 되었다. 두 번 다시 남을 비방하는 글을 쓰거나 조롱을 하지 않았고, 무슨 일이 있더라도 남을 비난하는 일은 절대로 하지 않았다.

그리고 많은 세월이 흘러 남북전쟁이 일어났을 때, 포토맥 강 중심으로 펼쳐진 전투가 뜻대로 되지 않자 링컨은 계속해서 사령관을 갈아치워야만 했다. 매클레런, 포프, 번사이드, 후커, 미드 등의 장군을 갈아치웠지만 모두 다 실패를 하고 말았다. 링컨은 완전히 비관적인 상황에 처하고 말았다. 국민의 대다수는 이 무능한 장군들에게 비난의 목소리를 퍼부었지만, 링컨은 '비난을 버리고 사랑을 택하자'라고 마음을 다잡으며 마음의 평정심을 잃지 않았다.

"남에게 심판을 받고 싶지 않다면, 상대를 심판하지 마라." 이것이 링컨의 좌우명이었다.

링컨은 아내와 측근들이 남부 사람들을 저주할 때마다 이렇게 대답했다.

"너무 나쁘게 생각하지 말게. 우리의 입장이 바뀌었다면 아마 남부 사람들처럼 했을 테니까."

링컨에게 남을 비난할 만한 상황이 적었을까? 그렇지 않다. 링컨이야말로 남을 비난할 수밖에 없는 상황에 자주 처한 사람이다. 한 가지 예를 들어보기로 하자.

1863년 7월 1일부터 사흘에 걸쳐 게티즈버그에서 남북 양군의 격전이 펼쳐졌다. 4일 밤이 되자 리 장군이 이끄는 남부군은 폭우를 틈타 후퇴를 하기 시작했다. 리 장군이 패잔병들을 이끌고 포토맥 강까지 퇴각했을 때는 이미 밤새 내린 폭우로 강이 범람하고 있었다. 도저히 강을 건널 수가 없었고, 등 뒤에서는 기세등등한 북군이 추격해 오고 있었다. 남부군은 완전히 궁지에 몰리게 된 것이다. 링컨은 남부군을 괴멸시키고 전쟁을 당장에 종결시킬 수 있는 절호의 기회에 기뻐하면서 부푼 기대감에 미드 장군에게 작전 회의를 생략하고 곧바로 추격할 것을 명령하였다. 이 명령은 전보로 미드 장군에게 전달되었고, 대통령 특사가 파견되어 당장 공격을 개시하도록 독촉하였다.

그러나 미드 장군은 링컨의 명령과는 정반대로 움직였다. 작전회의를 열고 시간을 허비하며 온갖 구실로 공격을 늦추었다. 그러는 사이 강물이 줄어들어 리 장군은 남부군을 이끌고 강 건너편으로 퇴각하고 말았다.

링컨은 화가 났다.

"대체 이게 무슨 짓이야?"

그는 아들 로버트를 붙들고 소리쳤다.

"제길! 대체 어떻게 된 거야! 적은 독 안에 든 쥐였어. 조금만 손을 쓰면 되었을 것을, 내가 무슨 명령을 내려도 우리 군대는 손가락 하나 까닥하지 않아. 그런 상황이라면 어떤 장군이라도 남부군을 소탕할 수 있었을 것을. 나라도 할 수 있을 정도였다고!"

몹시 낙담한 링컨은 미드 장군 앞으로 한 통의 편지를 썼다. 이 무렵 링컨이 말투에 대단히 조심하고 있었다는 것을 참고로 덧붙여두기로 하겠다. 때문에 1863년에 쓴 이 편지를 통해서 링컨이 얼마나 화가 나 있었는지를 상상할 수 있을 것이다.

친애하는 장군

나는 적장 리 장군의 탈출 때문에 벌어질 불행한 사태의 중대성을 귀하가 제대로 인식하고 있다고 믿을 수 없습니다. 적은 그야말로 우리 수중에 들어왔었습니다. 추격만 했다면 지금쯤 우리 군이 거둔 전과 덕분에 전쟁을 종결시킬 수 있었을 것입니다. 그러나 이 절호의 기회를 놓친 현재로서는 종전의 희망은 사라지고 말았습니다. 장군은 지난 월요일에 리를 공격하는 것이 가장 안전했습니다. 그러나 공격을 하지 않아 강을 건너버린 지금 그를 공격하는 것은 절대로 불가능할 것입니다.

이제는 그날 병력의 3분의 2밖에 동원할 수 없습니다. 앞으로 장군의 활약을 기대하는 것은 무리라고 여겨집니다. 그리고 실제로 나는 기대하고 있지 않습니다. 장군은 천재일우의 기회를 놓쳐버렸습니다. 때문에 나는 헤아릴 수 없는 고통을 느끼고 있습니다.

미드 장군은 이 편지를 읽고 어떻게 생각했을까? 실은 미드 장군은 이 편지를 읽지 못했다. 링컨은 이 편지를 보내지 않았기 때문이다. 이 편지는 링컨이 죽은 뒤 그의 서류 속에서 발견되었다.

이것은 내 추측에 지나지 않지만, 아마도 링컨은 이 편지를 다 쓰고 난 뒤에 잠시 창밖을 바라보았을 것이다. 그리고 이렇게 중얼거렸음에 틀림이 없다.

"잠깐, 너무 서두르지 않는 게 좋을지도 몰라. 이렇게 조용히 백악관에 앉아 미드 장군에게 공격 명령을 내리는 것은 아주 쉬운 일이야. 만약 내가 게티즈버그 전선에 서서 일주일 동안 미드 장군이 보았던 유혈의 참상을 직접 보았다면, 그리고 부상자들의 비명과 죽음의 절규에 귀청이 떨어질 듯했다면, 어쩌면 나도 공격을 계속할 마음이 생기지 않았을지도 모르지. 만약 내가 미드 장군처럼 선천적으로 소심한 성격이었다면 아마 나도 그와 똑같이 했을지도 몰라. 게다가 이미 지나가버린 일이다.

그래, 이 편지를 보내면 내 마음이 조금은 편해질지도 모르지만 미드는 어떨까? 자신을 정당화시키며 나를 원망하겠지? 그리고 내게 반감을 사고 앞으로 사령관으로서의 역할을 제대로 하지 못해 결국은 군을 떠나야 할 거야."

이런 생각 때문에 링컨은 앞에서 말했던 것처럼 편지를

보내지 않은 것이 틀림없다. 링컨은 젊었을 때의 경험을 통해 대부분의 경우 심한 비난과 문책은 아무런 도움이 되지 않는다는 것을 잘 알고 있었다.

루즈벨트는 대통령 재임 중에 어려운 일에 부딪히면 언제나 방에 걸려 있는 링컨의 초상화를 바라보며 '링컨이라면 이 문제를 어떻게 처리했을까?'라고 곰곰이 생각했다고 한다.

우리도 타인을 공격하고 싶어졌을 때는 루즈벨트 대통령처럼 '링컨이라면 이럴 때 어떻게 했을까?'라고 생각해보는 것이 어떨까?

타인의 결점을 고쳐주고자 하는 마음은 분명 훌륭하고 칭찬받아 마땅한 일이다. 그러나 어째서 자신의 결점을 먼저 고치려 하지 않는 걸까? 타인을 교정하기보다는 자신의 잘못을 고치는 것이 훨씬 도움이 되고 위험도 적다. 이기주의적인 입장에서 생각한다면 당연한 이치이다. 브라우닝은 "사람은 자기 자신과 싸울 때 비로소 성숙한 사람이 된다"고 말했다. "자신의 집 현관이 더러운 주제에 이웃집 지붕에 쌓인 눈을 불평하지 말라"는 것은 동양의 현자 공자의 말이다.

내가 아직 젊었을 때의 일이다. 당시 나는 어떻게 해서든 사람들에게 인정받기 위해 안달이 나 있었다. 나는 당시 미국의 문단에서 인정을 받고 있었던 작가 리처드 하딩 데이비스에게 어리석은 편지를 보낸 적이 있다. 당시 한 잡지에 작가론을 쓰고 있던 나는 그의 작업 방식에 대해 직접 물어보려 한 것이다. 마침 몇 주 전에 어떤 사람에게서 편지를 받았는데 편지 끝에는 다음과 같은 문구가 적혀 있었다.

"구술을 통해 들었지만, 읽지는 않았음.(Dictated but not read: 주로 의료관계 종사자들이 자주 쓰는 문장의 끝인사)"

이 문구는 내 맘에 쏙 들었다. 편지 주인이 아마도 대단히 바쁜 유명인사일 것이라고 여겨졌다. 나는 전혀 바쁘지가 않았지만 어떻게 해서든 데이비스에게 강한 인상을 주기 위해 이 문구를 편지 마지막에 인용했다.

데이비스는 대답 대신에 내 편지를 반송시켜버렸다. 반송된 편지 여백에는 "무례가 지나치다"라고 적혀 있었다. 분명 내가 잘못했다. 그런 모욕을 당해도 할 말이 없다. 그러나 나도 어쩔 수 없는 인간이라 분을 참을 수 없었다. 그리고 10년 뒤에 리처드 하딩 데이비스의 죽음을 신문을 통해 접하게 된 순간 제일 먼저 머릿속에 떠올랐던 것은 부끄럽게도 옛날의 모욕이었다.

죽을 때까지 남의 원한을 사고 싶다면 상대를 신랄하게

비판하기만 하면 된다. 그 비판이 맞을수록 효과는 훨씬 커진다. 사람을 다룰 때는 상대를 논리적 동물이라고 여겨서는 안 된다. 상대는 감정의 동물이며, 편견으로 가득 차 있으며, 자존심과 허영심에 의해 행동한다는 것을 마음속에 새겨두어야 한다.

비판은 자존심이라는 화약고에 불을 지르는 일과 같이 위험하다. 비판은 남의 수명을 줄이는 결과를 초래할 수도 있다. 가령 레너드 우드 장군은 자신에게 쏟아진 비난과 프랑스 출정을 거부당한 일에 자존심이 상해 때이른 죽음을 맞이했다. 영문학을 더욱 빛나게 한 토마스 하디가 더 이상 소설을 쓰지 않게 된 것은 분별없는 비평 때문이었고, 영국의 천재 시인 토마스 채터턴을 자살로 내몬 것도 비평이었다.

젊은 시절 인간관계가 서툴기로 유명했던 벤저민 프랭클린은 훗날 매우 뛰어난 사교의 기술을 익히고 사람을 잘 다루게 되어 결국 프랑스 주재 미국대사에 임명되었다. 그의 성공 비결은 '절대로 남의 흉을 보지 않고 장점을 칭찬하는 것'이었다고 스스로 말하곤 했다.

남을 비평하거나, 비난하거나, 잔소리를 하는 것은 아무리 바보라도 할 수 있다. 그리고 어리석은 사람일수록 그렇게 하고 싶어 한다. 이해와 관용은 뛰어난 성품과 인내심을 갖춘 사람이 제일 먼저 갖추어야 할 덕목이다.

영국의 사상가 칼라일은 "위인은 소인배들을 다루는 방법으로 그 위대함을 보여준다"라고 했다.

남을 비난하는 대신에 상대를 이해하려고 노력하자. 무슨 이유에서 상대가 그런 일을 저지르게 되었는지 곰곰이 생각해보자. 그 편이 훨씬 상책이고 또한 재미도 있다. 그렇게 한다면 동정, 관용, 호의도 저절로 우러나오게 된다. 모든 것을 알면 모든 것을 용서할 수 있게 된다.

영국의 위대한 문학가 존슨 박사는 이런 말을 했다. "신조차 인간을 단죄하기 위해서 그 사람의 죽음을 기다려야 한다." 하물며 인간이 그때까지 기다려주지 못할 이유가 없다.

Key point

| 사람의 마음을 움직이는 원칙 1 |

사람에 대해 비판도 비난도 하지 않는다.
불평도 하지 않는다.

02 사람을 다루는 중요한 비밀

 사람을 움직이는 비결은 이 세상에 단 하나밖에 없다. 이 사실을 깨달은 사람은 그리 많지 않은 것 같다. 스스로 하고 싶은 마음이 생기게 하는 것, 이것이 비결이다.

 다시 한 번 강조하지만 이것 이외의 비결은 없다.

 물론 상대의 가슴에 총구를 들이대고 손목시계를 풀고 싶은 마음이 들게 하는 것은 가능하다. 종업원을 자르겠다고 협박하여 협력하게 만들 수도 있다. 적어도 감시의 눈길을 게을리 하지 않는 동안에는. 회초리와 꾸중으로 아이들을 마음대로 조종할 수도 있다. 그러나 이런 조잡한 방법으로는 언제나 반발이라는 바람직하지 않은 결과만 초래할 뿐이다. 사람을 움직이고자 한다면 상대가 원하는 것을 주는 것이 유일한 방법이다.

당신이 바라는 것은 무엇인가?

20세기의 위대한 심리학자 지그문트 프로이트에 의하면 인간의 모든 행동은 두 개의 동기에서 비롯된다. 그것은 바로 성적 충동과 위대해지고 싶다는 욕망이다.

미국의 저명한 철학자이자 교육자이기도 한 존 듀이 교수도 이와 똑같은 말을 하였다. 즉, 인간이 가지고 있는 가장 뿌리 깊은 충동은 '중요한 인물이 되고자 하는 욕구' 라는 것이다. '중요한 인물이 되고자 하는 욕구' 란 정말로 의미심장한 문구이다. 이 책에서는 그 점에 대해 신중하게 검토해보고자 한다.

당신은 무엇을 원하고 있는가? 아무리 원하는 것이 없는 사람이라 할지라도 반드시 손아귀에 넣지 않으면 안 된다고 여기는 것이 몇 가지는 있게 마련이다. 평범한 사람이라면 일단 다음과 같은 것을 원하고 있을 것이다.

1. 건강과 장수
2. 음식
3. 수면
4. 돈, 혹은 돈으로 살 수 있는 것
5. 내세의 생명

6. 성욕의 만족
7. 자손의 번영
8. 남에게 인정받는 것

이러한 욕구는 대부분 충족시킬 수 있는 것이기는 하지만, 단 한 가지 예외가 있다. 이 욕구는 음식과 수면욕과 마찬가지로 뿌리 깊고 쉽게 만족시킬 수 없는 것이다. 다시 말해서 여덟 번째 항목인 '남에게 인정받는 것'이 그것으로, 프로이트가 말하는 '위대해지고 싶은 욕망'이며 듀이가 말한 '중요한 인물이 되고자 하는 욕구'이다.

링컨은 편지에 "인간은 누구나 공치사를 듣고 싶어 한다"라고 적은 적이 있다. 위대한 심리학자 윌리엄 제임스는 "인간의 본성 중에 가장 강한 것은 타인에게 인정받기를 갈망하는 마음이다"라고 했다. 여기서 제임스가 희망이나 필요나 바람과 같은 어정쩡한 표현을 쓰지 않고 굳이 "갈망한다"고 했다는 것에 주목을 하기 바란다.

이것이야말로 인간의 마음을 끊임없이 뒤흔들어놓는 타는 듯한 갈증인 것이다. 타인의 이런 마음의 갈증을 제대로 충족시켜줄 수 있는 사람은 거의 없지만, 그렇게 될 수 있어야만 비로소 타인의 마음을 자신의 수중에 넣을 수 있는 것이다. 장의사라 할지라도 그런 사람의 죽음은 슬퍼할 것이다.

중요한 사람이 되려는 욕구는 인간을 동물과 구별하게 해주는 인간의 주요 특성이다. 이에 관한 재미있는 이야기가 있다. 내가 미주리 주의 시골에 살던 어린 시절에 아버지는 두록 저지 종의 우량 돼지와 흰 머리의 순종 소를 기르고 있었는데, 그 녀석들을 중서부 각지의 품평회에 출품시켜 일등상을 몇 번이나 수상했다. 아버지는 많은 명예로운 파란 리본들을 한 장의 흰 모슬린 천에 핀으로 꽂아놓고, 손님이 올 때마다 항상 그 긴 모슬린 천을 꺼내 왔다. 천의 한쪽은 아버지가 잡고 나머지 한쪽은 내가 잡아 파란 리본들을 손님들에게 자랑하는 것이다. 돼지는 자신이 탄상에는 전혀 관심이 없었지만, 아버지는 매우 큰 관심을 가지고 있었다. 쉽게 말해 이 상은 아버지 자신의 중요성을 인식시켜 준 것이다.

만약 우리의 선조들이 중요한 사람이 되고자 하는 불타오르는 욕구를 갖고 있지 않았다면 인류의 문명은 탄생할 수 없었을 것이다.

가난하고 배우지 못한 식료품 가게의 점원을 분발시켜 이전에 50센트를 주고 산 몇 권의 법률서적을 짐 속에서 꺼내서 공부하게 만든 것은 중요한 사람이 되고 싶다는 욕구 덕분이었다. 이 점원은 바로 링컨이다.

영국의 소설가 디킨스에게 위대한 소설을 쓰게 한 것도, 18세기 영국의 유명한 건축가 크리스토퍼 렌에게 불후의 걸작을 남기게 한 것도, 록펠러에게 평생을 써도 다 쓸 수 없을 정도의 막대한 부를 이루게 한 것도 모두 자신의 중요성에 대한 욕구이다. 부자가 필요 이상으로 커다란 저택을 세우는 것 역시 같은 욕구 때문이다.

최신 유행으로 몸을 치장하거나 신형 자가용을 타고 다니는 것도 자기 자신의 자랑을 하는 것도 모두 이 욕구에서 비롯된 것이다. 수많은 소년들을 악의 구렁텅이에 빠지게 만든 것도 이 욕구 때문으로, 뉴욕 경시청 총감이었던 멀루니는 이렇게 말했다.

"최근 들어 청소년 범죄는 마치 자아의 덩어리와 같은 것이다. 체포된 뒤에 녀석들이 제일 먼저 요구하는 것은 자신들의 기사를 대문짝만 하게 다루며 영웅 취급을 하는 신문을 보여달라는 것이다. 자신의 사진이 스포츠 스타, 영화나 비디오 스타, 유명 정치가 등의 사진과 함께 실려 있는 것을 보면서 전기의자에 앉아야 한다는 두려움조차 잊어버리는 것이다."

자기 존재의 중요성을 만족시키는 방법은 사람에 따라 각각 차이가 있으며, 방법에 따라 그 사람이 어떤 인물인지를 알 수 있다. 자기 존재의 중요성을 만족시키는 방법에 따라 그 인간의 인격이 결정되는 것이다. 이것은 매우 큰 의미가 있는데, 예를 들어 존 D. 록펠러가 자기 존재의 중요성을 충족시키는 방법은 전혀 모르는 중국의 빈민들을 위해 북경에 근대적 병원 건설비용을 기부하는 것이었다. 반면에 딜링저라는 사내는 자기 존재의 중요성을 만족시키기 위해 도둑질, 은행 강도, 그리고 결국은 살인범이 되고 말았다. 어느 날 FBI에 쫓기다 미네소타의 농가에 숨어든 그는 "나는 딜링저다!"라고 소리쳤다. 자신이 흉악범이라는 사실을 과시한 것이다.

"너희들을 해칠 생각이 없다. 내가 바로 딜린저다!"

딜린저와 록펠러의 가장 큰 차이는 자기 존재의 중요성을 충족시키기 위한 방법에 있다. 유명 인사들이 자기 존재의 중요성을 충족시키기 위해 기울인 흥미로운 노력의 예는 역사 속에서도 많이 찾아볼 수 있다. 조지 워싱턴조차 '미합중국 대통령 각하'라고 불리길 바랐다. 콜럼부스도 '해군 대제독, 인도 총독'이라는 호칭을 간절히 원했다. 러시아의 예카테리나 여왕은 자신에게 온 편지에 '폐하'라는 호칭이 적혀 있지 않으면 거들떠보지도 않았고, 링컨 부인은 대통령관저에서 그랜트 장군 부인에게, "어머, 당신 정말 뻔뻔하네요! 내가 앉으란 말을 하기도 전에 앉아 버리다니!"라며 서슬이 시퍼런 얼굴로 소리쳤다.

1928년의 버드 제독의 남극 탐험대에 미국의 백만장자들은 자금을 지원했는데, 그들은 조건으로 남극 산맥들에 자신들의 이름을 붙이라는 조건을 달았다. 프랑스의 문호 빅토르 위고는 파리를 자신과 연관된 이름으로 바꾸고자 하는 욕망을 품기도 했다. 우리의 위대한 셰익스피어조차도 자신의 이름을 빛내기 위해 돈을 모아 가문의 문장을 사들였다.

남의 동정과 주의를 끌어 자기 존재의 중요성을 충족시키기 위해 꾀병을 앓는 사람도 있다. 예를 들어 매킨리 대통령 부인의 경우가 그렇다. 그녀는 자기 존재의 중요성을 충족시키기 위해 남편인 매킨리 대통령을 침실에 붙들어 놓고 자신이 잠들 때까지 몇 시간이고 애무를 하게 하여 중대한 국사를 소홀하게 만들기도 했다. 그 덕분에 상대의 주의를 끌었다는 욕구를 만족시키기는 하였다. 그러던 어느 날, 대통령은 다른 약속 때문에 어쩔 수 없이 부인을 치과 병원에 남겨두고 먼저 자리를 떠야만 했다. 대단한 소동이 일어났을 것은 불 보듯 훤한 일이었다.

나는 어떤 젊고 건강한 여성이 자기 존재의 중요성을 만족시키기 위해 환자가 되었다는 이야기를 들은 적이 있다. 어느 날, 이 여성은 정체를 알 수 없는 벽에 부딪힌 느낌을 받았다. 아마도 그 벽은 그녀의 나이였을지도 모른다. 혼기를 놓친 그녀 앞에는 희망이 없는 고독한 나날들만이 기다리고 있을 뿐이었다.

결국 그녀는 자리에 눕고 말았다. 그 뒤로 10년 동안 그녀의 늙은 어머니가 매번 3층의 침실까지 식사를 가져다주며 그녀의 간호를 계속하였다. 그러던 어느 날, 간호에 지친 늙은 어머니가 쓰러져 그대로 죽고 말았다. 환자는 슬픔에 젖어 몇 주 동안을 보냈지만 이윽고 몸을 추스르고 일어나 몸단장을 하고 이전의 건강을 되찾았다.

전문가의 이야기에 따르면 현실의 세계에서는 자기 존재의 중요성을 충족시킬 수 없었기 때문에 비정상적인 세계에서 대리만족을 충족시키기 위해 실제로 정신 이상을 일으키는 사람도 있다고 한다. 미국 병원에는 다른 환자들 모두를 합친 것보다 많은 정신병 환자가 수용되어 있다.

정신 이상의 원인은 대체 무엇일까?

이런 대략적인 질문에는 누구나 대답하기 곤란할 것이라고 생각하지만 특정 질환, 예를 들어 매독 등에 걸리면 뇌세포까지 파괴되어 발작을 일으키게 된다는 것은 잘 알려진 사실이다. 실제로 정신병자의 거의 절반은 뇌 조직의 장애, 알코올, 독소, 외상 등의 신체적 요인에 의한 것이고, 당혹스럽게도 나머지 절반은 뇌 세포에 아무런 조직적 결함을 찾아 볼 수 없다고 한다. 사체를 해부해서 뇌 조직을 가장 먼저 현미경으로 조사해보더라도 정상인과 전혀 차이가 없다고 한다. 뇌 조직에 이상이 없는 정상인이 어째서 미쳐버리는 걸까?

나는 일찍이 이에 대하여 어느 저명한 정신병원 원장에게 물어보았다. 이 원장은 정신병의 최고 권위자로 인정을 받고 있는 인물이며 그는, "솔직히 말해서 그런 사람이 왜 정신에 이상이 생겼는지 나도 잘 모르겠다"고 말했다. 확실한 것은 아무도 모른다. 그러나 그는 현실 세계에서 충족되지 않은 자기 존재의 중요성을 얻기 위해 미쳐버리는 경우가 많다는 것은 확실하다고 말했다. 그리고 이런 이야기를 들려주었다.

"지금 내 환자 중에는 결혼에 실패한 여성 환자가 한 명 있습니다. 그녀는 애정, 성적 만족, 자식, 사회적 지위 등을 기대하고 결혼생활을 시작했습니다. 그런데 현실은 그녀의 꿈을 무참하게 짓밟아버리고 말았죠. 남편은 그녀를 사랑하지 않았습니다. 식사조차 함께 하지 않으며 자신의 식사를 2층 자신의 방으로 나르게 했습니다. 아이도 태어나지 않았고, 사회적 지위도 성에 차지 않았습니다. 그녀의 정신은 이상이 생기기 시작했습니다. 그리고 정신병을 얻은 채 남편과 이혼하고 옛 성을 되찾게 되었습니다. 지금은 영국의 귀족과 결혼했다고 믿으며 스미스 백작 후작 부인이라고 부르지 않으면 대꾸도 하지 않습니다. 게다가 그녀는 매일 밤 아이를 낳았다고 착각하고 있습니다. 내가 진찰을 할 때마다 그녀는 어젯밤에 아이를 낳았다고 말하는 겁니다."

그녀의 꿈을 실은 배는 모조리 현실이라는 암초에 부딪혀 산산이 부서지고 말았지만, 이제 그녀는 정신착란이라는 화려한 공상 속에서 살게 되었고 그녀의 꿈을 태운 배는 순풍에 돛단 배처럼 이곳저곳의 항구에 정박하고 있는 것이다.

이것은 과연 비극일까? 나는 뭐라 말할 수가 없다. 그 의사도 이렇게 말했다.

"만약 내가 손을 뻗어 그녀의 정신병을 고쳐줄 수 있다고 하더라도 나는 그러고 싶지가 않습니다. 지금 그대로의 상태가 그녀에게 더 행복할 테니까요."

자기 존재의 중요성을 너무나 갈망한 나머지 정신착란의 세계에 빠진 채로 그것을 충족시키려는 사람도 이 세상에는 있다. 그렇다고 한다면 우리가 정상적인 세계에서 이 바람을 충족시켜준다면 그 어떤 기적도 일어날 수 있는 것이 아닐까?

50달러의 주급이 꽤 많은 급여였던 시절에 연봉 100만 달러 이상의 급여를 받은 몇 안 되는 실업가 중에 찰스 슈와브가 있다. 슈와브는 1921년 U. S. 스틸사가 설립되었을 당시 앤드류 카네기가 사장으로 지명한 인물이다. 당시 슈와브는 38살의 젊은 나이였다.

앤드류 카네기가 슈와브라는 사내에게 왜 100만 달러, 즉 하루에 3000달러 이상의 급여를 지불했을까? 슈와브가 천재였기 때문에? 제철에 대한 최고 권위자였기 때문에? 아니다. 슈와브의 말에 의하면 제철에 관해서라면 자신이 고용하고 있던 수많은 직원들이 자신보다 훨씬 더 많이 알고 있다고 했다.

슈와브가 이렇게 많은 급여를 받을 수 있었던 까닭은 바로 사람을 다루는 데 탁월했기 때문이라고 스스로 평가 했다. 어떻게 다루느냐는 물음에 그는 다음과 같은 비결을 가르쳐주었다. 이것은 정말로 기가 막힌 명언이다. 동판에 새겨 각 가정, 학교, 상점, 사무실 등의 벽에 걸어두어도 좋을 것이다. 아이들도 라틴어의 동사변화와 브라질의 연간 강수량 따위를 외울 시간에 이 말을 암기시켜야 할 것이다. 이 말을 제대로 활용할 수 있다면 우리의 인생도 크게 바뀌게 될 것이다.

"내게는 사람들의 열의를 불러일으킬 능력이 있다. 이것은 내게 있어 무엇과도 바꿀 수 없는 보물이라고 생각한다. 타인의 장점을 키워주기 위해서는 칭찬과 격려가 가장 좋은 방법이다. 상사의 꾸지람만큼 향상심을 꺾는 것은 없다. 나는 결코 남을 비난하지 않는다. 사람을 움직이기 위해서는 격려가 반드시 필요하다고 굳게 믿고 있다. 때문에 남을 칭찬하는 것을 좋아하고, 남의 흉을 보는 것을 좋아하지 않는다. 맘에 드는 것이 있다면 진심으로 찬성하고 아낌없는 찬사를 보낸다."

이것이 슈와브의 비결이다. 그런데 평범한 사람들은 어떤가? 완전히 정반대다. 맘에 들지 않으면 맹공격을 퍼붓고, 맘에 들면 아무 말도 하지 않는다.

"나는 지금까지 세계 각국의 많은 훌륭한 사람들과 사귀어왔는데, 아무리 지위가 높은 사람이라 할지라도 잔소리를 듣고 일하기보다는 칭찬을 받고 일하는 것이 훨씬 일의 능률이 높고 결과물도 훌륭하다. 나는 단 한 번도 예외적인 경우를 본 적이 없다"라고 슈와브는 단언했다.

이것이 앤드류 카네기가 큰 성공을 거둘 수 있었던 열쇠였다고 슈와브는 말하고 있다. 카네기 또한 공사를 막론하고 남에 대한 칭찬을 아끼지 않았다.

카네기는 남의 일에 대해 자신의 묘비에까지 새겨가며 칭찬하려고 했다. 그가 직접 쓴 묘비명은 이랬다.

"자신보다 현명한 인물들을 주변으로 모이게 하는 방법을 터득한 자가 이곳에 잠들다."

록펠러의 비결은 진심이 담긴 감사였다. 다음과 같은 이야기가 있다. 에드워드 베드포드라는 그의 공동출자자가 있었는데, 한 번은 이 사내가 남미에서 구매에 실패하여 회사에 100만 달러라는 막대한 손해를 입혔다. 다른 사람이었다면 아마도 불같이 화를 냈을 것이다. 그러나 록펠러는 베드포드가 최선을 다했다는 것을 알고 있었다. 게다가 사건은 이미 다 끝난 상태였다. 록펠러는 반대로 상대의 칭찬거리를 찾았다. 그는 베드포드가 투자액의 60퍼센트를 회수할 수 있었다는 것을 칭찬해주었다.

　"대단해! 그 정도로 회수할 수 있었던 것도 다 자네 덕분일세."

　프로렌스 지그펠드라고 하면 브로드웨이를 열광시킨 대흥행사였는데 어떤 여자라도 멋진 미인으로 꾸며내는 위대한 수완 덕분에 명성을 얻게 되었다. 누구의 눈길도 끌지 못하는 초라한 소녀를 발굴해서 무대에 올리기만 하면 기묘한 매력을 발산하는 모습으로 변해 있는 것이다. 칭찬, 신뢰의 힘을 알고 있던 그는 친절한 마음과 배려로 여성들이 스스로 아름답다고 여기게 만드는 것이다. 그는 말로만 끝나지 않고 주급 30달러의 코러스 걸들의 급여를 175달러까지 올려주었다. 거기에 신사적인 친절함도 잘 알고 있었다. 공연 첫날 밤에는 출연자들에게 축전을 보냈고, 코러스 걸들 전원에게는 화사한 장미꽃다발을 선물하였다.

어느 날, 나는 호기심에 단식을 시험해보기 위해 6일 동안 아무것도 먹지 않고 보낸 적이 있었다. 그다지 어려운 일은 아니었다. 단식이 끝나는 6일째보다는 2일째 밤이 제일 힘들었다. 만약 가족이나 고용인들에게 6일 동안이나 음식을 주지 않았다면 우리는 아마도 죄의식을 느끼게 될 것이다. 그러면서도 음식과 마찬가지로 모든 사람이 갈망하고 있는 진심 어린 칭찬은 6일은커녕 6주 동안이나, 어떨 때는 6년에 한 번도 하지 않는 경우도 많다.

'빈의 재회'라고 하는 유명한 연극의 주연을 맡았던 명배우 알프레드 런트도 "내게 가장 필요한 자양분은 내 평가를 높여주는 말이다"라고 말했다.

우리는 자식들과 친구와 고용인에게 육체에 필요한 자양분은 주고 있지만, 그들의 자기 평가에 대한 자양분은 주고 있지 않다. 소고기와 감자를 주어 체력을 보강시켜주기는 하지만 따뜻한 칭찬의 말을 건네는 것은 잊고 있다. 따뜻한 칭찬은 밤하늘의 별들이 연주하는 음악처럼 언제까지나 기억 속에 남아 마음의 양식이 되어준다.

'뭐야, 다 헛소리야! 빤한 아첨이다! 낡은 수법이다! 그런 수법은 다 알려진 거야! 지성이 있는 사람에게는 전혀 통

하지 않아!'

독자들 중에는 여기까지 읽고 이렇게 생각하는 사람도 있을 것이다.

물론 아첨은 분별력이 있는 사람에게는 통하지 않을 것이다. 아첨이란 것은 천박하고, 이기적이고, 성의라고는 전혀 찾아볼 수 없다. 그런 것이 통하지 않는 것은 당연한 것이고 실제로도 통하지 않는다. 그러나 아사 직전의 인간이 풀이든 벌레든 닥치는 대로 먹어치우듯이 무슨 말이든 있는 그대로 받아들일 정도로 칭찬에 굶주려 있는 사람들이 세상에는 상당히 많다는 것도 사실이다.

엠비다니 형제가 많은 결혼 경력에도 불구하고 결혼 시장에서 인기가 있는 이유는 무엇일까? 어떻게 이 둘은 미인, 여배우, 성악가수, 백만장자와 결혼할 수 있었을까? 여성 기자 아델라 로저스 세인트 존은 이에 대해 이렇게 말했다.

"엠비다니 형제의 매력에 대해 사교계에서 유명한 여성인 폴라 네그리가 내게 설명해주었습니다. '그 둘만큼 아부를 잘하는 사람은 없어요. 요즘 사라져가는 아부의 기술에 여자들이 매력을 느끼는 게 분명해요.'"

영국의 빅토리아 여왕조차 아첨을 좋아하는 경향이 있었다. 당시의 재상 디즈레일리도 여왕에게는 수없이 아첨을 떨었다는 것을 스스로 인정하고 있다. 그의 말을 빌리자면 '흙손으로 바르듯이' 아첨을 떨었다고 했다. 그는 대영제국 역대 재상들 중에서 보기 드물게 세련된 사교의 천재였다. 디즈레일리가 이용해서 효과를 보았다고 우리에게도 반드시 효과가 있을 것이라고는 단정할 수 없다. 결국 아첨이라는 것은 이익보다는 오히려 해를 가져다준다. 아첨은 거짓이다. 위조지폐와 마찬가지로 그것을 통용시킨다면 언젠가는 반드시 그 대가를 치르게 된다.

그렇다면 아첨과 감탄은 어떻게 다를까? 해답은 아주 간단하다. 후자는 진실이며 전자는 진실이 아니다. 후자는 마음으로부터 나오고 전자는 입으로부터 나온다. 후자는 이타적이고 전자는 이기적이다. 후자는 모든 사람으로부터 사랑을 받지만 전자는 모든 사람으로부터 미움을 산다.

나는 최근 멕시코시티의 차풀테펙 궁전을 방문했는데, 그곳에는 오브레곤 장군의 흉상이 있었다. 흉상 아래에는 다음과 같은 장군의 신조가 적혀 있었다.

"적은 두려워할 필요가 없다. 감언이설을 속삭이는 친구를 두려워하라."

감언이설, 나는 감언이설을 권하고 있는 것이 절대로 아니다. 내가 권하고 있는 것은 '새로운 생활방식'인 것이다. 다시 한 번 강조하지만 나는 '새로운 생활방식'을 권하고 있는 것이다.

영국의 왕 조지 5세는 버킹검 궁전의 서재에 여섯 개 항목의 금언을 걸어두었다. 그중에 하나는 "싸구려 칭찬은 주지도 받지도 말 것을 명심할 것"이다.

아첨이 바로 '싸구려 칭찬'인 것이다. 또한 아첨의 정의에 대해 다음과 같이 서술한 책을 읽은 적도 있다.

"상대의 자기 평가에 딱 맞는 말을 해줄 것."

이것은 가슴에 새겨둘 만한 말이다.

미국의 사상가 에머슨은 "인간은 어떤 말을 하더라도 본심을 속일 수는 없다"라고 경고했다.

만약 아첨을 하여 모든 것이 순조롭게 돌아갈 수 있다면 누구나 아첨을 하게 되어 세상 사람들 모두가 사람을 다루는 달인들로 가득할 것이다.

인간은 무언가 문제가 생겨 마음을 빼앗겼을 때 이외에는 거의 대부분 자신에 대해서만 생각하며 살고 있다. 여기서 잠시 자신에 대한 생각을 접어두고 타인의 장점에 대해 생각해보는 것은 어떨까? 타인의 장점을 알 수 있다면 뻔한 싸구려 아첨 따위는 하지 않아도 될 것이다.

또 에머슨은 이렇게 말하고 있다.

"누구에게나 어떤 점에서는 나보다 뛰어나다. 내가 배워야 할 점을 가지고 있는 것이다."

에머슨이 이렇게 말할 정도인데, 하물며 우리와 같은 평범한 사람들에게는 두 말할 필요도 없을 것이다. 자신의 장점, 욕구를 잊어버리고 타인의 장점을 생각하도록 하자. 그러면 아첨 따위는 전혀 필요하지 않을 것이다. 진심 어린 마음으로 칭찬을 하자. 슈와브처럼 진심으로 찬성하고 아낌없이 칭찬하자. 상대는 그것을 마음속 깊이 새기며 평생 동안 잊지 않을 것이다. 정작 칭찬한 본인은 잊더라도 상대는 언제까지나 잊지 않고 간직할 것이다.

Key point
| 사람의 마음을 움직이는 원칙 2 |

솔직하고 성실한 평가를 하라.

03
상대의 입장에 서보라

해마다 여름이 되면 나는 메인 주로 낚시를 간다. 나는 딸기와 크림을 아주 좋아하지만 물고기들은 지렁이를 더 좋아한다. 때문에 낚시를 할 때면 내가 좋아하는 것은 생각하지 않고 물고기가 좋아하는 것을 생각하게 된다. 딸기나 크림을 미끼로 쓰지 않고 지렁이를 바늘에 끼워 물고기 앞에 던져놓고 "하나 드세요" 한다. 사람을 낚시할 때도 이 방식을 이용하면 된다.

영국의 수상 로이드 조지도 이 방법을 이용했다. 제1차 세계대전 중에 그와 함께 활약했던 연합군의 지도자인 윌슨, 올랜도, 클레망소와 같은 사람들은 세상 사람들의 기억 속에서 사라진 지 오래지만, 그만은 여전히 그 지위를 보존하였다. 그 비결을 묻자 그는 "낚시 바늘에는 물고기가 좋아하는 것을 걸어야 한다"라고 대답했다.

자신이 좋아하는 것을 문제로 삼을 필요가 있을까? 그런 것을 문제 삼는 것은 어린애 같은 바보짓이다. 물론 우리는 자신이 좋아하는 것에 흥미를 갖고, 평생 품고 살 것이다. 그러나 자신 이외에는 아무도 그것에 흥미를 가져주지는 않는다. 세상 사람들 모두 우리와 마찬가지로 자신의 일로 머릿속이 꽉 차 있다.

따라서 사람을 움직이는 유일한 방법은 그 사람이 좋아하는 것을 직시하고 그것을 손에 넣을 방법을 가르쳐주는 것이다. 이 점을 망각한다면 절대로 사람을 움직일 수 없을 것이다. 예를 들어 자신의 아들이 담배를 피우지 않길 바란다면 설교는 절대로 금물이다. 자신의 바람을 이야기해서도 안 된다. 담배를 피우면 절대로 야구선수가 될 수 없고, 100미터 달리기에서도 절대로 이길 수 없다는 것을 설명해주어야 한다.

이 방법을 터득한다면 아이들이나 송아지, 그리고 침팬지까지도 마음먹은 대로 움직일 수 있다. 이런 이야기가 있다. 에머슨과 그의 아들이 송아지를 외양간에 집어넣으려 했다. 그런데 에머슨 부자는 세상 사람들이 흔히 저지르는 잘못을 저지르고 말았다. 자신들이 원하는 것만을 생각했던 것이다. 아들이 송아지를 당기고 에머슨은 뒤에서 밀었다. 송아지 또한 에머슨 부자와 똑같이 힘을 주고 버텼다. 다시 말해서 자신이 원하는 것밖에 생각하지 못한 것이다. 송아지는 네 발로 딱 버티고 꼼짝도 하지 않았다. 이 광경을 바라보던 아일랜드 출신의 하녀가 달려왔다. 그녀는 수필이나 논문은 쓸 줄 몰랐지만 적어도 이 상황에서만은 에머슨보다 현명했다. 그녀는 송아지가 무엇을 원하고 있는지 알고 있었던 것이다. 그녀는 자신의 손가락을 송아지 입에 넣고 빨게 한 뒤 조심스럽게 송아지를 외양간으로 유도한 것이다.

인간의 행위는 무언가를 바라는 것에서 시작된다. 적십자에 100달러를 기부하는 행위는 어떨까? 이것 또한 이 법칙에서 결코 벗어나지 않는 것이다. 사람을 돕고 싶다는 바람 때문인 것이다. 마치 신처럼 아름답고 자비로운 행위를 하고 싶다고 생각했기 때문이다.

"가난한 형제들을 돕는 것은 주님을 섬기는 것과 같다." 아름다운 행위로 맛볼 수 있는 기쁨보다 100달러가 더 소중한 사람은 기부를 하지 않을 것이다. 물론 거절하기가 맘에 걸려서, 중요한 상대로부터 부탁을 받았거나 하는 이유에서 기부를 하는 경우도 있을 것이다. 그러나 기부를 한 이상 무언가를 원했다는 것은 틀림없는 사실이다.

미국의 심리학자 오버스트리트 교수의 명저 『인간의 행위를 지배하는 힘』에 다음과 같은 내용이 있다.

"인간의 행동은 마음속의 욕구에서 시작된다. 따라서 상대를 움직이는 최선의 방법은 제일 먼저 상대의 마음속에 강한 욕구가 일게 하는 것이다. 사업에 있어서도, 가정, 학교에 있어서도, 혹은 정치에 있어서도 사람을 움직이게 하고자 하는 사람은 이 점을 명심해야 한다. 이것이 가능한 사람은 만인의 지지를 얻는 데 성공할 것이고, 불가능한 사람은 한 사람의 지지자를 얻는 데도 실패할 것이다."

철강왕 앤드류 카네기는 원래 스코틀랜드 출신의 가난한 사람에 불과했다. 처음에는 한 시간에 2센트의 시급밖에 받지 못했지만, 결국은 여러 방면에 3억 6500달러에 달하는 기부를 하게 되었다. 그는 젊었을 때 이미 사람을 움직이기 위해서는 상대가 바라는 것이 무엇인가를 생각하고 이야기를 하는 것 이외에 방법이 없다는 것을 깨닫고 있었다. 학교는 4년밖에 다니지 못했지만 사람을 다루는 방법을 잘 알고 있었던 것이다.

이런 일화가 있다. 카네기의 형수는 예일 대학에 다니는 두 아들 때문에 걱정이 태산이었다. 두 아들 모두 자신의 일만 생각하며 집에는 편지 한 통 보내지 않았다. 그 아이들의 어머니가 아무리 애를 태우며 편지를 보내도 답장이 없었다.

카네기는 조카들에게 답장을 달라고 쓰지 않고 답장을 보내게 할 수 있다는 데 100달러를 걸어도 좋다고 말했다. 내기가 성립되자 그는 조카들에게 편지를 보냈다. 별 특별한 내용을 적은 편지는 아니었지만, 단 마지막에 추신으로 두 사람에게 각각 5달러씩 보낸다고 적었다. 그러나 돈은 함께 보내지 않았다. 조카들에게서 곧바로 답장이 왔다.

"앤드류 삼촌, 편지 감사합니다." 그다음 내용은 상상에 맡기겠다.

상대를 설득시켜 무언가를 시키고자 한다면 입을 열기 전에 먼저 자신에게 물어보라. '어떻게 하면 상대에게 그 일을 할 마음이 생기게 할 수 있을까?'

이런 습관이 몸에 배이면 자기중심적이고 불필요한 말을 할 필요가 없어진다.

나는 한 강습회를 열기 위해 해마다 20일 동안 밤마다 뉴욕의 한 호텔의 넓은 홀을 빌리고 있다. 그러던 어느 날 갑자기 이용 요금을 이전의 세 배에 가깝게 올리겠다는 통보를 받았다. 그때는 이미 모든 입장권의 인쇄는 물론 예약까지 다 끝난 상태였다. 나는 당연히 갑작스러운 요금 인상을 받아들일 수가 없었다. 그러나 내 생각을 호텔 측에 전달한다고 해도 달라질 것이 없었다. 호텔 측에서는 당연히 호텔의 입장밖에 생각하지 않을 것이다. 나는 이틀 뒤에 지배인을 만나러 갔다.

"갑작스러운 요금 인상 소식에 깜짝 놀랐습니다. 하지만 당신에게 따지고 싶지는 않습니다. 내가 당신 입장이었어도 아마 똑같은 편지를 보냈을 겁니다. 호텔의 지배인이라면 가능한 최대한의 수익을 올리는 게 임무이니까요. 만약 그러지 못하는 지배인이라면 잘려도 할 말이 없겠죠. 그래서 말인데, 이번 요금 인상이 호텔에 어떤 이익과 불이익을 초래할지 함께 목록을 작성해보는 건 어떨까요?"

나는 이렇게 말하고 펜을 들어 종이 정중앙에 선을 긋고 '이익'과 '불이익'의 칸을 만들었다. 나는 '이익'난에 '큰 홀이 빈다'라고 적었다.

"빈 홀을 댄스파티나 집회용으로 맘대로 임대가 가능하다는 장점이 있군요. 이것은 분명 이익이 클 겁니다. 강습회용으로 빌려줄 때보다 훨씬 높은 요금을 받을 수 있을 겁니다. 큰 홀을 20일 밤마다 사용하지 못하는 것은 호텔의 입장에서는 큰 손실임에 틀림없습니다.

그럼 이제 불이익에 대해 생각해보죠. 우선 제게서 들어와야 할 수익이 늘지 않고 오히려 줄어들게 됩니다. 아니, 한 푼도 들어오지 않을 겁니다. 저는 당신이 제시하는 금액을 낼 수 없기 때문에 강습회를 다른 곳으로 옮길 테니까요.

그리고 또 한 가지 호텔의 입장에서 불이익이 되는 것이 있습니다. 이 강습회에는 지식인과 문화인들이 많이 모이게 되는데, 이것은 호텔의 입장에서는 아주 멋진 선전효과가 아닐까요? 실제로 신문에 5000달러를 지불하고 광고를 하더라도 이 강습회에 오는 사람들의 숫자만큼 호텔에 오지는 않습니다. 이것은 호텔 선전에 정말 유리한 게 아닐까요?"

이상 두 가지의 '불이익'을 해당 칸에 적어 지배인에게 건네주었다.

"여기 적힌 '이익'과 '불이익'을 신중하게 검토한 뒤에 최종 답변을 부탁드립니다."

다음 날, 나는 사용 요금을 세 배가 아닌 50퍼센트 인상하겠다는 통보를 받았다.

이 문제에 대해 내가 자신의 요구는 한 마디도 하지 않았다는 점에 주목하기를 바란다. 시종일관 상대의 요구에 대해 이야기하면서 어떻게 하면 상대의 요구를 충족시킬 수 있을지에 대해 이야기 했다.

가령 내가 인간의 자연스러운 감정에 따라 지배인의 사무실로 쳐들어가 이렇게 소리쳤다고 해보자. "이봐! 이제 와서 요금을 세 배나 올린다니. 입장권의 인쇄와 예약이다 끝났다는 걸 당신도 알고 있잖아! 세 배라고? 도둑놈 같으니, 누구 그 돈을 내겠어!"

이랬다면 결과는 어떻게 되었을까? 서로 흥분하여 욕설을 하게 될 것이고, 그 결과는 말하지 않아도 잘 알 것이다. 설령 내가 상대를 설득시켰다고 하더라도, 잘못을 인정했다고 하더라도 상대는 물러서지 않을 것이다. 자존심이 그것을 허락하지 않을 것이다.

자동차 왕 헨리 포드가 인간관계의 미묘함에 대해 언급한 명언이 있다.

"성공에 비결이라는 것이 있다면 그것은 타인의 입장을 이해하고 자신의 입장과 동시에 타인의 입장에서 그 대상을 바라볼 수 있는 능력이다."

정말로 음미할 가치가 있는 말이 아닌가? 그야말로 간단하고 알기 쉬운 도리이지만 대부분의 사람들은 대개의 경우 이 점을 간과하고 있다.

그런 예는 얼마든지 있다. 전국에 지사를 둔 한 광고회사의 방송부장이 각 지방 방송국장 앞으로 보낸 편지를 실례로 들어보겠다.(괄호 안의 글은 내 평가이다.)

방송국장님 귀하
저희 회사는 라디오 광고 대리업자로서 항상 일류가 되길 염원하고 있습니다.

(당신네 회사의 염원 따위 누가 알고 싶대! 골치 아픈 일들이 산더미처럼 쌓여 있다고. 집은 경매로 넘어가기 일보 직전이고, 소중한 정원수는 벌레가 먹어 말라서 죽어가고 있고, 주식은 폭락했다. 아침에는 통근차를 놓쳤고, 어젯밤에는 무슨 이유에선지 존스 씨의 무도회에 초대를 받지 못했다. 의사에게는 고혈압과 신경통이란 통보를 받았다. 그렇게 짜증나 있는 상태에서 사무실로 와보니 이 편지가 와 있었다. 뉴욕의 신참내기의 넋두리나 듣고 있을 정신이 없다. 이런 편지가 상대에게 어떤 인상을 심어주는지 알지도 못하면서 무슨 광고를 한다고. 다 때려치우고 양털 세제나 만들어라.)

우리나라에서 방송 사업이 시작된 이래 저희 회사는 두드러지는 업적을 자랑하며 항상 업계의 1위를 차지하고 있습니다.

(그래, 너희 회사가 크고 업계 1위란 말이지. 그게 어쨌다는 건데. 설령 너희 회사가 제너럴 모터와 제너럴 일렉트릭 두 회사를 합친 것보다 몇 배나 더 크다고 해도 나랑은 아무런 상관도 없는 일이다. 나는 너희 회사가 얼마나 큰가보다 우리 회사가 얼마나 큰지에 더 관심이 많아. 최소한 작은 새의 뇌 절반만 되더라도 그 정도는 알 수 있을 것이다. 너희 회사 자랑만 늘어놓으니 마치 무시를 당하고 있는 기분이군.)

저희 회사는 항상 각 방속국의 최근의 동향에 빠르게 대처할 수 있기를 염원하고 있습니다.

(또, 자기 염원 타령이군! 너희 염원 따위는 내 알 바가 아니라고. 내 염원은 어떻게 할 건데! 그런 내용은 하나도 없구만.)

다름이 아니라 귀사의 주간 보고를 듣고 싶으니, 대리업자에게 필요하다고 여겨지는 사항들을 빠짐없이 꼼꼼하게 알려주시기 바랍니다.

(뻔뻔하기가 짝이 없군. 멋대로 지껄여대다가 건방지게 누구에게 보고를 하라 말아야!)

귀 방송국의 최근 상황에 대하여 빠른 답장을 주신다면 서로에게 많은 도움이 될 것이라고 생각합니다.

(이런 쓰레기 같은 편지를 복사해서 보내놓고서 빠른 답장을 달라니 기가 막히는군. 아마 이걸 가을 낙엽처럼 전국에 뿌렸겠지. 빨리라고? 나도 너희들처럼 정신없이 바쁘다고. 대체 무슨 권리로 건방지게 명령을 하는 거야. 서로에게 도움이 된다고 마지막에 와서야 겨우 내 입장을 생각하는 척 하고 있는데, 대체 내게 뭐가 도움이 된다는 건지 모르겠군.)

추신

브랭클빌 저널의 복사본을 한 부 동봉해 보내드립니다. 귀사의 방송에 활용해주신다면 감사히 여기겠습니다.

(추신에서 겨우 서로에게 도움이 된다는 의미를 알겠군. 왜

처음부터 그걸 적지 않은 거야. 뭐, 처음부터 적었다고 해도 달라질 건 없지만. 이런 황당한 편지를 당당하게 보내는 광고업자가 있다니 머리가 어떻게 된 거 아냐? 너희에게 필요한 것은 우리의 상황이 아니라 정신병자가 먹을 약이다.)

광고업을 직업으로 하면서 사람들의 구매 욕구를 자극해야 하는 전문가란 사람들조차 이런 편지를 쓰고 있으니, 다른 직업에 종사하는 사람들이 쓴 편지는 어떨지 상상할 수 있을 것이다.

여기에 또 한 통의 편지가 있다. 운송회사의 운송계장이 내 강습회의 수강자 에드워드 버밀란 씨에게 보내온 것이다.

에드워드 버밀란 귀하

이쪽 상황을 알려드리자면, 화물들의 대부분이 저녁이 다 되는 시간에 한꺼번에 몰리기 때문에 발송 업무에 지장을 초래하는 경우가 많습니다. 그 결과 인부들의 시간외 근무와 화물의 적재와 운송의 지연으로 이어지게 됩니다. 지난 11월 10일 귀사로부터 510개에 달하는 대량의 화물이 도착했는데, 그때는 이미 오후 4시 20분이었습니다. 저희는 이런 사태로 인해 발생할 수 있는 불편을 막기 위해 감히 귀사에 협조를 부탁하기로 했습니다. 앞서 말씀드린 바와 같이 대량의 화물은 도착시간을 좀 더 빠르게 해주시거나, 아니면 오전 중에 그 일부가 도착할 수 있도록 해주시면 감사하겠습니다. 위와 같이 배려를 해주신다면 귀사의 트럭도 기다리는 시간이 짧아지고, 화물도 당일에 발송이 가능해집니다.

이 편지에 대한 버밀란 씨의 감상은 다음과 같았다.

"이 편지는 의도했던 것과는 반대 효과를 초래합니다. 처음부터 자신들의 입장을 내세우고 있지만 나는 그런 것에 전혀 관심이 없습니다. 그런 다음 협조를 구하고 있는데, 그로 인해 발생하는 우리의 불편은 완전히 무시를 하고 있습니다. 마지막에 가서야 겨우 협조를 하면 우리에게 어떤 이익이 생기는지를 말하고 있습니다. 정작 중요한 것을 뒤로 돌려놓았기 때문에 협조는커녕 적개심을 품게 됩니다."

잠시 이 편지의 내용을 한 번 고쳐 써보기로 하자. 자신의 입장만을 내세우지 말고 자동차 왕 포드처럼 '타인의 입장을 이해하고 자신의 입장과 동시에 타인의 입장에서 그 대상을 바라보자'는 것이다.

다음과 같이 적는다면 최선은 아닐지라도 앞의 것보다는 나을 것이다.

에드워드 버밀란 귀하

저희 회사는 14년 동안 귀사의 성원에 깊이 감사하고 있는 것과 동시에 언제나 빠르고 능률적인 서비스로 보답하고자 노력하고 있습니다. 그러나 지난 11월 10일과 같이 오후 늦게 한꺼번에 대량의 화물을 보내 오시면 아쉽게도 기대에 부응하지 못하는 경우가 발생할 수 있습니다. 왜냐하면 다른 화물들이 모두 오후에 집중되기 때문입니다. 그렇게 되면 혼란이 생기게 되어 귀사의 트럭 또한 대기 시간이 길어지고, 상황에 따라서는 배송이 늦어지는 경우가 발생할 수 있습니다.

그것은 참으로 유감스러운 일이 아닐 수 없습니다. 이런 사태를 사전에 방지하기 위해서는 만약 불편하지 않으시다면 오전 중에 화물을 보내주시는 것도 하나의 방법이라고 생각합니다. 그렇게 되면 귀사의 트럭이 기다릴 필요도 없고, 화물도 곧바로 발송이 가능해지며, 또한 저희 종업원들도 정시에 집으로 돌아가 귀사의 맛있는 마카로니를 저녁식사로 먹을 수 있을 것입니다.

물론 두 말할 필요 없이 귀사의 화물이라면 아무리 늦은 시간에 도착을 한다 하더라도 최대한 빠르게 처리할 수 있도록 전력을 다하고 있사오니 그 점에 대해서는 안심하셔도 좋습니다.

대단히 바쁘시다는 것을 잘 알고 있으니 답장에는 신경을 쓰지 않으시길 바랍니다.

오늘도 여전히 수천에 달하는 세일즈맨이 충분한 수익을 올리지 못한 채 실망과 피로에 지쳐 거리를 걷고 있다. 왜일까? 그들은 항상 자신이 원하는 것밖에 생각하지 않기 때문이다. 우리는 특별히 뭔가를 사고 싶어 하지 않는다. 그들은 그것을 모르고 있는 것이다. 우리에게 필요한 것이 있다면 자신이 직접 나가서 산다. 우리는 자신의 문제를 해결하는 것에는 항상 관심을 가지고 있다. 때문에 그 문제를 해결하기 위해 세일즈맨이 팔고자 하는 것이 어떻게 도움이 되는지 증명만 할 수 있다면 나서서 사게 될 것이다. 강제로 팔아야 할 필요가 없다. 손님은 자신이 사고 싶어 하는 것이지, 강제로 떠맡기는 것은 좋아하지 않는다.

그럼에도 불구하고 대다수의 세일즈맨은 손님의 입장에서 팔려고 하지 않는다. 좋은 예가 하나 있다. 나는 뉴욕 교외의 포레스트 힐에서 살고 있는데, 어느 날 정거장으로 서둘러 가다가 롱아일랜드에서 오랫동안 부동산 중개업을 하고 있는 남자와 마주쳤다. 그 남자는 포레스트 힐에 대해 잘 알고 있었기 때문에 내가 살고 있는 집이 어떤 건축 자재로 지어졌냐고 물어보았다. 그는 모른다고 대답하면서 정원협회에 전화로 확인해보라고 했다. 그 정도는 나도 잘 알고 있는 사실이다. 그런데 다음날 그로부터 한 통의 편지가 왔다. 어제 물어봤던 것을 이제 알게 되었나? 전화한 통이면 1분도 걸리지 않을 문제였다. 편지를 펼쳐보니 전혀 다른 내용이었다. 어제와 마찬가지로 전화로 물어보라고 똑같은 내용을 적은 뒤에 보험을 들어달라는 것이었다. 이 남자는 내게 도움이 되는 일에는 전혀 관심이 없다. 그 자신에게 도움이 될 일에만 관심을 가지고 있는 것이다.

나는 그에게 『나누는 기쁨』, 『나누는 행운』이라는 책을 선물해주었다. 바쉬 영이 쓴 훌륭한 책이다. 만약 그가 그 책에서 교훈을 얻어 실천했다면 내 보험을 가져가는 것보다 훨씬 큰 이익을 얻을 것이다.

나는 몇 해 전 필라델피아에서 유명한 이비인후과에 간 적이 있다. 그 병원 의사는 내 직업이나 수입에만 관심이 있었고, 나를 도와주는 일엔 별 관심이 없었다. 그 결과 나에게서 돈을 벌지 못했다. 난 그를 경멸하며 병원 문을 박차고 나왔다.

세상엔 잇속에 눈이 먼 사람들이 이토록 많다. 그래서 드물게 남의 입장에 서서 도우려는 사람에게 이점이 있다. 경쟁자가 별로 없는 것이다. 오웬 D. 영은 "다른 사람의 사고방식을 알고, 그 시각으로 사물을 볼 줄 아는 사람은 장래가 밝다"고 했다.

이 책을 통해 '항상 상대의 입장에 서고, 상대의 입장에서 모든 것을 생각한다'라고 하는 것 하나만이라도 배운다면 성공의 첫걸음을 이미 내디딘 것과 마찬가지이다.

타인의 입장에 서서 상대의 마음속에 욕구를 일으키게 하는 것은 상대를 잘 조정해서 자신의 이익이 되게 하는 것이지만, 결코 상대에게 손해를 입히는 것은 결코 아니다. 서로에게 이익이 되지 않는다면 그것은 거짓이다. 앞서 버밀란 씨의 편지 또한 편지를 보낸 사람과 받는 사람 모두가 그 편지의 제안을 실행함으로써 이익을 얻게 된다.

대학에서 어려운 라틴어와 미적분을 공부한 사람이라 할지라도 자기 자신의 마음이 어떤지는 전혀 모르는 경우가 많다. 이전에 나는 냉방기회사로 유명한 캐리어 사에서 '화술'에 대한 강의를 한 적이 있었다. 수강자들은 대학을 갓 졸업한 신입사원들이었다. 수강자 중에 한 명이 동료들에게 함께 농구를 하자고 권하자, 그는 모두를 향해 이렇게 말했다.

"농구를 함께 하자. 나는 농구를 좋아해서 몇 번이고 체육관에 갔었지만 늘 인원이 부족해서 게임을 할 수 없었어. 며칠 전에는 세 사람밖에 없어서 서로 공을 주고받다가 공에 맞아 다칠 뻔했지. 내일 밤 꼭들 와주길 바래. 나는 농구가 너무 하고 싶거든."

그는 상대가 하고 싶게 만들 만한 말은 한마디도 하지 않았다. 아무도 가지 않는 체육관에는 누구라도 가고 싶은 맘이 들지 않는 것은 당연하다. 그가 아무리 하고 싶다고 해도 그건 내 알 바가 아니다. 게다가 일부러 가서 공까지 맞는다면 누가 좋아 하겠는가?

좀 더 다른 방법이 있었을 것이다. 농구를 하면 어떤 점이 좋은지에 대해 어째서 한마디도 하지 않은 걸까? 건강해진다, 식욕이 왕성해진다, 머리가 개운해진다, 아주 재미있다, 이익이 되는 것은 얼마든지 있다.

여기서 오버스트리트 교수의 말을 다시 한 번 강조할 필요가 있다.

"먼저 상대의 마음속에 강한 욕구를 일으켜라. 이것이 가능한 한 사람은 만인의 지지를 얻어 성공할 것이고, 그렇지 못한 사람은 단 한 명의 지지를 얻는데도 실패할 것이다."

내 강습회에 참가하는 청강생 중 언제나 자신의 어린 아들 때문에 걱정을 하는 사람이 있었다. 그 아이는 심한 편식 때문에 매우 야위어 있었다. 세상의 부모들이 다 그렇듯이 그는 부인과 함께 늘 잔소리만을 늘어놓았다.

"엄마는 네가 이것을 먹어주었으면 좋겠구나."

"아빠는 네가 튼튼한 사람이 되었으면 좋겠구나."

이런 말을 듣고 아이가 부모의 바람을 들어주었다면 그것은 오히려 이상한 일이다. 서른 살 아빠의 생각을 세 살

짜리 아이가 받아들이는 것이 무리라는 것쯤은 누구나 다 알고 있다. 그럼에도 불구하고 이 아버지는 그 무리를 억지로 밀어붙이려 하고 있다. 정말로 어리석은 짓이고 그 또한 자신이 얼마나 어리석었는지를 깨닫고 이렇게 생각해보았다.

'대체 아들이 제일 원하는 것은 무엇일까? 어떻게 하면 아들이 원하는 것과 내가 원하는 것을 일치시킬 수 있을까?'

생각만 하면 아주 간단한 일이다. 아이는 세발자전거가 있었고 그것을 타고 집 앞 도로에서 노는 것을 제일 좋아했다. 그런데 이웃에 사는 장난꾸러기 아이가 자전거를 빼앗아 마치 자신의 것인 양 타고 노는 것이다. 자전거를 빼앗긴 아이는 엉엉 울며 엄마에게로 달려가고, 엄마는 곧바로 자전거를 되찾아준다. 이런 일이 거의 매일 반복되고 있었다.

이 아이는 무엇을 제일 바라고 있을까? 셜록 홈즈가 등장할 필요도 없이 생각해보면 금방 답이 나오게 되어 있다. 그의 자존심, 분노, 이런 내면의 강렬한 감정이 그를 자극하여 그 개구쟁이의 코를 언젠가 반드시 납작하게 해주겠다고 결심시킨 것이다.

"엄마가 주는 걸 뭐든 다 잘 먹으면 언젠가 그 아이보다 힘이 세질 거야."

 아버지의 이 한마디로 편식의 습관은 당장에 사라져버렸다. 아이는 그 개구쟁이를 혼내주고 싶다는 생각에 뭐든 다 잘 먹게 된 것이다. 편식 문제가 해결되자 아버지는 다음 문제를 해결하기 위해 나섰다. 이 아이는 아직까지 잠자리에서 소변을 가리지 못했다.

 아이는 항상 할머니와 잠을 잤는데 아침마다 할머니가 "조니, 또 쌌구나"라고 꾸중을 했다. 아이는 완강하게 부정하며 오줌을 싼 것이 할머니라고 말했다. 그럴 때마다 혼을 내고, 달래주고, 엄마의 바람이 뭔지를 들려주었지만 전혀 효과가 없었다. 부모는 결국 아이가 잠자리에서 오줌을 싸지 않게 만들 방법을 생각해보았다. 아이가 무엇을 원하고 있는가? 첫째로 할머니가 입는 것과 같은 잠옷이 아니라 아빠와 같은 잠옷을 입고 싶어 했다. 할머니는 손자의 오줌싸개 습관에 완전히 질려 있었기 때문에 고칠 수 있다면 잠옷을 사줘도 좋다고 했다. 다음으로 아이가 원하는 것은 자신만의 침대였다. 이것에 할머니도 이의가 없었다.

 다음 날 엄마는 조니를 데리고 백화점으로 갔다.

 "이 아이가 사고 싶은 물건이 있대요."

 여점원에게 눈을 깜박이며 엄마가 말하자 여점원은 눈치

를 채고 정중하게 인사를 했다.

"어서 오세요. 우리 도련님께서는 뭐가 필요하신가요?"

여점원의 친절한 대응에 자존심이 살아난 조니는 의기양양하게 대답했다.

"내가 쓸 침대가 필요해요."

엄마의 눈짓에 따라 여점원이 권하는 대로, 결국 아이는 엄마가 원하던 침대를 샀다.

침대가 집에 도착하던 날 저녁, 아버지가 돌아오자 조니는 씩씩하게 현관으로 달려갔다.

"아빠, 빨리 2층으로 가요. 내가 산 침대를 보여줄게요!"

아버지는 그 침대를 바라보며 마구 칭찬을 해주었다.

"이제 이 침대는 적시지 않겠지?"

아버지의 말에 조니는 절대로 적시지 않겠다고 약속을 했고, 실제로 그날 이후 잠자리에서 오줌을 싸지 않게 되었다. 자존심이 약속을 지키게 한 것이다. 자신의 침대, 게다가 직접 고른 침대였다. 어른들과 똑같은 잠옷도 입었다. 어른들과 똑같이 행동을 하고 싶은 것이었다. 그리고 그렇게 행동한 것이다.

내 강습회에 참가한 전화기사 더치만도 세 살이 된 딸이 아침마다 밥을 안 먹어서 고민을 하고 있었다. 혼내고, 달래도 전혀 효과가 없었다. 그는 어떻게 하면 딸이 아침밥을 먹고 싶어 할지 생각해보았다.

이 아이는 엄마 흉내를 내는 것을 좋아했다. 엄마 흉내를 내면 어른이 된 것 같은 기분이 드는 것이다. 그래서 하루는 이 아이에게 아침 준비를 시켜보았다. 아이가 요리 흉내를 내는 동안에 적당한 틈을 봐서 아버지가 부엌을 살펴보니 아이가 신이 나서 소리쳤다.

"아빠! 보세요. 지금 내가 아침 준비를 하고 있어요!"

그날 아침, 아이는 오트밀을 두 접시나 비웠다. 아침 식사에 대한 흥미가 생겼기 때문이다. 아이의 자존심이 충족된 것이다. 아침을 만듦으로써 자기주장을 하는 방법을 발견한 것이다.

"자기주장은 인간의 중요한 욕구 중에 하나다."

이것은 윌리엄 윈터의 말인데, 우리는 이런 심리를 일에서도 응용할 수가 있을 것이다.

뭔가 좋은 생각이 떠올랐을 경우, 상대가 그 아이디어를 눈치 채게 만들고 자유자재로 요리하게 만드는 것은 어떨까? 상대는 그것을 자신의 생각이라고 착각하고 두 접시를 싹 비울 것이다.

"먼저 상대의 마음속에 강한 욕구를 불러일으킬 것. 이것이 가능한 사람은 만인의 지지를 얻는 데 성공할 것이고,

하지 못하는 사람은 단 한 명의 지지자를 얻는 데도 실패할 것이다."

Key point

| 사람의 마음을 움직이는 원칙 3 |

강한 욕구를 불러일으킬 것.

Most of us have far more courage than we ever dreamed we possessed.
우리는 대부분 자신이 생각했던 것 이상의 용기를 가지고 있다.

-Dale Carnegie

Part 02
사람의 호감을 사는 6원칙

SIX WAYS TO MAKE PEOPLE LIKE YOU

01
성실하게 관심을 쏟아라

친구를 얻는 방법을 배우고 싶다면 굳이 이 책을 읽지 말고 그 방면에서 가장 뛰어난 달인의 방법을 따라 하기만 하면 된다. 그 달인과 우리는 매일 거리에서 만나고 있다. 우리가 다가가면 반갑게 꼬리를 흔든다. 걸음을 멈추고 쓰다듬어주면 신이 나서 어쩔 줄 몰라 한다. 뭔가 꿍꿍이가 있어서 이렇게 애정 표현을 하는 것이 아니다. 집이나 땅을 팔려고 하거나 결혼을 하자고 매달리지도 않는다.

아무 일도 하지 않고 살 수 있는 동물은 개뿐이다. 닭은 달걀을 낳고, 소는 우유를 제공하고, 카나리아는 노래를 불러야 하지만, 개는 그저 사람들에게 애정을 쏟는 것만으로도 먹고 살 수 있다.

내가 다섯 살 때 아버지가 노란 강아지를 5센트에 사 왔다. 그 강아지의 존재는 내게는 그 어떤 것과도 바꿀 수 없는 기쁨이자 행복이었다. 매일 오후 4시 반 무렵이 되면 강아지는 항상 정원에 자리 잡고 앉아 아름다운 눈으로 집 쪽을 바라보고 있었다. 내 목소리가 들리거나 그릇을 정리하고 있는 내 모습을 나무 사이로 발견하기라도 하면 마치 총알처럼 숨 가쁘게 달려와 짖거나 펄쩍펄쩍 뛰었다.

그렇게 5년 동안 티피는 나의 둘도 없는 친구가 되었다. 그러나 어느 날 밤, 10피트도 떨어져 있지 않은 바로 내 눈앞에서 티피는 죽었다. 번개를 맞아버린 것이다. 티피의 죽음은 평생 잊을 수 없는 슬픔으로 어린 내 가슴에 남았다.

티피는 심리학 책을 읽은 적도 없었고 그럴 필요도 없었다. 상대의 관심을 끌려고 하기 보다는 상대에게 순수하게 관심을 쏟는 것이 훨씬 많은 것을 얻을 수 있다는 것을 티피는 본능적으로 알고 있었다. 다시 한 번 말하겠다. 친구를 얻고자 한다면 상대의 관심을 끌려고 하기보다는 상대에게 순수한 관심을 쏟아야 한다.

그런데 세상에는 타인의 관심을 끌기 위해 엉뚱한 노력만 하면서 자신의 잘못을 깨닫지 못하는 사람이 너무나 많다. 그래서는 아무리 노력한다고 하더라도 다 허사이다. 인간은 타인의 일에 대해 전혀 관심이 없다. 끝없이 자신의 일에만 관심을 갖는 것이다. 아침에도, 점심에도, 저녁에도.

뉴욕의 전화회사에서 어떤 말이 가장 많이 쓰이고 있는지를 알기 위해 통화 내용을 상세하게 연구한 적이 있다. 예상대로 가장 많이 쓰인 단어는 '나'였다. 500통의 통화 중에 3990번 사용되었다.

많은 사람들과 찍은 단체 사진 속에서 제일 먼저 누구의 얼굴을 찾겠는가? 자신이 남에게 관심을 사고 있다고 여기는 사람은 다음 질문에 대답해주길 바란다.

"만약, 당신이 오늘 밤에 죽는다면 몇 사람이 장례식에 참가할까?"

"먼저 당신이 상대에게 관심을 가지지 않는다면, 상대가 당신에게 관심을 가져야 할 이유가 있는가?"

단순히 상대를 감복시켜 관심을 끌려고 해서는 절대로 참된 친구를 많이 만들 수 없다. 참된 친구는 그런 방법으로는 만들 수 없다.

나폴레옹도 그런 실수를 저질렀다. 그는 아내 조세핀과 헤어질 때 이렇게 말했다.

"조세핀, 나는 세상에서 제일 행운아였어. 하지만 내가 진심으로 신뢰할 수 있는 건 당신뿐이야."

역사가들은 조세핀이 정말로 그에게 있어 신뢰할 수 있

는 사람이었는지는 의문의 여지가 있다고 한다. 빈의 유명한 심리학자 알프레드 아들러는 자신의 저서에서 이렇게 적고 있다.

"타인의 일에 관심이 없는 사람은 고난의 인생길을 걸어야만 하고, 타인에게도 많은 폐를 끼친다. 인간의 온갖 실패는 그런 사람들 사이에서 생겨난다."

아무리 많은 심리학 책을 읽는다고 해도 이 말처럼 우리에게 의미심장한 말은 만나기 쉽지 않을 것이다. 이 아들러의 말은 몇 번이고 곱씹으며 음미할 만한 가치가 충분히 있다.

나는 뉴욕 대학에서 단편소설을 쓰는 방법에 대한 강의를 들은 적이 있는데, 당시 강사는 『콜리어스』지의 편집장이었다. 그는 매일 책상 위에 산더미처럼 쌓인 수많은 원고들 중에 어떤 것을 골라 읽더라도 두세 줄만 읽으면 그 작가가 인간을 좋아하는지 아닌지를 단박에 알 수 있다고 한다.

"작가가 인간을 좋아하지 않는다면 세상 사람들 또한 그의 작품을 좋아하지 않는다."

이것이 그가 해준 이야기다. 이 편집장은 소설을 쓰는 방법을 강연하는 도중에 두 번이나 강연을 중단하고 이렇게 말했다.

"설교를 하는 것 같아 미안하지만 목사와 똑같은 이야기를 하고 싶네. 만약 제군들이 소설가로 성공하고 싶다면 타인에게 관심을 가질 필요가 있다는 것을 명심해주길 바라네."

소설을 쓰는 데도 그것이 필요하다면 얼굴을 마주하고 상대를 다뤄야 하는 경우에는 세 배 이상 더 필요하다고 생각하는 것이 좋을 것이다.

하워드 서스턴이라는 유명한 마술가가 있는데, 한 번은 그가 브로드웨이에 온 어느 날 밤에 대기실로 그를 찾아간 적이 있다. 그는 마술계의 왕자로 40년 동안 세계 각지를 순회하면서 환상을 품게 하며 숨을 죽이게 만든 마술계의 장로였다. 6000만 명 이상의 관객이 그를 위해 입장료를 냈고, 그는 200만 달러가 넘는 수입을 올렸다.

나는 서스턴 씨에게 성공의 비결에 대해 물어보았다. 학교 교육이 그의 성공과는 아무런 연관성이 없는 것은 분명했다. 어린 시절에 집을 나와 떠돌면서 기차에 몰래 타고, 건초더미 위에서 잠을 자고, 남의 집 앞에 서서 음식을 구걸하며 살았다. 글은 기차 화물칸에 몰래 탄 채 철로 주변의 광고판을 보고 배웠다.

그는 마술에 대하여 특별히 지식이 많은 것도 아니었다. 마술에 관한 책이 산더미처럼 많이 출판되어 있기 때문에 그의 마술과 비슷한 정도의 마술을 알고 있는 사람도 아주 많다고 한다. 그러나 그에게는 다른 사람은 흉내조차 낼 수 없는 능력이 두 가지가 있었다. 첫째로 관객을 사로잡는 인간성이다. 그는 예능의 일인자로서 인정의 미묘함을 잘 알고 있었다. 그리고 행동, 말투, 얼굴 표정 등의 미세한 점에 이르기까지 미리 충분히 연습을 하여 단 1초의 착오도 없었다. 다음으로 서스턴은 인간에 대한 진실된 관심을 가지고 있었다. 그의 이야기에 따르면 대부분의 마술사는 관객을 앞에 두고 속으로 이런 생각을 한다고 한다.

"음, 얼간이들이 꽤 많이 모였군. 이런 작자들을 속이는 것은 식은 죽 먹기다."

그러나 서스턴은 전혀 달랐다. 그는 무대에 서면 항상 이렇게 생각한다고 한다.

"내 무대를 보러 와주시는 관객들이 있는 것은 정말 고마운 일이다. 덕분에 나는 편하게 지낼 수 있다. 나의 최고 연기를 보여드리자."

서스턴은 무대에 설 때마다 반드시 마음속으로 '나는 관객들을 사랑하고 있다'고 몇 번이고 반복해서 주문을 외운다고 한다. 여러분들이 이 이야기를 바보 같다거나 우스꽝스럽다고 생각하는 건 자유다. 나는 단지 세계 제일의 마술사가 이용하고 있는 비법을 있는 그대로 공개한 것에 지나지 않는다.

 루즈벨트의 절대적인 인기 비결 또한 타인에게 쏟는 그의 깊은 관심에 있었다. 그가 고용했던 흑인 제임스 에모스는 『하인의 눈으로 본 시어도어 루즈벨트』라는 책을 출간했는데, 이 책에는 다음과 같은 일화가 있다.

 어느 날, 내 아내가 대통령에게 메추라기가 어떤 새인지 물었다. 아내는 메추라기를 본 적이 없었다. 대통령은 메추라기가 어떤 새인지 알기 쉽게 차근차근 가르쳐주었다. 그러고 얼마 뒤에 우리 집으로 전화가 걸려 왔다(에모스 부부는 오이스터 베이에 있는 루즈벨트 저택 안의 작은 집에 살고 있다). 아내가 전화를 받아 보니 상대는 바로 대통령이었다. 지금 마침 창밖에 메추라기 한 마리가 보이니 창밖을 보라고 일부러 전화로 알려준 것이다. 이 사소한 일화가 대통령의 인품을 잘 말해주고 있다. 대통령이 우리 집 옆을 지날 때는 우리가 보이지 않더라도 반드시 "어이, 애니! 어이, 제임스!" 하고 다정하게 한마디를 던지고 지나갔다.

 고용인들은 이런 고용주를 좋아하지 않을 수가 없을 것이다. 고용인이 아니라 그 누구라도 좋아하게 될 것이다.

어느 날, 태프트 대통령 부부가 자리를 비운 사이 백악관을 방문한 루즈벨트는 자신의 임기 중에 일하고 있던 고용인들을 이름을 모두 기억하고 있었고, 부엌에서 일하던 하녀들까지 다정하게 이름을 부르며 인사를 했다. 이것은 그가 아랫사람에 대해서도 진심으로 호의를 가지고 있었다는 증거가 될 것이다.

조리실에서 앨리스를 만났을 때, 루즈벨트는 그녀에게 이렇게 물었다.

"여전하군, 옥수수빵을 굽고 있나?"

"네, 이건 저희들이 먹기 위해 가끔 굽는 거예요. 2층 분들은 아무도 드시지 않아요."

앨리스가 그렇게 대답하자 루즈벨트는 다른 사람들 들으라는 듯 큰 목소리로 말했다.

"음식 맛을 전혀 모르는군. 대통령을 만나면 내 그렇게 전하지."

앨리스가 접시에 담아 낸 옥수수빵 한 조각을 집어 들고 한 입 가득 베어 물고는 사무실로 향했다. 도중에 정원사와 잡일을 하는 사람들을 만났을 때는 이전과 조금도 변함없이 다정하게 한 사람 한 사람의 이름을 불러 이야기를 나누었다. 그들은 지금도 여전히 그 일을 화젯거리로 삼고 있다. 그중에서도 특히 아이크 후버라는 사내는 감격의 눈물을 글썽이며 이렇게 말했다.

"최근 2년 동안 그렇게 기쁜 적이 없었습니다. 이 감격은 돈으로도 살 수 없는 것이라고 모두가 입을 모아 말하고 있습니다."

찰스 W. 엘리엇 박사는 다른 사람에게 관심을 많이 기울이는 인품으로 역사상 가장 성공한 대학총장이 되었다. 엘리엇 박사의 방식을 보여주는 한 일화가 있다. 하루는 크랜던이라는 학생이 학자금 대출을 받기 위해 총장실을 찾아갔다. 그러자 엘리엇 박사는 대출을 승인해준 건 물론이고, 학생 크랜던이 자취를 하고 있으니 음식을 잘 먹어야 한다며 손수 소고기 조리법을 자상하게 일러주었다. 그 학생은 세월이 흐른 뒤에도 그때 느낀 감동을 소상히 기억하고 있었다.

내 경험으로 미루어볼 때, 이쪽에서 진심으로 관심을 표현하면 제아무리 바쁜 사람이라 할지라도 주의를 기울여주고, 시간도 내주고, 또한 협조를 해주게 되어 있다. 한 가지 예를 들어 보자.

나는 브루클린 예술과학원에서 소설 작법의 강의를 계획한 적이 있었다. 우리는 유명한 작가 캐서린 노리스, 페니 허스트, 아이다 터벨, 알버트 페이슨, 루퍼트 휴즈와 같은 사람들의 이야기를 듣고 싶었다. 우리는 그들의 팬이며 그들의 이야기를 듣고 성공의 비결을 듣고 싶다는 편지를 작가들에게 보냈다. 각각의 편지에는 약 150명의 수강생이 서명을 했다. 바쁜 작가들이 강연 준비를 할 시간이 없을 것이라고 생각한 우리는 편지에 미리 우리의 질문 내용을 표로 작성하여 동봉하였다. 이것이 작가들의 마음에 들었던 모양이다. 작가들은 우리를 위해 멀리 브루클린까지 와주었다.

이와 똑같은 방법으로 루즈벨트 내각의 재무 장관이었던 리즐리 쇼와 태프트 내각의 법무 장관 조지 워커샴, 프랭클린 루즈벨트 등의 많은 유명 인사에게 화법 강좌의 수강생들을 위한 강연을 부탁하였다.

인간은 누구나 자신을 칭찬해주는 사람을 좋아한다. 예를 들어 독일 황제 빌헬름의 경우 제1차 세계대전에서 패했을 때, 아마도 그는 세상의 모든 사람들로부터 가장 증오를 받는 사람이었을 것이다. 생명의 위협을 느껴 네덜란드로 망명했을 때는 자국민조차 적으로 돌아섰다. 수백만 명의 사람들이 그를 증오하며 사지를 찢어 화형에 처해도 분이 풀리지 않을 것이라고 생각했다. 이런 분노의 소용돌이 속에서 한 소년이 진심 어린 찬미의 편지를 황제에게 보냈다.

"누가 뭐라고 해도 저는 폐하를 언제까지나 저의 황제로서 경애합니다."

이 편지를 읽은 황제는 깊은 감동을 받아 꼭 한 번 만나고 싶다는 답장을 보냈다. 소년은 어머니와 함께 황제를 찾아갔고, 황제는 그의 어머니와 결혼을 했다. 이 소년은 이 책을 읽을 필요가 없다. '사람을 움직이는 방법'을 이미 터득하고 있는 셈이다.

친구를 만들고 싶다면 제일 먼저 타인을 위해 노력을 해야 한다. 남을 위해 자신의 시간과 노력을 아끼지 말고 사려 깊고 아낌없는 노력을 쏟아야 한다. 윈저 공은 황태자 시절 남미 여행 계획을 세웠다. 외국에 가서 그 나라 말을 하고 싶다고 생각한 윈저 공은 출발하기 몇 달 전부터 스페인어를 공부했다. 남미에서 윈저 공의 인기는 대단한 것이었다.

나는 오래전부터 친구들의 생일을 묻고 기억하려고 신경을 쓰고 있다. 나는 원래 점성술 같은 것은 믿지 않지만, 인간의 생년월일과 성격, 기질과는 어떤 연관성이 있는 것 같으냐고 상대에게 묻는다. 그런 다음에 상대의 생년월일을 묻는다. 가령 상대가 11월 24일이라고 말하면, 나는 마음속으로 11월 24일을 몇 번이고 반복해서 외운 뒤 빈틈을 타서 상대의 이름과 생일을 메모해두고, 집에 돌아와서 그것을 생일 수첩에 기록한다. 해마다 정월이면 새로운 탁상달력에 그렇게 정리한 생일들을 모두 적어놓는다. 그러면 절대로 잊어버릴 걱정이 없다. 그들의 생일날이면 나는 항상 축전이나 축하 편지를 보내고 있다. 이것은 대단히 효과가 커서 그 사람의 생일을 기억하고 있는 사람이 세상에서 나 혼자인 경우도 자주 있었다.

　친구를 만들고 싶다면 상대를 성의 있는 태도로 대해야 한다. 전화가 걸려왔을 때도 마찬가지로 성의 있는 태도로 전화를 해주어서 고맙다는 마음을 충분히 담아 대답해야 한다.

　뉴욕의 한 은행에 근무하고 있는 찰스 월터스의 예를 한 번 보자. 그는 한 회사에 관한 기밀을 조사하라는 명령을 받았다. 월터스는 그 회사의 사정에 대해 잘 알고 있는 사람을 한 명 알고 있었다. 그는 큰 공업회사의 사장이었다. 월터스가 그 회사를 방문해서 사장실로 들어갔을 때, 젊은 비서가 사장실로 들어와 이렇게 말했다.

"죄송하지만 오늘은 드릴 우표가 없습니다."

"12살 되는 아들이 우표를 수집하고 있어서."

　사장은 월터스에게 그렇게 설명했다. 월터스는 용건을 말하고 질문을 했지만 사장은 횡설수설하며 종잡을 수 없는 말만 되풀이할 뿐이었다. 이 이야기를 하고 싶지 않은 듯, 그에게서는 도무지 정보를 얻어낼 수 없을 것처럼 여겨졌다. 만남은 단시간에 끝나고 아무것도 얻어내지 못했다.

"솔직히 말하자면 나는 그때 어떻게 해야 좋을지 막막했습니다."

월터스는 당시를 이렇게 회상했다.

그러다 문득 여비서가 사장에게 했던 말이 떠올랐습니다. 우표, 12살 난 아들, 동시에 나는 우리 은행의 외국 담당부서를 떠올렸습니다. 외국 담당부서에서는 세계 각국에서 온 편지의 우표를 수집하고 있었습니다.

다음 날 오후, 나는 다시 사장을 찾아가서 아들을 위한 우표를 가지고 왔다고 말했습니다. 물론 아주 반갑게 맞아주었습니다. 그가 국회의원 출마 중이라고 했어도 그렇게 반갑게 맞아주지는 않았을 정도로 말입니다. 인상이 활짝 핀 사장은 소중하게 우표를 받아들고 "조지가 틀림없이 좋아할 거야. 역시! 정말 귀한 우표야"라며 기뻐했습니다.

사장과 나는 그렇게 30분 정도 우표에 대해 이야기를 하거나 아들의 사진을 바라보다가, 드디어 사장은 내가 아무것도 묻지 않았지만 내가 알고 싶어 했던 정보를 말하기 시작했습니다. 한 시간이 넘게 자신이 알고 있는 모든 것을 다 말해주고 다시 부하직원을 불러 묻거나 전화로 지인들에게 묻기까지 했습니다. 나는 충분히 내 목적을 달성할 수 있었습니다. 흔히들 말하는 '특종'을 손에 넣은 것이었습니다.

또 한 가지 예를 들어보자. 필라델피아에 살고 있는 C. M. 나플은 한 대형 체인 매장에 석탄을 팔기 위해 몇 년 동안 부단히 노력을 했다. 그 체인 매장에서는 교외의 업자로부터 연료를 공급받는데, 그 트럭이 항상 나플의 가게 앞을 보란 듯이 지나가고 있었다. 어느 날 밤, 나플은 내 강습회에 참석하여 체인 매장에 대한 울분을 토하며 체인 매장은 시민들의 적이라고 저주를 퍼부었다. 그렇다고 해서 그가 석탄 영업을 포기한 것은 아니었다.

나는 그에게 다른 방법을 강구하는 것이 어떨지 제안했다. 그 내용을 간단히 설명하면 이랬다. 강습회의 토론 주제로 '체인 매장의 확산이 국가에 유해한가?'를 다루기로 한 것이다.

나플은 내 권유로 반대 의견에 섰다. 다시 말해서 체인 매장들을 변호 역할을 담당한 것이다. 그는 최근 눈엣가시로 여겼던 체인 매장의 중역을 찾아갔다.

"오늘은 석탄을 팔러 온 것이 아닙니다. 다른 부탁이 있어 찾아왔습니다."

그는 그렇게 말하고 토론회에 대하여 설명했다.

"실은 체인 매장에 대해 여러 가지 의견을 듣고 싶은데, 당신만큼 적격인 사람이 없어서 부탁을 하러 온 겁니다. 토론회에서 반드시 이기고 싶으니 협조를 부탁드립니다."

그다음은 나플의 말을 직접 인용하겠다.

내게 딱 1분만 시간을 허락한다는 조건으로 중역과의 면회가 허락되었습니다. 중역은 내게 의자를 권하고 이야기를 시작해서 1시간 47분 동안 이야기를 계속했습니다. 체인 매장에 관한 책을 쓴 적이 있는 또 한 명의 중역까지 불러주었습니다. 또한 전국 체인 매장 협회에 조회하여 이 문제에 관한 검토 기록 사본까지 구해주었습니다. 그는 체인 매장이 인류에 공헌하고 있다고 굳게 믿고 있었으며 자신의 일에 큰 자부심을 느끼고 있었습니다. 이야기를 하는 내내 그의 눈에서는 빛이 나고 있었습니다. 솔직히 말해서 나는 지금까지 꿈조차 꾸지 못 했던 것들에 대해 눈을 뜰 수 있었습니다. 그는 내 생각을 싹 바꿔놓았습니다.

용건이 끝나고 돌아가려 하자 그는 내 어깨에 손을 얹고 문 앞까지 배웅을 해주면서 토론회에서 꼭 이길 수 있도록 기원한다며 결과를 알려주러 와달라고 말했습니다.

"봄이 되면 다시 와주십시오. 당신에게 석탄 주문을 하고 싶으니까요."

이것이 작별을 하면서 그가 한 말이었습니다.

내 눈앞에 기적이 펼쳐지고 있는 것을 보는 것 같았습니다. 내가 아무 말도 하지 않았는데 그가 먼저 석탄을 사겠다고 나선 것입니다. 내 가게의 석탄에 관심을 갖게 하는데 10년이 걸려도 불가능했을 것을, 그의 관심사를 문제로 삼으며 성실하게 관심을 가짐으로써 불과 두 시간 만에 해결할 수 있었습니다.

나플이 특별하게 전혀 새로운 진리를 발견한 것은 아니다. 기원전 100년에 로마의 시인 파브리아스 시라스가 이미 다음과 같은 이야기를 한 적이 있다.

"우리는 자신에게 관심을 보이는 사람들에게 관심을 갖게 된다."

타인에 대한 관심은 인간관계의 다른 원칙들과 마찬가지로 반드시 마음속 깊은 곳에서 우러나는 것이어야만 한다. 관심을 표현하는 사람의 이익이 될 뿐만 아니라 관심을 받은 상대에게도 이익이 되어야 하는 것이다. 일방통행이 아니라 쌍방의 이익이 되어야만 한다.

남의 호감을 사고 싶다면, 진정한 우정을 바란다면, 그리고 자기 자신에게 이익이 됨과 동시에 타인에게도 이익을 안겨주고 싶다면 다음 원칙을 마음에 깊이 새겨두어야 할 것이다.

Key point

| 사람의 호감을 사는 원칙 1 |

성실하게 관심을 쏟을 것.

02

웃는 얼굴을 잊지 말아라

며칠 전 나는 뉴욕에서 열린 만찬회에 참석했다. 손님 중에는 막대한 유산을 상속받은 부인이 한 명 있었는데, 그녀는 어떻게 해서든 모두에게 좋은 인상을 남기기 위해 열심히 노력했다. 호화스러운 밍크코트와 다이아몬드, 진주 등으로 장식을 했지만 얼굴 표정에는 신경을 쓰지 못했다. 그녀의 얼굴에는 심술과 이기심이 역력히 드러나 있었다. 몸에 두른 의상보다도 얼굴에서 드러나는 표정이 여성에게는 얼마나 중요한지를, 남성들은 잘 알고 있는 것을 그녀는 모르고 있었다.

찰스 슈와브는 자신의 미소가 100만 불의 가치가 있다고 했는데, 꽤나 겸손한 평가라고 생각한다. 그의 비범한 성공은 그의 인간성, 매력, 사람에게 호감을 사는 능력 덕분에 가능했던 것으로, 그의 매력적인 미소는 그의 인간성을 형성한 가장 위대한 요소인 것이다.

행동은 말보다 위대한 웅변이다. 미소는 이렇게 말하고 있다.

"나는 당신을 좋아합니다. 당신 덕분에 나도 즐겁습니다. 당신을 만나서 반갑습니다."

개가 사람들의 귀여움을 독차지하는 것도 바로 이 때문이다. 우리를 보면 개는 좋아서 어쩔 줄을 모른다. 우리는 당연히 개를 좋아할 수밖에 없다. 아기들의 얼굴도 똑같은 효과가 있다.

마음이 없는 웃음, 그런 웃음에는 아무도 속지 않는다. 그런 기계적인 웃음에는 오히려 화가 난다. 나는 지금 진정한 미소에 대해 이야기를 하고 있는 것이다. 마음이 따뜻해지는 미소, 마음속 깊은 곳에서부터 우러나는 웃음, 천만금의 가치가 있는 웃음에 대해 이야기를 하고 있는 것이다.

뉴욕 대형 백화점 인사 담당자가 내게 한 말이 있다. "심드렁한 표정을 짓는 철학박사보다는 초등학교만 나왔더라도 미소를 짓는 여직원을 뽑겠습니다."

미국의 큰 고무회사 회장은 내게 이런 말을 해주었다.

"자기가 하는 일에 재미를 느끼지 못하는 사람은 성공하지 못합니다. 처음엔 흥미를 갖고 시작하더라도 일로 받아들이고 단조롭게 느끼면 이내 실패하더군요."

다른 사람을 만나서 좋은 시간을 보내고 싶다면 스스로 즐거워야 한다.

나는 많은 사업가들에게 눈을 뜨고 있는 동안에 한 시간마다 한 번씩 누군가를 향해 미소를 지어 보이는 것을 일주일 지속하고 그 결과를 강습회에서 발표하도록 제안한 적이 있다. 그 결과 어떤 효과가 있었는지 한 가지 예를 들어보기로 하자. 지금 내 앞에는 뉴욕 주식시장의 중개인 윌리엄 스타인하트의 기록이 있는데, 이것은 그리 특별한 예는 아니며 비슷한 사례는 셀 수 없을 정도로 많다. 스타인하트의 기록은 다음과 같다.

나는 결혼한 지 18년이 넘었지만 아침에 일어나 출근할 때까지 아내에게 웃는 얼굴을 보여준 적이 한 번도 없었고, 스무 마디 이상 이야기를 나눈 적도 거의 없었습니다. 세상에서 보기 드물 정도로 무뚝뚝한 성격이었습니다.

선생님의 웃는 얼굴에 대한 경험을 발표하라는 숙제 때문에 시험 삼아 일주일만 해보기로 마음먹었습니다. 그리고 다음 날 머리를 빗으면서 거울에 비친 무표정한 내 얼굴을 보며 말했습

니다. '빌, 오늘은 찌푸린 얼굴을 하지 마. 미소를 짓는 거야. 자, 시작해보자.'

아침 식사시간에 아내에게 "안녕" 하고 인사를 하며 찡긋 웃어주었습니다.

아내가 깜짝 놀랄지도 모른다고 선생님이 말씀하셨지만, 아내는 예상했던 것 이상으로 놀란 것 같았습니다. 이제부터 매일 이럴 거니 그렇게 알라고 아내에게 말했고, 실제로 두 달이 지난 지금까지 계속하고 있습니다.

내가 태도를 바꾼 두 달 동안 과거에는 느낄 수 없었던 커다란 행복이 우리 가정에 퍼져나갔습니다. 지금은 아침에 출근할 때마다 아파트 엘리베이터 보이에게도 미소를 지으며 "안녕" 하고 인사를 하고, 정문의 수위에게도 미소로 인사를 하고 있습니다. 지하철 창구에서 잔돈을 받을 때도 마찬가지입니다. 증권거래소에서도 지금까지 저의 웃는 얼굴을 본 적이 없는 사람들에게 웃어 보였습니다.

그러는 사이 우리는 서로 미소를 주고받는 사이가 되었습니다. 불만이나 따지러 온 사람에게까지 밝은 태도로 접했습니다. 상대의 주장을 들어주면서도 웃음을 잃지 않으려 노력하자 문제를 해결하는 것도 훨씬 쉬워졌습니다. 웃는 얼굴 덕분에 수입도 훨씬 늘어나게 되었죠.

나는 한 명의 중개인 동료와 함께 사무실을 쓰고 있습니다.

그가 고용하고 있는 사무원에게 호감을 갖고 있는 청년이 있습니다. 웃는 얼굴의 효과에 기분이 좋아진 나는 다음 날 그 청년에게 인간관계에 대한 나의 새로운 철학을 들려주었습니다. 그러자 그는 나를 처음 봤을 때는 상대하기 어려운 사람이라고 생각했지만 최근에는 다시 보게 되었다며 솔직하게 이야기를 해주었습니다. 내 웃는 얼굴에서 인간미가 넘친다고 하더군요.

그리고 나는 남의 흉을 절대로 보지 않기로 작심했습니다. 흉을 보는 대신에 칭찬을 하기로 했습니다. 내가 원하는 것은 아무것도 말하지 않고 거의 대부분 상대의 입장에 서서 모든 것을 생각하려고 노력했습니다. 그러자 삶에 말 그대로 혁명적인 변화가 일어나기 시작했습니다. 나는 이전과는 완전히 다른 사람이 되었고, 수입도 늘었고, 좋은 친구들을 사귈 수 있는 행복한 인간이 되었습니다. 인간으로서 더 이상의 행복을 바랄 수 없을 정도로 말입니다.

웃는 얼굴을 보이고 싶지 않을 때에는 어떻게 하는 것이 좋을까? 방법은 두 가지가 있다. 먼저 억지로라도 웃는 것이다. 혼자 있을 때는 휘파람을 불거나 콧노래를 흥얼거려 본다. 행복에 겨워 어쩔 줄 모르겠다는 듯이 행동하는 것이다. 그러면 정말로 행복한 기분이 드니 참으로 희한한 일이다. 하버드 대학의 교수였던 고 윌리엄 제임스의 주장을 소개해보기로 하자.

"동작은 감정에 따라 일어나는 것처럼 보이지만 실제로는 동작과 감정은 병행되는 것이다. 동작은 의지에 의해 직접적으로 제어할 수 있지만 감정은 그렇지 못하다. 그런데 감정은 동작을 조종함으로써 간접적으로 조종을 할 수 있다. 따라서 쾌활함을 잃어버렸을 때 그것을 되찾는 최선의 방법은 더 없이 쾌활한 척 행동하고 쾌활한 척 이야기를 하는 것이다."

세상 사람들은 누구나 행복을 추구하고 있고, 그 행복을 반드시 찾아내는 방법이 한 가지 있다. 그것은 자신의 마음가짐을 연구하는 것이다. 행복은 외적인 조건에 의해 얻어지는 것이 아니라 자신의 기분에 따라 어떻게든 변하는 것이다.

행불행은 재산, 지위, 직업 등으로 결정되는 것이 아니다. 무엇을 행복이라 여기고 또 무엇을 불행이라 여길 것인지, 이 사고방식이 행불행의 갈림길인 것이다. 예를 들어 같은 장소에서 같은 일을 하고 있는 사람이 있다고 하자. 두 사람은 거의 비슷한 재산과 지위를 갖고 있음에도 불구하고 한 사람은 불행하고 또 한 사람은 행복하다는 것을 잘 알 수 있다. 왜일까? 마음가짐이 다르기 때문이다.

나는 뉴욕, 시카고, 로스앤젤레스 등, 미국의 대도시에서 냉방 설비가 잘 갖춰진 쾌적한 사무실에서 일하는 사람들의 즐거워하는 얼굴을 보아 왔지만, 그에 뒤지지 않을 만큼 즐거운 얼굴을 열대의 무더위 속에서 원시적인 도구를 이용해 일을 하는 가난한 농부들에게서도 보았다.

"모든 것에는 원래 선악이 없다. 단지 우리가 어떻게 생각하는가에 따라 선과 악으로 나뉠 뿐이다."

이것은 셰익스피어의 말이다.

"대체로 인간은 행복해지고 싶다고 하는 결심의 강약에 따라 행복이 결정된다."

이것은 링컨이 말한 기가 막힌 명언이다.

며칠 전 나는 이 말을 증명해 주는 생생한 실례를 목격했다. 뉴욕의 롱 아일랜드 역 계단을 오르고 있을 때, 내 바로 앞에 30~40명의 다리가 불편한 소년들이 목발을 짚고 힘들게 계단을 오르고 있었다. 간호를 해주는 사람에게 안겨서 올라가는 소년도 있었다. 나는 그 소년들이 밝고 명랑한 모습을 하고 있는 데 깜짝 놀랐다. 함께 있던 도우미에게 물어보니 이렇게 대답했다.

"평생 몸이 불구가 되었다는 것을 처음 알았을 때, 아이들의 충격은 심했지만 점점 자신의 운명을 받아들이고 결국에는 평범한 아이들보다 오히려 쾌활해졌습니다."

나는 이 소년들에게 저절로 고개를 숙이고 말았다. 그들은 내게 평생 잊을 수 없는 교훈을 남겨주었다.

전에 메리 픽포드와 하루를 보낸 적이 있다. 그녀는 당시 남편과 이혼을 준비 중이었지만 그 누구보다도 행복한 얼굴을 하고 있었다. 그 비결은 바로 그녀 자신이 쓴 책『신에 의지하여』에 적혀 있다. 읽어볼 만한 책이다.

세인트루이스 카디널스의 3루수였던 프랭클린 베트거는 지금 미국에서 가장 성공한 보험 판매원이다. 그는 웃는 얼굴이 성공을 가져온다는 것을 일찌감치 알고 있었다고 한다. 그래서 누군가를 방문할 적에 감사한 일을 떠올리고 얼굴에 웃음을 가득 담은 채 만나고 헤어지기 전까지 그 미소를 잃지 않는다고 했다. 이런 간단한 법칙만으로 대단한 성공을 이룰 수 있는 것이다.

다음에 인용하는 앨버트 허버드의 이야기를 잘 읽어주기 바란다. 아니, 읽는 것만으로는 부족하다. 반드시 실행으로 옮기기 바란다.

집에서 나올 때는 언제나 턱을 당기고 머리를 꼿꼿이 세워 가능한 크게 호흡을 할 것. 햇빛을 들이 마시는 것이다. 친구에게는 웃는 얼굴로 대하며 악수를 할 때는 진심을 담아라. 오해를 받을 걱정을 하지 말고 적 때문에 마음을 어지럽히지 마라. 하고 싶은 일을 마음속으로 또렷하게 결정해라. 그리고 목표를 향해 곧장 돌진한다. 훌륭하고 멋진 일을 해내겠다고 생각하고 그것을 끊임없이 염두에 둔다. 그러면 시간이 흐름에 따라 자연스럽게 염원을 달성하기 위해 필요한 기회가 자신의 손아귀에 들어왔다는 것을 느끼게 될 것이다. 그야말로 산호초가 조류의 흐름 속에서 자양분을 섭취하는 것과 마찬가지다. 또한 유능하고 성실한 태도로 타인에게 도움이 될 수 있는 인물이 되겠다고 다짐하고 항상 그것을 잊지 말자. 그러면 시간이 흐름에 따라 그런 인물이 되어간다. 마음의 작용은 너무나도 기묘하다. 올바른 정신 상태, 즉 용기, 솔직함, 명랑함을 항상 유지하라. 올바른 정신 상태는 뛰어난 창조력을 갖추고 있다. 모든 것은 소망으로부터 생겨나며, 진심 어린 바람은 모두 다 이루어진다. 인간은 마음에 새긴 대로 이루어진다. 턱을 당기고 머리를 꼿꼿이 세우자. 신이 되기 위한 전 단계, 그것이 바로 인간이다.

옛날 중국인들은 매우 현명했다. 처세에 아주 능숙했다. 그들의 속담 중에 이런 의미심장한 말이 있다.

"웃는 얼굴을 보이지 않는 인간은 장사꾼이 될 수 없다."

몇 년 전에 뉴욕의 한 백화점이 정신없이 바쁜 크리스마스 세일 기간 중에 다음과 같은 소박하고 철학적인 광고 문구를 내걸었다.

크리스마스의 미소

밑천은 필요 없지만 이익은 막대합니다.

아무리 주어도 줄지 않고 받은 사람은 풍요로워집니다.

순간적으로 보여주어도 그 기억은 영원히 남습니다.

아무리 부자라도 이것이 없이는 살 수 없습니다.

아무리 가난한 사람이라도 이것으로 풍요로워집니다.

가정에는 행복을 장사에는 이익을 가져다줍니다.

우정의 암호, 피로에 지친 사람에게는 휴양, 실의에 빠진 사람에게는 광명, 슬픔에 빠진 사람에게는 태양이, 고민에 빠져 있는 사람에게는 자연의 해독제가 됩니다.

살 수도, 강요할 수도, 빌릴 수도, 훔칠 수도 없습니다.

아무 대가 없이 주었을 때만 가치가 있습니다.

크리스마스 세일로 피로에 지친 점원 중에 이것을 보여주지 않는 사람이 있을 때는, 죄송하지만 손님의 것을 보여주시길 부탁드립니다.

미소를 다 써버린 사람만큼 미소를 필요로 하는 사람은 없습니다.

Key point
| **사람의 호감을 사는 원칙 2** |

웃는 얼굴로 대할 것.

03

이름을 기억하라

1898년 뉴욕 주의 로클랜드의 스토니 포인트라는 작은 마을에서 한 아이가 죽는 안타까운 사건이 일어났다. 이웃사람들은 장례식에 참석하기 위해 준비를 하였고 짐 팔리 역시 마찬가지였다. 매서운 추위로 땅이 얼어붙어 며칠 동안 갇혀 있던 말을 데리러 마구간으로 향했다. 먼저 말에게 물을 먹이려한 짐이 말을 끌어내자 말이 갑자기 날뛰며 뒷발로 짐을 걷어차서 죽이고 말았다. 스토니 포인트라는 작은 마을에는 그 주에만 장례식이 하나 더 늘어 둘이 되고 말았다.

짐 팔리는 아내와 세 명의 아들, 그리고 약간의 보험금만 남기고 죽었다.

아버지와 이름이 같은 장남 짐은 이제 막 10살이 되었을 뿐인데 벽돌 공장에서 일을 해야만 했다. 모래를 개서 틀에 넣고 그것을 늘어놓고 햇빛에 건조시키는 것이 그의 일이었다. 소년 짐에게는 학교에 갈 시간이 없었다. 그러나 이 소년은 아일랜드인 특유의 쾌활함 덕분에 모두의 사랑을 받았고 훗날 정계에까지 진출을 하였는데, 사람의 이름을 기억하는 탁월한 능력을 가졌기 때문이다.

짐은 고등학교 문턱에도 가보지 못했지만, 46살에 네 개의 대학으로부터 학위를 받고 민주당 전국위원장이 되면서 합중국의 체신국장이 되었다.

어느 날, 나는 짐 팔리와 회견을 가졌다. 그에게 성공 비결을 묻자 이렇게 대답해주었다.

"근면함이죠."

"농담은 그만하시죠."

내가 이렇게 말하자 그는 역으로 내게 물었다.

"그럼, 당신은 무어라 생각합니까?"

"당신이 만 명의 이름을 외우고 있다고 들었는데요…."

내가 대답하자 그는 정정해주었다.

"아니, 5만 명입니다."

루즈벨트가 대통령이 된 뒤로 짐의 이 능력은 많은 도움이 되었다. 짐 팔리는 석고 회사 세일즈맨으로 전국 각지를 돌아다녔고, 스토니 포인트에서 공무원으로 일을 하면서 사람의 이름을 기억하는 방법을 고안해냈다. 이 방법은 처음에는 아주 간단하다. 처음 만나는 사람은 반드시 이름, 가족, 직업, 그리고 정치에 대한 의견 등을 묻는 것이다. 그리고 그것을 머릿속에 완전히 입력시키는 것이다. 그러면 다음에 만났을 때, 설령 1년 뒤일지라도 그 사람의 어깨를 두드리며 부인과 아이들에 대해 묻거나 정원에 심어진 정원수까지 물어볼 수 있었다. 그의 지지자가 늘어나는 것도 당연한 일이었다.

루즈벨트가 대통령 선거전에 출마하기 몇 달 전에 짐 팔리는 서부와 서북부의 모든 주의 사람들에게 매일 수백 통의 편지를 썼다. 그리고 그는 기차에 올라타고 19일 동안 20개 주를 돌았다. 그 거리가 실로 약 2만 킬로미터에 달했고 그동안 마차, 기차, 자동차, 배 등의 온갖 교통수단을 이용했다. 마을에 도착하면 당장에 마을 사람들과 식사와 차를 마시며 마음을 터놓고 이야기를 했고, 그다음에 다시 다음 마을을 도는 바쁜 일정을 소화해냈다.

동부에 돌아오면 곧바로 자신이 돌았던 마을의 대표자들에게 편지를 보내 회합에 모였던 사람들의 명단을 보내달라고 부탁했다. 이렇게 해서 그의 손에 모여진 사람들의 이름은 수만에 달했고, 명단에 실린 이름은 한 사람도 남기지 않고 민주당 전국 위원장인 제임스 팔리로부터 친근한 개인적 편지를 받았다. 그 편지에는 '빌 군'이나 '조 군'으로 시작해 마지막 서명은 '짐(제임스의 애칭)'으로 맺으며 친한 친구 사이의 편지처럼 적혀 있었다.

사람은 타인의 이름에는 전혀 신경을 쓰지 않지만 자신의 이름에 대해서는 큰 관심을 갖는 다는 것을 짐 팔리는 일찍부터 알고 있었다.

자신의 이름을 기억해주고 불러준다는 것은 정말로 기분이 좋은 것으로 하찮은 아첨보다 훨씬 효과적이다. 역으로 상대의 이름을 잊어버리거나 틀리게 쓰게 되면 골치 아픈 일이 생기기도 한다.

나는 이전에 파리에서 변호에 대한 강습회를 개최한 적이 있었다. 프랑스 주재 미국인에게 안내장을 보냈는데, 영어를 잘 모르는 프랑스인 타자수에게 맡긴 것이 큰 낭패로 이어졌다. 한 미국계 은행의 파리 지점장으로부터 자신의 이름의 알파벳 순서가 잘못되었다며 강력한 항의를 받은 것이다.

사람의 이름은 정말로 외우기가 힘들다. 발음하기 힘든 이름이면 더욱 그렇다. 대부분의 사람들은 아무런 노력조차 하지 않고 그냥 잊어버리거나 별명으로 대신하기도 한다. 시드 레비에게는 '니코데무스 파파둘로스'라고 하는 어려운 이름을 가진 고객이 있었다. 다른 사람들은 그냥 '닉'이라는 애칭을 부르고 있었지만 레비는 정식 이름을 부르기로 마음을 먹었다.

"그를 만나러 갈 때는 미리 이름을 반복해서 목소리를 높여 연습을 했습니다. '안녕하세요, 니코데무스 파파둘로스 씨'라고 제 이름을 불러 인사를 하자 그는 깜짝 놀라며 한동안 말을 잇지 못할 정도였습니다. 그리고 그는 눈물을 흘리며 이렇게 말했습니다. '레비 씨, 나는 이 나라에 온지 벌써 15년이 되었지만 지금까지 아무도 제대로 된 이름으로 나를 불러준 사람이 없었습니다.'"

앤드류 카네기의 성공비결은 무엇이었을까?

카네기는 철강왕이라 불리고 있지만 정작 본인은 강철에 대해서는 거의 아는 것이 없었다. 철강왕보다도 훨씬 강철에 대해 잘 아는 수백 명의 사람들을 고용한 것이다. 그는 사람을 다루는 방법을 알고 있었다. 그것이 그를 부호로 만들어준 것이다. 그는 어린 시절부터 사람들을 조직하고 통솔하는 재능을 보여주었다. 10살 때는 이미 인간의 속성이 자신의 이름에 지대한 관심이 있다는 것을 깨닫고 이 발견을 이용하여 타인의 협조를 얻을 수 있었다. 이런 일화가 남아 있다. 아직 스코틀랜드에 있던 어린 시절의 이야기이다. 어느 날 어린 카네기는 토끼를 잡았다. 그 토끼는 임신을 하고 있었던 탓에 얼마 뒤 우리에는 새끼 토끼들로 가득 찼다. 그리고 그 덕분에 먹이가 부족하게 되었다. 그는 아주 기가 막힌 생각을 해냈다. 토끼를 먹일 풀을 많이 가져오는 아이의 이름을 새끼 토끼에게 붙여주겠다고 한 것이다. 이 계획은 적중했다. 카네기는 그날의 일을 결코 잊지 않았다.

훗날 그는 이 심리를 사업에 응용하여 막대한 부를 축적할 수 있었다. 이런 이야기가 있다. 그는 펜실베이니아 철도회사에 레일을 팔고자 했다. 당시 에드거 톰슨이라는 사람이 그 철도회사의 사장이었다. 피츠버그에 거대한 제철 공장을 세우고 그곳을 '에드거 톰슨 제강소'라고 명명하였다. 과연 펜실베이니아 철도회사는 레일을 어디서 구매했을까? 그것은 독자의 상상에 맡기겠다.

카네기와 조지 풀맨이 침대 차를 팔기 위한 경쟁에 혈안이 되어 있을 때, 철강왕 카네기는 토끼의 교훈을 떠올렸다. 센트럴 회사와 풀맨 회사가 유니온 퍼시픽 철도회사에 침대차를 팔기 위해 서로 허점만 노리고 채산성을 무시한 채 진흙탕 싸움을 펼치고 있었다. 카네기나 풀맨 모두 유니온 퍼시픽의 수뇌부를 만나기 위해 뉴욕으로 달려갔다. 어느 날 밤, 세인트 니콜라스 호텔에서 두 사람은 서로 만나게 되었고, 카네기는 풀맨에게 말을 걸었다.

"안녕하십니까, 풀맨 씨. 가만히 생각해보니 우리 둘이 바보짓을 하고 있는 것 같아요."

"그게 대체 무슨 뜻이지요?" 풀맨이 물었다.

카네기는 이전부터 생각했던 것을 풀맨에게 털어놓았다. 그것은 바로 두 회사의 합병이었다. 풀맨은 신중하게 들으면서도 반신반의했다. 풀맨은 카네기에게 이렇게 물었다.

"그럼, 새 회사 이름은 뭐라고 할 건가요?"

그러자 카네기는 기다렸다는 듯이 대답했다.

"물론 풀맨 팰리스 차량회사라고 해야죠."

풀맨은 얼굴이 환해지더니 이렇게 말했다.

"잠시 제 방으로 가서 천천히 이야기를 나누시죠."

이 상담은 공업 역사에 새 장을 열게 되었다.

이처럼 친구와 거래 관계자의 이름을 존중하는 것이 카네기의 성공 비결 중에 하나였던 것이다. 카네기는 자신의 회사에서 근무하는 수많은 노동자들의 이름을 외우고 있다는 것을 자랑으로 여겼다. 그리고 그가 기업의 진두에 서 있는 동안에는 단 한 번의 파업도 일어나지 않았다는 것에 긍지를 가졌다.

폴란드의 유명한 피아니스트 파데레프스키는 미국에 15번이나 방문해 공연을 했다. 그는 공연 때마다 침대 차를 이용했고 연주 후에는 꼭 정해진 한 요리사의 요리를 먹었다. 그 흑인 요리사는 주로 '조지'라고 불렸는데 파데레프스키만은 그를 '카퍼 씨'라고 정식 이름으로 불러주었다. 카퍼도 그렇게 불리는 걸 기뻐했다.

인간은 자신의 이름에 대단한 자부심을 가지고 있기 때문에 어떻게 해서든 그 이름을 후세에 남기고 싶어 한다. 고집불통의 잔소리꾼이었던 P. T. 바넘(1810~1891, 미국의 흥행사, 서커스의 창시자)조차 자신의 이름을 물려줄 아들이 없는 것을 고심하다가 결국은 손자인 C. H. 실리에게 바넘이라는 이름을 물려받는 대가로 2만 5000달러를 주겠다고 제안했다.

과거 왕후 귀족들 사이에서는 예술가, 음악가, 작가들을 원조해주고 그들의 작품을 자신에게 바치게 하는 풍습이 있었다.

도서관과 박물관의 호화스러운 소장품들은 자신의 이름이 세상에서 잊어지지 않기를 바라는 사람들의 기부에 의한 것이 많다. 뉴욕 시립도서관의 아스타 컬렉션과 레녹스 컬렉션 등이 그렇고, 메트로폴리탄 박물관에는 벤저민 알트만이나 J. P. 모건의 이름이 영구히 전해지고 있다. 또한 교회들 중에는 기부자의 이름을 새긴 스테인드글라스로 창문을 장식하고 있는 곳도 많다. 대학 캠퍼스에는 개인의 이름을 붙인 건물들을 흔히 볼 수 있는데, 이 사람들은 자신의 이름을 대학에 기록하기 위해 막대한 기부를 한 경우가 많다.

대부분의 사람은 타인의 이름을 잘 기억하지 못한다. 너무 바빠서 외울 시간이 없다는 것이 이유이다. 그러나 아무리 바쁘더라도 프랭클린 루즈벨트보다 바쁜 사람은 없을 것이다. 그런 루즈벨트가 우연히 만난 일개 기계공의 이름을 외우기 위해 시간을 쏟은 일화가 있다.

클라이슬러 자동차 회사가 두 다리가 마비되어 보통의 자동차를 탈 수 없었던 루즈벨트를 위해 특별한 승용차를 제작한 적이 있었다. W. F. 체임벌린이 기계공 한 명과 함께 그 자동차를 대통령 관저까지 가져왔다. 체임벌린은 그 당시의 모습을 내게 보낸 편지에 다음과 같이 묘사했다.

나는 대통령에게 특수한 장치가 많이 장착된 자동차 조작법을 가르쳤지만, 그는 내게 인간을 조종하는 훌륭한 방법을 가르쳐주었습니다.

관저로 찾아갔더니 대통령이 들뜬 기분으로 내 이름을 부르면서 말을 걸어왔기 때문에 저도 기분이 좋았습니다. 특히 감명이 깊었던 것은 내 설명에 깊은 흥미를 보여주었던 것입니다. 그 자동차는 두 손만으로 운전이 가능했습니다. 때문에 구경꾼들도 많이 모여들었습니다. 대통령은 이렇게 말했습니다.

"정말 훌륭해! 버튼을 누르기만 하면 운전이 가능하다니 말이야. 어떤 구조로 되어 있는 걸까? 시간이 있다면 싹 분해해서 속 안을 들여다보고 싶군."

대통령은 자동차 구경에 정신이 없는 사람들 앞에서 내게 "체임벌린 씨, 이런 훌륭한 자동차를 만들려고 고생이 많았겠습니다. 정말 감탄스럽습니다." 이렇게 말하고, 라디에이터, 백미러, 시계, 조명기구, 내부 장식, 운전석, 트렁크 속의 이름이 새겨진 양복 케이스 등을 하나하나 꼼꼼히 살피며 감탄사를 연발했습니다. 대통령은 나의 노력을 이해해주신 겁니다. 또한 대통령은 부인과 노동부 장관인 미스 퍼킨스 등, 주변 사람들에게도 이 자동차의 새로운 장치를 보여주면서 설명하는 것을 잊지 않았습니다. 그리고 일부러 늙은 하인을 불러 "조지, 이 특별 제작한 양복 케이스는 각별히 조심해서 다뤄주게"라고 말했습니다.

운전 연습이 끝나자 대통령은 나를 보고 "체임벌린 씨, 아쉽지만 30분 전부터 연방 준비은행 사람들이 와서 기다리고 있으니 오늘은 이만 하기로 하지요"라고 했습니다.

저는 당시 기계공 한 명과 함께 갔습니다. 관저에 도착했을 때 그를 대통령에게 소개했지만 그 뒤로는 아무 말도 하지 않았습니다. 대통령은 그의 이름을 단 한 번밖에 듣지 않은 겁니다. 내성적인 그 친구는 사람들 사이에 숨어 있었습니다. 그런데 우리가 막 돌아가려 하자 대통령은 그 기계공의 이름을 불러 악수를 하고 고맙다는 인사까지 했습니다. 게다가 대통령의 목소리에는 진심에서 우러난 감사로 가득했습니다. 저는 그것을 느낄 수 있었습니다.

뉴욕으로 돌아오고 며칠 뒤에 저는 대통령의 사인이 들어간 사진과 감사장을 받았습니다. 대통령에게 대체 언제 이런 시간이 있었을까요? 저로서는 도무지 이해가 안 될 정도입니다.

프랭클린 루즈벨트는 상대의 호감을 사는 가장 간단하면서도 알기 쉽고, 게다가 가장 소중한 방법이 상대의 이름을 외우고 상대의 존재감을 갖게 해주는 것이라는 것을 잘 알고 있었던 것이다. 그런데 이것을 알고 있는 사람이 과연 세상에는 얼마나 될까?

처음 만나는 사람을 소개 받아 2, 3분 이야기를 나누고 돌아설 때가 되어서 상대의 이름이 떠오르지 않는 경우가 자주 있다.

"유권자의 이름을 기억하는 것, 이것이 바로 정치적 수완이다. 그것을 잊는다는 것은 곧 잊혀진다는 것이다." 이것은 정치가가 배워야 할 제일 과제이다.

나폴레옹의 조카 나폴레옹 3세는 정무로 바쁜 와중에도

소개를 받은 사람의 이름은 모두 기억한다고 공언했다.

그가 이용하는 방법은 아주 간단하다. 상대의 이름을 제대로 알아듣지 못했을 경우에는 "미안합니다만 다시 한 번 이야기 해주십시오"라고 부탁하는 것이다. 만약 상대의 이름이 아주 생소한 것이라면 "스펠링이 어떻게 되죠?"라고 물었다.

상대와 이야기를 나누는 동안에 몇 번이고 상대의 이름을 반복해서 부르고 상대의 얼굴과 표정, 체격 등을 함께 머릿속에 넣도록 노력한 것이다.

만약 상대가 중요한 인물이라면 더 많은 노력을 했다. 혼자 남게 되면 곧바로 메모지에 상대의 이름을 쓴 뒤, 그것을 응시하고 정신을 집중시켜 확실하게 뇌리에 새기게 되면 그 메모지를 찢어버렸다. 이렇게 눈과 귀를 총동원해서 각인시키는 것이다.

이것은 많은 시간과 노력이 필요한 일이다. 이에 대해 에머슨은 이렇게 말했다.

"좋은 습관은 작은 희생의 반복에 의해 만들어진다."

Key point

| 사람의 호감을 사는 원칙 3 |

이름이란 본인에게 있어 가장 유쾌하고, 가장 소중한 여운이 남는 말이라는 것을 기억하라.

04
듣는 입장에 서라

얼마 전 나는 한 브리지 게임 모임에 초대를 받았다. 그러나 나는 브리지 게임을 하지 않았고, 나랑 마찬가지로 브리지 게임을 하지 않는 한 여성도 와 있었다. 나는 로웰 토마스가 라디오에 출연하여 유명해지기 전까지 그의 매니저를 한 적이 있었다. 삽화가 들어간 그의 여행기의 출판을 돕기 위해 둘에서 유럽 각지를 여행한 적이 있다고 말하자, 그녀는 그 이야기를 해달라고 부탁했다.

"카네기 씨, 당신이 여행했던 멋진 곳들과 아름다운 풍경에 대해 이야기 좀 들려주세요."

나와 나란히 소파에 앉자 그녀는 최근 남편과 함께 아프리카 여행에서 막 돌아왔다고 말했다.

"아프리카!"

나는 탄성을 질렀다.

"그거 참 멋지군요! 아프리카는 이전부터 꼭 한 번 여행을 가보고 싶었던 곳입니다. 저는 알제리에 딱 한 번 24시간 있었던 적이 있지만 아프리카에 대해서는 전혀 모릅니다. 맹수들이 우글거리는 지방으로 가셨나요? 아, 정말 대단해요! 너무 부럽습니다! 제게 아프리카 이야기를 꼭 좀 들려주세요."

그녀는 45분 동안 아프리카에 대한 이야기를 해주었다. 내 여행에 대해서는 두 번 다시 묻지 않았다. 그녀는 자신의 이야기에 귀를 기울여줄 상대, 자아를 만족시켜줄 상대를 원했던 것이다. 과연 그녀가 이상한 걸까? 아니, 그렇지 않다. 아주 평범한 사람이다.

예를 들어 이런 일이 있었다. 어느 날, 나는 뉴욕의 출판업자 J. W. 그린버그가 주최한 파티 석상에서 한 유명한 식물학자를 만났다. 나는 그전까지 식물학자와는 단 한 번도 이야기를 나눈 적이 없었다. 그러나 나는 이 식물학자의 이야기에 완전히 빠져버리고 말았다.

진귀한 식물 이야기, 신종 식물을 만드는 온갖 실험, 그 밖에 야외 정원과 흔해 빠진 감자에 관한 놀라운 사실 등, 이야기를 듣는 동안 나는 말 그대로 점점 그에게로 빨려

들어가고 있었다. 우리 집에는 작은 정원이 있었고 정원에 관한 두세 가지 궁금증을 그의 이야기를 듣고 완전히 해소할 수 있었다.

우리는 파티에 참석하고 있었고, 그 파티에는 다른 손님들이 열두세 명이 더 있었다. 그러나 나는 실례를 무릅쓰고 다른 손님들은 무시한 채 몇 시간이고 그 식물학자와만 이야기를 나눈 것이다. 이윽고 밤이 깊어 우리는 서로 작별인사를 나누었다. 그때 식물학자는 주인에게 침이 마르게 나를 칭찬하더니 결국에는 나를 '세상에서 보기 드문 달변가'라고까지 하는 것이었다.

달변가라는 말에는 놀라지 않을 수 없었다. 나는 그와 이야기를 나누는 동안 거의 말을 하지 않았다. 식물에 관해 전혀 아는 게 없는 나는 이야기의 주제를 바꾸지 않는 이상 아무 할 말도 없었던 것이다. 그 대신에 그의 이야기에는 열심히 귀를 기울여가며 집중을 했다. 진심으로 그의 이야기를 재미있게 들었다. 그것을 상대도 알아차린 것이다. 때문에 상대도 기분이 좋았던 것이다. 이렇게 들어주는 것은 우리가 누구에게나 선물할 수 있는 최고의 찬사인 것이다.

"아무리 대단한 칭찬에도 흔들리지 않는 사람일지라도 자신의 이야기에 진심으로 귀를 기울여주는 사람에게는 흔들리게 되어 있다."

이것은 잭 우드포드의 말인데, 나는 이야기에 마음을 빼앗겼을 뿐만이 아니라 '아낌없는 찬사'를 보낸 것이다.

"이야기를 듣는 동안 정말 즐거웠고 정말 많은 도움이 되었습니다."

"저도 당신처럼 지식이 많으면 얼마나 좋을까요."

"당신과 함께 평야를 돌아보고 싶군요."

나는 이런 찬사들을 보냈고, 이것은 모두 진심에서 우러난 말들이었다.

때문에 실제로 나는 단순히 좋은 말상대로서 그에게 이야기할 의욕을 북돋워주었을 뿐이었는데, 그에게는 내가 달변가로 여겨졌던 것이다.

상담의 비결에 대해 하버드 총장을 지냈던 찰스 엘리엇 박사는 이렇게 말하고 있다.

"상담에는 특별한 비결이 없습니다. 단지, 상대의 이야기에 귀를 기울여주는 것이 중요하죠. 그 어떤 아첨도 이보다 효과적이지 못합니다."

이것은 모두가 다 아는 뻔한 이야기이다. 굳이 하버드대를 나오지 않아도 누구나 다 알고 있을 것이다. 그러나 높은 임대료를 지불하고, 상품들을 효과적으로 구매하고, 창가에는 사람들의 눈에 잘 띄게 디스플레이를 하고, 막대한 돈을 들여 광고를 하면서도 정작 손님들의 목소리에 귀를 기울이는 센스가 결여된 종업원들을 고용하는 백화점 경영자도 얼마든지 있다. 손님의 이야기를 끊고, 손님의 이야기에 반발하여 화를 자초하는 등, 손님을 몰아내는 점원들을 아무렇지 않게 고용하고 있다.

우튼은 내 강의에서 이런 이야기를 들려주었다. 그는 뉴저지의 어느 백화점에서 양복 한 벌을 샀다. 그런데 집에 가서 보니 양복의 재질이 엉망이어서 염색이 배어나와 셔츠 깃에 스며든 것을 발견했다. 그는 양복을 들고 백화점에 가서 이 이야기를 하려고 했으나 허사였다. 직원이 그의 말을 막으며 "이 양복을 수천 벌 팔았지만 이런 경우는 처음입니다" 하며 그를 무시했다. 즉 우튼은 거짓말쟁이 취급을 받은 것이다.

이때 다른 직원이 나타나서 거들었다. "이 가격대에 이 이상의 품질을 기대하는 건 무리지요." 이쯤 되자 우튼은 화가 났다. 그런데 그때 백화점 지배인이 근처를 지나가다 다가왔다. 지배인은 우튼을 불만 가득한 고객에서 만족스러운 고객으로 바꿔놓았다.

첫째, 우튼의 말을 끝까지 경청했다. 둘째, 우튼이 말을 마치고 직원이 자기 입장을 말하자 지배인은 우튼의 편에 서서 백화점에서 어떤 상품을 팔아야 하는지를 말했다. 셋

째, 그는 양복에 결함이 있는 줄 몰랐다는 점을 시인하며 "어떻게 할까요? 원하시는 대로 해드리죠"라고 했다. 우튼은 당장이라도 양복을 집어던지고 싶었던 마음을 거두고 일주일을 더 지켜보기로 했다. 그리고 일주일 뒤 양복은 문제 없이 입을 수 있었다.

그 지배인이 백화점 경영자가 되었대도 이상한 일이 아니다. 반면 문제의 직원들은 손님을 직접 응대하지 않아도 되는 포장 일을 하는 게 어울릴 것이다.

사소한 일에도 화를 내며 따지려 드는 사람이 있다. 개중에는 꽤나 악질인 사람도 있지만 그런 사람이라 할지라도 참고 주의를 기울여 들어주는 사람, 아무리 화가 나서 독설을 퍼붓더라도 끝까지 참고 들어주는 사람에게는 대부분 양전하게 마련이다.

몇 년 전에 이런 일이 있었다. 뉴욕의 전화국 구내에 손을 쓸 수 없을 만큼 교환수들을 괴롭히는 가입자가 있었다. 듣기 거북한 욕설을 교환수들에게 퍼붓는 것이었다. 수화기 선을 끊어버린다거나, 청구서가 잘못되어 요금을 낼 수 없다거나, 신문에 투고하겠다고 협박을 하다가 결국에는 공정거래 위원회에 진정서를 내고 전화국을 상대로 소송을 걸기도 하였다.

전화국에서는 결국 전화국 내의 분쟁 해결의 달인을 이

골치 아픈 고객을 만나러 보냈다. 이 직원은 상대에게 실컷 화를 내게 해주고 그의 주장을 들어주면서 그의 말이 다 맞다는 듯이 동정 어린 눈길을 보냈다. 이 일에 대해 그 직원은 이렇게 말했다.

처음에는 그가 3시간 가까이 고래고래 소리를 치는 것을 조용히 들어주었습니다. 그런 다음 마찬가지로 그의 주장에 귀를 기울여주었습니다. 결국 모두 네 번 만나러 가야 했지만 네 번째 만남이 끝났을 때 저는 그가 설립을 계획하고 있던 모임의 발기인이 되어주었습니다. 그 모임의 명칭은 전화가입자 보호 협회였는데, 제가 아는 한 지금까지도 그 고객을 빼면 회원이 저밖에 없다고 합니다.

저는 상대의 주장을 시종일관 상대의 입장에 서서 들어주었습니다. 그는 전화국 직원의 그런 태도를 처음 접했기 때문에 저를 마치 친한 친구처럼 대해주었습니다. 그와는 네 번 만났지만 그를 만난 목적에 대해서는 단 한마디도 하지 않았습니다. 하지만 네 번째에는 이미 목적을 달성하였습니다. 밀렸던 전화요금도 모두 내주었고, 소송도 모두 취소해주었습니다.

이 골치 아픈 남자는 가혹한 착취로부터 시민권을 방어하는 전사를 자처한 것임에 틀림이 없다. 그러나 사실은 자기 존재의 중요성을 드러내고 싶었던 것이다. 그는 자기 존재의 중요성을 위해 불만을 토로한 것이다. 전화국 직원 덕분에 존재의 중요성을 충족시키자 그의 망상이 만들어낸 불만은 순식간에 해소되어버린 것이다.

데트머 모직물 회사라고 하면 지금은 세계적으로 유명한 회사가 되었지만 초창기에 사장인 줄리앙 데트머의 사무실에 손님 한 명이 화를 내며 쳐들어왔다.

데트머 사장은 당시의 일을 이렇게 회상했다.

그 고객에게는 약간의 외상이 남아 있었습니다. 하지만 당사자는 절대 그럴 리가 없다고 주장했습니다. 우리 측에서는 절대로 틀리지 않을 것이라는 자신이 있었기 때문에 세 번의 독촉장을 보냈습니다. 그러자 그는 분을 이기지 못하고 멀리 시카고의 내 사무실까지 찾아와, 외상을 갚기는커녕 앞으로 데트머사와는 두 번 다시 거래를 않겠다고 소리를 질렀습니다.

나는 그의 주장을 참고 다 들어주었습니다. 몇 번이고 중간에 말을 끊으려 했지만 별로 좋은 생각이 아닌 것 같아 하고 싶은 말을 다 하도록 내버려두었습니다. 하고 싶은 말을 다 한 그는 흥분이 가라앉아 내 이야기를 들어줄 것 같았습니다. 나는 그 틈을 놓치지 않고 조용히 이렇게 말했습니다. "일부러 먼 시카고까지 와주셔서 뭐라 감사하다고 해야 할지 모르겠습니다. 정말 좋은 충고를 해주셨습니다. 담당자가 그런 실수를 저질렀다면 다른 고객님들에게도 실수를 했을지 모릅니다. 고객님께서 직접 찾아오시지 않아도 응당 제가 찾아갔어야 할 문제였습니다."

그는 이런 대접을 받을 것이라고는 상상조차 하지 못했던 것 같습니다. 내게 따지기 위해 일부러 시카고까지 왔는데, 내가 오히려 고맙다고 하자 맥이 빠진 모양이었습니다. 다시 나는 이렇게 덧붙였습니다. "저희 직원들은 매일 수천 곳의 계산서를 처리해야 하지요. 하지만 고객님께서는 꼼꼼한 성격이시니 아마도 저희 쪽에 착오가 있었던 것 같습니다. 잔금은 처리된 것으로 하겠습니다."

나는 그의 마음을 잘 알겠다고 하며, 만약 나라도 똑같이 했을 것이라고 말했습니다. 그가 우리 회사의 물건을 절대 사지 않겠다고 했기 때문에 나는 그에게 다른 회사를 추천해주었습니다.

이전부터 그가 시카고에 올 때면 항상 점심식사를 함께 했기 때문에 그 날도 그를 점심식사에 초대했습니다. 그는 내키지 않는 나와 함께 식사를 마치고 사무실로 돌아와서는 지금까지보다 많은 물량을 주문하였습니다. 마음이 풀려 돌아간 그는 마음을 고쳐먹고 다시 한 번 차근차근 서류를 정리하여 문제의 계산서를 찾아내고는 사과 편지와 함께 돈을 보내왔습니다.

그러고 나서 그는 아들이 태어나자 아들의 이름을 데트머라고 지었습니다. 그리고 그는 죽을 때까지 22년 동안 나의 좋은 친구이자 고객이었습니다.

꽤 오래전의 이야기이다. 네덜란드에서 이민 온 가난한 사내아이는 학교에서 돌아오자마자 빵집의 창문을 닦는 일을 했다. 집안이 가난했기 때문에 매일 바구니를 들고 거리에서 석탄차가 지나가다 흘린 석탄 부스러기를 주워 모았다. 소년의 이름은 에드워드 보크였고, 학교는 6년 정도밖에 다니지 못했지만 훗날 미국 굴지의 잡지사 편집자가 되었다. 그의 성공 비결은 이 책에서 말하고 있는 원리를 응용한 덕분이었다.

13살 때 그는 학교를 그만두고 웨스턴 유니온 전보회사의 사환으로 들어갔다. 그는 학구열에 불타고 있었기 때문에 독학을 시작했다. 교통비를 아끼고, 점심을 굶어가면서 모은 돈으로 『미국 전기 전집』을 사서는 기발한 일을 벌였다. 유명 인사들의 전기를 읽고 본인 앞으로 소년시절에 대해 이야기를 해달라는 내용의 편지를 보낸 것이다. 그는 훌륭한 청취자였다. 유명 인사들은 스스로 나서 이야기를 해주었다. 당시 대통령 선거에 입후보했던 제임스 가필드 장군에게 보낸 편지에는, 장군이 소년시절에 운하에서 배를 끄는 일을 했다는 것이 사실이냐고 물었다. 가필드로부터 답장이 왔다. 그랜트 장군(남북전쟁의 북군 총사령관, 16대 대통령)에게도 편지를 보냈다. 그는 한 전투에 대해 이야기해달라고 적었는데, 그랜트 장군은 자세하게 지도까지 그려 설명을 한 답장을 보냈고, 14살짜리 소년을 저녁 식사에 초대하여 이런저런 이야기를 들려주었다.

이 전보회사의 사환은 그렇게 해서 수많은 유명 인사들과 편지 왕래를 하게 되었다. 에머슨을 비롯하여 올리버 홈즈(1809~94, 생리학자, 시인), 롱펠로우(1807~82, 시인), 링컨 부인, 루이자 올콧(1832~88, 미국의 여류작가), 셔먼 장군, 제퍼슨 데이비스(1808~89, 정치가) 등이 그들이었다.

그는 이런 유명 인사들과 편지 왕래를 한 것뿐만이 아니라 휴가 때면 그들을 방문하여 따뜻한 환대를 받았다. 이 경험을 통해 얻은 자신감은 그에게는 대단히 귀중한 재산이 되었다. 이 유명 인사들은 소년의 꿈과 희망을 키워주어 결국 소년의 삶을 완전히 바꾸어놓았다. 다시 한 번 말하지만, 이것은 그 어떤 것도 아닌 이 책에 적혀 있는 원리를 응용한 것이다.

아이작 마커슨은 유명한 인터뷰 전문 기자였는데, 그의 말에 따르면 사람들이 좋은 첫인상을 주는 데 실패하는 이유는 상대방의 이야기에 주의를 기울여 듣지 않기 때문이라고 한다.

"자신이 하고 싶은 말만 생각하고 귀를 전혀 기울이지 않는 사람이 많다. 특히 유명 인사들의 대부분은 말을 잘하는 사람보다는 잘 들어주는 사람을 좋아한다. 하지만 잘 들어주는 재능은 다른 재능보다 익히기에 훨씬 더 어려운 것 같다."

이야기를 잘 들어주는 상대를 원하는 것은 유명 인사들뿐만이 아니라 누구나 다 마찬가지이다. 한 번은 『리더스 다이제스트』에 이런 내용이 실린 적이 있었다.

"세상에는 자신의 이야기를 들어주기만 원하는 사람들로 가득해서 의사를 찾는 환자가 많다."

남북 전쟁이 한창일 때, 링컨은 고향인 스프링필드의 옛 친구에게 편지를 보내 중요한 문제에 대해여 논의하고 싶으니 워싱턴으로 와달라고 부탁했다. 그 친구가 백악관에 도착하자 링컨은 노예 해방 선언을 발표하는 것이 과연 바람직한 것인지 몇 시간에 걸쳐 이야기를 했다. 자신의 의견을 다 말하고 나서는 투서와 신문기사를 읽어 내려갔다. 어떤 것은 노예 해방에 반대를, 또 어떤 것은 찬성한다는 내용이었다. 이렇게 장시간에 걸친 논의가 끝나자 링컨은 친구와 악수를 하고 그의 의견은 한마디도 듣지 않은 채 돌려보냈다. 처음부터 끝까지 링컨 혼자 떠들었지만 그 덕분에 마음이 후련해졌던 것 같다. 그 친구도 훗날 링컨이 하고 싶은 말을 다 하고 나자 기분이 좀 편해 보였다고 말했다. 링컨은 상대의 의견을 들을 필요가 없었다. 그저 마음의 무거운 짐을 덜어줄 사람, 가족이 되어 들어줄 사람이 필요했던 것에 불과했다. 마음속에 고민이 있을 때는 누구나 다 그렇다. 화가 나 있는 손님, 불만을 품고 있는 고용인, 상심에 찬 친구, 모두 다 잘 들어주는 상대가 필요한 것이다.

사람들이 싫어하고, 몰래 흉보고, 경멸하길 바란다면 다음의 사항을 준수하기만 하면 된다.

1. 상대의 이야기를 절대로 오래 듣지 말라.
2. 시종일관 자신의 이야기만 하라.
3. 상대가 이야기를 하는 사이 뭔가 할 말이 있으면 곧바로 상대의 말을 가로막아라.
4. 상대는 나보다 머리 회전이 느리다. 그런 인간의 헛소리를 언제까지나 듣고 있을 필요가 없다. 이야기 도중에 서슴없이 말을 끊어버려라.

세상에는 이 조건을 준수하고 있는 사람이 실제로 존재한다는 사실을 독자들도 잘 알고 있을 것이다. 불행하게도 내 주변에도 그런 사람이 있다. 유명 인사들 중에도 그런 사람이 있으니 너무나 놀랍다.

그런 인간은 따분하고 견디기 힘든 상대다. 자아도취에 빠져 자신이 잘났다고 착각하고 있는 사람들이다. 자기 이야기만 하는 인간은 자기밖에 생각하지 않는다.

이야기의 달인이 되고 싶다면 잘 들어주어야 한다. 흥미를 갖게 하기 위해서는 자신이 먼저 흥미를 가져야 한다. 상대가 반갑게 대답할 수 있는 질문을 해야 한다. 상대가 자랑을 할 수 있도록 만들어 주어라. 당신의 대화 상대는 당신에 대한 관심의 100배가 넘는 흥미를 자신에 대하여 갖고 있다. 중국에서 100만 명이 굶어죽는 참사가 벌어진다 하더라도 자신의 치통이 훨씬 더 중대한 사건이다. 목에 난 종기가 아프리카에서 지진이 40번 일어난 것보다 훨씬 더 관심이 큰 사건이다. 사람과 이야기를 할 때에는 이 점을 반드시 명심해야 한다.

Key point

| 사람의 호감을 사는 원칙 4 |

듣는 입장에 서라.

05

관심이 무엇인지를
꿰뚫어보라

시어도어 루즈벨트를 만난 사람은 누구나 그의 박식함에 놀라게 된다. 루즈벨트는 상대가 카우보이든, 의용기병대원이든, 혹은 정치가, 외교관, 그 밖의 다른 어떤 사람이든 상관없이 상대에 적합한 화젯거리가 풍부했다.

그가 그런 재능을 가지게 된 요령은 의외로 간단했다. 루즈벨트는 누군가 찾아온다는 것을 알게 되면 그 사람이 좋아하는 문제에 대해 전날 밤 늦게까지 연구를 한 것이다. 루즈벨트도 다른 지도자들과 마찬가지로 사람의 마음을 사로잡는 지름길이 상대가 가장 관심을 가지고 있는 문제를 화제로 삼는 것이라는 것을 알고 있었던 것이다.

수필가이자 예일 대학 문학부 교수인 윌리엄 펠프스는

어려서부터 이미 이것을 깨달았다.

그는 '인간성에 대해' 라는 제목의 논문에서 이렇게 적고 있다.

나는 8살 무렵의 어느 주말에 스프래트포드의 린제이 숙모님에게 놀러간 적이 있다. 저녁에 중년 남자 손님이 와서 한동안 숙모님과 다정하게 이야기를 나눈 뒤 나를 상대로 열심히 이야기를 시작했다. 당시 나는 보트에 흠뻑 빠져 있었기 때문에 그의 이야기에 완전히 빠져들고 말았다. 그 사람이 돌아간 뒤 나는 침이 마르도록 그를 칭찬했다.

"정말 대단한 사람이에요! 보트를 좋아하다니, 정말 멋있어요!"

그러자 숙모님은 그 손님이 뉴욕의 변호사이고 보트에 대해서는 아는 것이 별로 없고, 전혀 흥미도 없었다고 말했다. "그럼, 왜 보트 이야기만 했어요?" 하고 묻자 숙모님이 가르쳐주었다. "그건 그분이 신사니까 그렇지. 네가 보트에 푹 빠져 있다는 걸 눈치 채고 네가 좋아할 만한 이야기를 한 거야. 기분 좋게 네 이야기 상대가 되어 주신거지."

펠프스 교수는 이 숙모님의 이야기를 결코 잊을 수 없다고 적고 있다.

현재 보이스카우트에서 활약을 하고 있는 에드워드 찰리프가 보내온 편지를 소개할까 한다.

어느 날, 나는 누군가의 도움이 간절한 상황에 봉착하고 말았습니다. 유럽에서 벌어진 스카우트 대회가 다가오면서 대회에 참석시킬 대표 소년 한 명을 참석시키고 싶었는데, 그 비용을 어떤 회사로부터 기부를 받고 싶었습니다.

그 회사의 사장을 만나러 가기 직전에 귀중한 정보를 입수하였습니다. 그 사장이 100만 달러짜리 수표를 발행했고, 지불이 끝난 수표를 액자에 넣어 벽에 걸어두었다는 것이었습니다.

나는 사장실에 들어가자마자 그 수표를 보여달라고 부탁했습니다. 100만 달러짜리 수표! 보이스카우트의 아이들에게 엄청난 금액의 수표를 실제로 봤다는 이야기를 들려주고 싶다고 말했습니다. 사장은 기꺼이 그 수표를 보여주었습니다. 나는 감탄을 하며 그 수표를 발행하게 된 경위에 대해 이야기해달라고 부탁했습니다.

이미 눈치를 챘을 것이다. 찰리프 씨는 처음부터 보이스카우트나 유럽 대회, 혹은 그가 찾아간 목적에 대해서는 전혀 이야기를 하지 않았다. 상대가 관심이 있는 이야기만을 한 것이다. 덕분에 다음과 같은 결과를 얻을 수 있었다.

"그러다 사장은 '헌데 나를 찾아온 용건이 뭡니까?'라고 물었습니다. 그리고 나는 진짜 용건을 꺼냈습니다.

사장은 내 부탁을 받아들인 것은 물론이고 놀랍게도 전혀 뜻밖의 제안까지 해왔습니다. 나는 유럽에 대표로 소년 한 명만 보내달라고 부탁을 했는데, 사장은 다섯 명의 소년과 나까지 보내주었습니다. 1000달러의 신용장을 써주면서 7일 동안 다녀오라고 말하는 것이었습니다. 게다가 유럽의 지점장에게 우리의 편의를 봐주라는 소개장까지 써주었습니다. 그뿐만이 아니라 직접 파리로 와서 파리 안내까지 해주었습니다. 그 이후로도 우리 단체의 후원을 아끼지 않으며 가난한 아이들에게 일자리를 구해준 일도 자주 있었습니다.

만약 그의 관심거리가 무엇인지 알지도 못한 채 첫 대면에서 흥미를 끌어내지 못 했더라면 아마 그런 결과는 얻지 못 했을 겁니다.

이 방법이 과연 사업에서도 유용하게 쓰일 수 있는지 그 실례를 뉴욕 제일의 제빵회사 듀바노이 상회의 헨리 듀바노이 씨의 경우에서 살펴보기로 하자.

듀바노이 씨는 이전부터 뉴욕의 한 호텔에서 자신의 빵을 팔기 위해 노력하고 있었다. 4년 동안 매주 발이 닳도록 지배인을 찾아갔다. 지배인이 참석하는 회합에도 함께했다. 더 나아가 그 호텔의 손님으로 체류도 해보았지만 모두 허사였다.

듀바노이 씨는 당시의 노력에 대해 이렇게 회상하고 있다.

그래서 나는 인간관계를 연구하기 시작했죠. 그리고 전술을 바꿨습니다. 이 남자가 무엇에 관심이 있는지, 다시 말해서 어떤 일에 열정을 갖고 있는지를 조사하기 시작했습니다. 그렇게 해서 그가 미국 호텔 협회의 회원이라는 것을 알아냈습니다. 그것도 그냥 회원이 아니라 그의 열정 덕분에 회장이 되고, 국제 호텔 협회의 회장도 겸하고 있었습니다. 협회의 대회가 어디에서 열리든 간에 비행기를 타고 산을 넘고 바다를 건너서 출석할 만큼 열정적이었습니다.

그다음에 만났을 때는 협회에 대한 이야길 꺼냈습니다. 반응은 놀랄 정도였습니다. 그는 눈을 반짝거리면서 30분 정도 협회에 대해 이야기를 했습니다. 협회를 키우는 일은 그에게 있어 더 없는 즐거움이자 열정의 원천인 것 같습니다. 그러더니 제게도 입회를 권하는 것이었습니다.

그와 이야기를 하는 동안에는 정작 빵에 대해서는 단 한마디도 하지 않았습니다. 그런데 며칠 뒤에 호텔의 구매부에서 빵의 견본과 가격표를 가져오라는 전화 연락이 있었습니다.

호텔에 도착해보니 담당자는 "당신이 어떤 수단을 썼는지는 모르지만 지배인이 당신을 아주 맘에 들어 하더군요"라고 이야기해주었습니다.

생각해보세요. 그와 거래를 하고 싶어 4년 동안 매달렸습니다. 만약 그가 어떤 것에 관심이 있는지, 어떤 이야기를 좋아하는지를 찾아내는 노력을 하지 않았더라면, 나는 여전히 그의 꽁무니를 쫓아다니고 있을 겁니다.

Key point
| 사람의 호감을 사는 원칙 5 |

상대의 관심을 꿰뚫어보고 화젯거리로 삼는다.

06
진심 어린 칭찬을 하라

뉴욕 8번가에 있는 우체국에서 나는 등기우편을 부치기 위해 줄을 서서 차례를 기다리고 있었다. 등기 담당 직원은 매일매일 우편물의 무게를 재고, 우표와 잔돈을 건네주고, 영수증을 발행하는 등의 단순 업무에 싫증이 나 있어 보였다. 그래서 나는 이렇게 생각했다.

"잠시 이 남자가 내게 호감을 갖도록 만들어보자. 그러기 위해서는 내가 아니라 그에게 뭔가 따뜻한 말을 전해야 한다. 그에게서 정말로 감탄할 수 있는 것이 무엇일까?"

이것은 정말로 어려운 일이다. 게다가 상대가 처음 만나는 사람이라면 더더욱 그렇다. 그러나 이때는 우연한 계기로 간단히 해결이 가능할 수 있었다. 아주 그럴 듯한 것을 찾아낸 것이다.

그가 내 서류봉투의 무게를 잴 때, 나는 진심 어린 말투로 이렇게 말했다.

"머리카락이 정말 아름답네요. 정말 부럽습니다!"

놀란 듯한 그의 표정에는 미소가 번졌다.

"요즘에는 머릿결이 많이 나빠졌어요."

그는 겸손하게 말했다.

이전에는 어땠는지 몰라도 정말 부럽다며 진심으로 감탄했다. 그는 대단히 기뻐했다. 그리고 서너 마디 이야기를 더 나눈 뒤 마지막에 그는 "실은 많은 사람들이 그렇게 말해줍니다"라고 진심을 털어놓았다.

그날 그는 기분 좋게 점심 식사를 하러 갔을 것이다. 집에 돌아와 아내에게도 이야기해주었을 것이다. 거울을 바라보며 "역시, 훌륭한 머리카락이야!"라고 혼잣말을 했음에 틀림없다.

하루는 이 이야기를 공개석상에서 꺼낸 적이 있다. 그러자 "그럼, 당신은 그에게서 무엇을 기대하고 있었나요?"라며 누군가 질문을 해왔다. 내가 뭔가를 기대했다고? 대체 무슨 소리! 남을 기쁘게 하거나 칭찬을 해주고 뭔가 보답을 받길 원하는 사람이라면 반드시 실패를 하고 말 것이다. 아니, 사실은 나도 뭔가 보답을 바라고 있었다. 내가 바란 것은 돈으로는 살 수 없는 것이다. 그리고 틀림없이 그 보답을 받았다. 그에게 최선을 다했고, 게다가 그에게는 아무런 부담도 주지 않았다는 상쾌한 기분이 바로 그 보답이다. 이런 기분은 언제까지나 즐거운 추억으로 남게 된다.

인간의 행위에 관한 중요한 법칙이 하나 있다. 이 법칙을 따르기만 한다면 대부분의 분쟁은 피할 수 있다. 이것을 지키기만 한다면 친구들이 많이 늘어나고 항상 행복감을 맛볼 수 있다. 그러나 이 법칙을 깨면 곧바로 끝없는 분쟁에 휘말리게 된다.

그 법칙은 바로 "항상 상대에게 존재의 중요성을 느끼게 하는 것"이다.

이미 말했던 것처럼 존 듀바노이 교수는 중요한 인물이 되고자 하는 것은 인간의 가장 근본적이고 강한 욕구라고 말하고 있다. 또한 윌리엄 제임스 교수는 인간성의 근본이 되는 것은 타인에게 인정을 받고 싶어 하는 바람이라고 단정하고 있다. 이 바람이 인간과 동물을 구별하는 기준이 된다는 것은 이미 앞에서도 말한 바가 있는데, 인류의 문명도 인간의 이 바람 덕분에 발전을 할 수 있었다.

인간관계의 법칙에 대해 철학자는 수천 년에 걸쳐 사색을 계속해왔다. 그리고 그 사색을 통해 단 한 가지 중요한 교훈이 탄생할 수 있었다. 그것은 결코 새로운 교훈이 아니다. 인간의 역사와 마찬가지로 오래된 것이다. 3000년 전 페르시아에서 조로아스터는 이 교훈을 배화교도들에게 전파했다. 2000년 전의 중국에서는 공자가 그것을 설교했다. 도교의 노자도 그것을 제자들에게 가르쳤다. 석가모니는 예수보다 500년 빨리 성스러운 갠지스 강가에서 이에 대해 설법을 했다. 그보다 천 년 앞서 힌두교의 성전에도 그런 내용이 남아 있다. 예수는 2000년 전에 유대의 바위산에서 이것을 가르쳤다. 예수는 그것을 다음과 같은 말로 가르쳤다.(세상에서 가장 중요한 법칙이라 할 수 있다.)

"남이 해주길 바라는 것처럼 너희도 그렇게 하라."

인간은 누구나 주변 사람들에게 인정을 받고 싶어 한다. 자신의 진가를 인정받고 싶어 하는 것이다. 작지만 자신의 세계에서는 자신이 가장 중요한 존재라는 것을 느끼고 싶은 것이다. 눈에 보이는 아첨은 듣고 싶지 않지만 진심 어린 칭찬에는 굶주려 있는 것이다. 찰스 슈와브의 말처럼 자기 주변의 사람들로부터 '진심으로 인정받고, 아낌없는 칭찬을 받고 싶다'고 모든 사람이 여기고 있다.

이 '황금률'에 따라 누군가에게 바라는 것을 상대에게 해주기로 하자.

이 칭찬의 철학은 외교관과 자선회의 회장이 되지 않으면 응용할 길이 없는 것이 아니다. 일상생활에서도 응용을 하면 엄청난 마법적 효과를 얻을 수 있다.

　이것은 언제, 어디서나 해야 하는 것이다. 예를 하나 들어보자. 나는 전에 라디오시티 빌딩 안내 직원에게 헨리 서베인의 사무실이 어디 있는지 물은 적이 있다. 안내원은 정갈한 말투로 대답했다. "서베인 씨는, (잠시 멈추고) 18층 1816호에 계십니다."

　나는 엘리베이터를 타러 가다 말고 돌아가서 그에게 말했다. "굉장히 훌륭한 답변입니다. 거의 예술에 가깝군요."

　그는 신이 나서 왜 대답하는 중간에 잠깐 멈추는지까지 설명해주었다. 으쓱해하는 그를 뒤로하고 18층으로 올라가며 나는 그날 내가 인류의 행복의 양에 기여했다는 뿌듯함을 느꼈다. 거창한 인물만이 칭찬할 수 있는 건 아니다. 누구나 칭찬의 마법을 일으킬 수 있다.

　예를 들어 식당 종업원이 음식을 잘못 가져왔을 때는 "귀찮겠지만 저는 커피보다는 홍차를 더 좋아합니다"라고 정중하게 말한다면, 종업원도 기분 좋게 바꾸어줄 것이다. 상대에게 정중하게 대했기 때문이다. 이런 정중한 배려 깊은 말투가 단조로운 일상생활의 쳇바퀴의 윤활작용을 함과 동시에 인간성을 증명해준다.

또 한 가지 예를 들어 보자. 홀 케인은 『그리스도교도』, 『만 섬의 재판관』, 『만 섬의 사내』 등, 20세기 초에 연속적으로 베스트셀러를 소설을 쓴 유명한 작가다. 그는 대장장이의 아들로 태어났고 학교에는 8년 밖에 다니니 못했지만 결국은 세계에서 손꼽히는 유복한 작가가 되었다.

홀 케인은 14행시와 민요를 좋아했는데, 영국의 시인 단테 가브리엘 로제티에 심취해 있었다. 그리고 그는 로제티의 예술적 공로를 칭송하는 논문을 쓰고 그 사본을 로제티에게 보내 로제티를 기쁘게 했다.

'내 능력을 이렇게 높이 사는 청년이라면 틀림없이 훌륭한 인물일 거야.'

로제티는 아마 이렇게 생각했을 것이다. 이 대장장이의 아들을 런던으로 불러 자신의 비서로 삼았다. 이것이 홀 케인의 인생의 전환점이 된 것이다. 덕분에 그는 당대의 유명 문학가들과 친하게 지낼 수 있었고, 그들의 조언과 격려 덕분에 홀 케인은 새로운 인생을 살게 되었고, 훗날 자신의 이름을 전 세계에 떨칠 수 있었다.

만 섬에 있는 그의 저택 글리버 성은 세계 곳곳에서 몰려오는 관광객들의 명소가 되었다. 그가 남긴 유산은 250만 달러가 넘는다고 전해지고 있는데, 만약 유명한 시인에 대한 찬미의 논문을 쓰지 않았다면 그는 가난하고 이름 없는 삶을 살았을지도 모른다. 진심 어린 칭찬에는 이렇듯 엄청난 위력이 숨어 있다. 로제티는 자신을 중요한 존재라고 여기고 있었다. 그것은 당연한 일이다. 인간은 누구나 거의 예외 없이 그렇게 생각하고 있다. 세상의 그 어떤 나라에 사는 인간이라도 그렇게 생각하고 있을 것이다.

여러분은 일본인보다 자신이 우월한 것 같은가? 일본의 양갓집 규수들은 절대 백인과 춤을 추지 않는다. 여러분은 힌두교보다 우월하다 생각하는가? 그건 자유지만 힌두교도들은 당신의 세속적인 음식에는 손도 대고 싶어 하지 않는다. 그럼 당신은 에스키모보다 월등하다고 여기는가? 에스키모는 게으른 사람을 혐오하는데 누군가 게으름을 피우면 '백인'이라고 부른다.

사람은 누구나 타인보다 어떤 점에서는 반드시 뛰어나다고 생각한다. 때문에 상대의 마음을 확실하게 얻을 수 있는 방법은 상대가 나름대로 세상에서 중요한 인물이라는 것을 솔직하게 인정하고 그것을 상대로 하여금 깨닫게 해주는 것이다.

에머슨이 어떤 사람이라도 무언가는 자신보다 뛰어나며 배울 점이 있다고 한 말을 기억해주길 바란다.

그러나 안타까운 것은 아무런 자랑할 만한 장점도 없고 그로 인한 열등감을 역겨운 자만이나 자기선전으로 포장하려는 사람들이 있다는 것이다.

셰익스피어는 그에 대해 이렇게 표현하고 있다.

"거만하고 불손한 인간! 하찮은 것을 가지고 천사까지 울리려고 속임수를 쓰고 있구나."

칭찬의 원칙을 응용하여 성공을 거둔 세 사람을 소개하기로 하자. 세 명 모두 내 강습회의 수강자이다. 먼저 코네티컷에 사는 변호사의 이야기다. 집안사람들에게 폐가 될까 염려하는 그의 말에 따라 그냥 R씨라고 하겠다.

R씨는 내 강습회에 참가한 지 얼마 되지 않아 아내의 친척이 사는 롱아일랜드를 방문했다. 연로한 숙모의 집에 도착한 부인은 R씨를 숙모의 말상대로 남겨놓고 자신은 다른 친척집을 찾아갔다. R씨는 칭찬의 원칙을 실험한 결과를 강습회에서 발표하기로 되어 있었기 때문에 일단 아내의 숙모를 대상으로 실험을 해보기로 했다. 그는 진심에서 우러나 칭찬할 만한 것을 찾기 위해 집안을 둘러보았다.

"이 집은 1890년경에 세워진 것 같네요."

그가 묻자 숙모가 대답했다.

"맞아, 딱 1890년에 지었지."

"제가 태어난 집도 이런 집이었습니다. 훌륭한 건물이네요. 넓고 잘 지어졌어요. 요즘에는 절대 이런 집을 짓지를 못해요."

이 말을 들은 숙모는 기다렸다는 듯이 맞장구를 쳤다.

"정말 그래. 요즘 젊은이들은 건물의 아름다움에 대해 잘 몰라. 비좁은 아파트에 전기냉장고, 놀고 돌아다니기 위한 자동차가 젊은이들의 꿈이지."

옛 추억에 대한 향수가 그녀의 목소리에서 묻어났다.

"이 집은 내게는 꿈의 집이지. 이 집에는 사랑이 담겨 있어. 이 집을 지었을 때 남편과 나의 오랜 꿈이 실현되었지. 설계를 건축가에게 부탁하지 않고 우리가 직접 했지."

그리고 그녀는 R씨를 데리고 집안 구경을 시켜주었다. 그녀가 여행 기념으로 사서 소중하게 간직하고 있던 아름다운 수집품을 본 R씨는 진심으로 감탄했다. 스코틀랜드의 페이즐리 직물의 숄, 그리스의 오래된 찻잔, 웨지우드의 도자기, 프랑스산 침대와 의자, 이탈리아에서 들여온 그림, 프랑스 귀족의 집에 걸려 있었다는 비단 장식 등이 그것들이었다.

집안의 안내가 끝나자 그녀는 R씨를 차고로 데리고 갔다. 그곳에는 신품에 가까운 패커드 한 대가 있었다. 그 차를 가리키며 그녀는 조용히 말했다.

"남편이 죽기 직전에 이 차를 샀기 때문에 나는 이 차를 타보지 못했지. 자네는 물건의 가치를 잘 아는 사람이야. 그래서 이 차를 자네에게 주려고 해."

"숙모님, 안 됩니다. 물론, 마음은 잘 알겠지만 차를 받을 수는 없습니다. 저와 숙모님은 직접적으로 피를 나눈 사이도 아니고, 게다가 저도 최근에 막 자동차를 샀습니다. 이 패커드를 갖고 싶어 하는 친척들이 많을 겁니다."

R씨가 극구 사양을 하자 숙모가 소리쳤다.

"친척! 있고말고. 이 차를 갖고 싶어서 내가 죽기만 기다리는 친척이 있지. 하지만 그런 사람들에게 이 차를 줄 수는 없네."

"그렇다면 중고차 매장에 파는 게 좋겠네요."

"판다고! 내가 이 차를 팔 수 있을 것 같나? 어디 사는 누군지도 모르는 사람이 이 차를 타고 다니는 걸 내가 참을 수 있겠나? 이 차는 남편이 나를 위해 산 차야. 이 차를 판다는 건 꿈에서도 생각해본 적이 없네. 자네에게 주고 싶어. 자네는 아름다운 것의 가치를 잘 아는 사람이니까."

R씨는 그녀의 마음이 상하지 않도록 배려를 하며 거절을 하려 했지만 쉽지가 않았다.

넓은 저택에서 혼자 살면서 추억에 의지하며 살고 있는 이 노부인은 아주 작은 칭찬에도 목이 말라 있었던 것이다. 그녀 또한 한때는 젊고 아름답던 시절이 있었다. 사랑의 집을 짓고 유럽 각지로부터 사 모은 물건들로 집안을 장식한 적도 있었다. 그러나 지금은 늙고 고독한 신세가 되어 작은 배려와 칭찬으로도 마음이 울린 것이다. 그러나 아무도 그녀의 마음을 위로해주지 않았다. 때문에 그녀는 R씨의 이해심 깊은 태도를 접하면서 사막에서 오아시스를 만난 것처럼 기뻐하며 패커드를 선물하지 않으면 마음이 편하지 않았던 것이었다.

다음은 도널드 맥마흔의 이야기이다. 뉴욕에 있는 루이스 앤 발렌타인 조경회사의 정원사로 오랫동안 일해 온 맥마흔 씨의 경험담이다.

강습회에서 '사람을 움직이는 방법'에 대한 이야기를 듣고 얼마 되지 않아 나는 한 유명 법률가의 집 정원을 꾸미고 있었습니다. 주인이 정원으로 나와 만병초와 철쭉을 심을 곳을 알려 주었습니다.

나는 그에게 "선생님, 저렇게 훌륭한 개를 많이 기르고 있으시니 뿌듯하시겠습니다. 매디슨 스퀘어 가든의 애견 품평회에서 댁의 개들이 많은 상을 받았다고 하더군요"라며 말을 걸었습니다. 이 작은 찬사의 반응은 놀랄 만한 것이었습니다.

주인은 기뻐하며 "그야 당연히 기쁘지요. 잠시 구경해볼래요?"라고 말했습니다.

그는 한 시간이나 자신의 개와 상패를 자랑스럽게 보여주고 혈통서까지 가지고 와서는 개의 우열을 좌우하는 것이 혈통에 달려 있다고 설명해주었습니다.

이야기가 끝날 무렵 그는 "당신은 아들이 있소?"라고 물었고, 아들이 있다고 하자, "그 아이가 강아지를 좋아하오?"라고 물었습니다. "네, 그야 당연히 좋아하죠"라고 대답하자 그는 "좋아, 아들에게 강아지 한 마리를 선물하겠소"라고 하는 것이었습니다.

그는 강아지를 돌보는 방법을 설명하다가 잠시 생각에 잠기더니 "말로는 금방 잊어버릴 수도 있지. 종이에 적어주리다"라고 하며 집안으로 들어갔습니다. 그리고 혈통서와 키우는 방법을 타자기로 쳐 왔습니다. 산다면 100달러가 넘는 강아지를 준 것입니다. 그뿐만이 아니라 그의 귀중한 시간을 한 시간 반이나 할애해준 것입니다. 이것이 그의 취미와 성과에 대한 솔직한 찬사의 산물입니다.

코닥 사진기로 유명한 조지 이스트만은 소위 말하는 '활동사진'에 없어서는 안 될 투명 필름을 발명하여 막대한 부를 축적한 세계적인 사업가이다. 그렇게 엄청난 사업을 일으킨 사람도 우리와 마찬가지로 작은 찬사에 매우 감격했다.

그 이야기를 소개해보기로 하겠다. 이스트만은 로체스터에 이스트만 음악학교와 킬본 홀을 건축 중이었다. 뉴욕의 고급 의자를 제작하는 회사 제임스 애덤슨 사장은 이 두 개의 건물에 의자를 납품하고 싶었다. 애덤슨은 건축가와 연락을 하여 이스트만과 로체스터에서 만나기로 약속했다. 애덤슨이 약속 장소에 도착하자 건축가가 그에게 주의를 주었다.

"당신은 이 주문을 꼭 따고 싶을 겁니다. 만약 당신이 이스트만의 시간을 5분 이상 뺏는다면 성공은 거의 불가능합니다. 이스트만은 꽤 까다로운 데다가 대단히 바쁜 사람이니 일찌감치 결론을 내야 합니다."

애덤슨은 그의 충고를 따를 생각이었다. 사무실로 들어가보니 이스트만은 책상 앞에 앉아 산더미 같은 서류들을 살피고 있었다. 이윽고 이스트만은 고개를 들고 안경을 벗더니 건축가와 애덤슨에게로 천천히 다가와 말을 걸었다.

"안녕하시오. 그래, 두 분은 무슨 용건인가요?"

건축가의 소개로 인사가 끝나자 애덤슨은 이스트만에게 이렇게 말했다.

"정말 훌륭한 사무실입니다. 이렇게 훌륭한 사무실에서 일하는 건 정말 즐거울 겁니다. 저는 실내 장식이 전문이지만 이렇게 훌륭한 사무실은 여태 본 적이 없습니다."

이스트만이 대답했다.

"그래요? 그러고 보니 이 사무실이 막 완성됐을 때의 일이 생각나는 군요. 꽤 괜찮죠? 당시만 해도 정말 기뻤지만 최근 들어 너무 바빠 몇 주일 동안이나 이 사무실이 얼마나 근사한지를 잊고 삽니다."

애덤슨은 벽으로 다가가 두드리며 말했다.

"이건 영국산 떡갈나무군요. 이탈리아 떡갈나무와는 무늬가 좀 다릅니다."

그러자 이스트만이 대답했다.

"맞아요, 영국에서 수입한 겁니다. 목재에 대해 잘 아는 친구가 골라준 거죠."

그리고 이스트만은 사무실의 균형, 색채, 조각 장식, 그 밖에 그가 직접 고안해냈던 것 등, 이런저런 것들에 대해 애덤슨에게 설명해주었다.

두 사람은 잘 꾸며진 사무실을 구경하며 걷다가 창가에 와서 멈춰 섰다. 이스트만이 사회사업가로서 자신이 세운 모든 시설에 대해 부드럽고 조심스럽게 이야기를 꺼냈던 것이다. 로체스터 대학의 종합병원, 동종요법 병원, 사랑의 집, 아동병원 등의 이름이 열거되었다. 애덤슨은 이스트만이 인류의 고통을 덜어주기 위해 자신의 재력을 이용하고 있는 이상주의적인 활동에 진심 어린 찬사를 아끼지 않았다. 이스트만은 유리 상자를 열어 그가 처음으로 산 사진기를 꺼내들었다. 한 영국인에게서 산 발명품이었다.

애덤슨은 이스트만이 사업을 막 시작했던 힘들었던 시절에 대해 물었다. 그러자 이스트만은 가난한 소년시절을 회상하며 홀어머니가 싸구려 하숙집을 운영하였다는 것, 하루에 5센트씩 받고 보험회사 사환을 했던 시절 등을 실감나게 묘사해주었다. 매일 밤낮으로 가난의 공포에 시달렸던 그는 어떻게 해서든 가난에서 벗어나 어머니를 싸구려 하숙집의 중노동으로부터 해방시키겠다고 결심했다고 한다. 애덤슨은 계속해서 건판사진을 실험할 당시에 대한 질문을 했다. 사무실에서 하루 종일 중노동에 시달려야 했던 일, 약품처리를 하는 짧은 시간동안 새우잠을 자면서 밤을 새워 실험했던 일, 때로는 72시간 동안 잠 잘 때나 일할 때나 옷을 입은 채로 지냈던 일 등, 이스트만의 이야기는 끝이 없었다.

애덤슨이 처음 이스트만의 사무실에 들어간 시간은 10시 15분이었고, 5분 이상 시간을 빼앗아서는 안 된다는 충고를 들었다. 그러나 이미 1시간, 2시간도 더 지나 있었다. 그런데도 여전히 이야기가 끝나지 않았다.

마지막으로 이스트만이 애덤슨에게 이렇게 말했다.

"얼마 전에 일본에 갔을 때 산 의자를 현관에 놓아두었습니다. 그런데 햇빛에 페인트가 벗겨져서 며칠 전에 내가 직접 페인트를 칠했지요. 어때요, 내 실력을 한번 구경하지 않을래요? 그럼, 집으로 가볼래요? 점심을 먹은 뒤에 구경시켜 드리지요."

점심을 먹고 이스트만은 애덤슨에게 의자를 보여주었다. 하나에 1달러 50센트도 되지 않을 것 같은 의자로 억만장자에게는 전혀 어울리지 않을 것 같아 보이는 것이었지만, 자신이 직접 페인트를 칠했다는 것을 자랑하고 싶었던 것이다.

9만 달러에 달하는 좌석의 주문은 과연 누구의 손아귀에 들어갔을까? 그것은 두 말할 필요가 없다.

그날 이후 이스트만과 제임스 애덤슨은 평생의 친구가 되었다.

우리는 이렇게 놀랄 만한 효과가 있는 칭찬의 법칙을 우선 자기 가정에서 시험해보는 것이 좋을 것 같다. 가정처럼 칭찬이 필요한 곳은 없다. 어떤 아내라도 반드시 장점은 있다. 게다가 남편이 그 점을 인정했기 때문에 결혼이 성립된 것이다.

수년 전 나는 미라미치 강 상류까지 낚시하러 간 적이 있다. 캐나다의 산속 깊숙이 인적이 드문 곳에 캠프를 쳤다. 읽을 것이라고는 단 한 장의 지방 신문뿐. 한 자도 남기지 않고 처음부터 끝까지 꼼꼼히 보았는데 그중 도로시 딕스 여사가 쓴 기사가 눈에 띄었다. 아주 잘 쓰인 기사여서 나는 그것을 오려 지금도 보존하고 있다. 그녀는 아내의 처신에 대한 충고는 신물이 날 정도로 들어봤지만 정작 남편들에게 해주는 충고는 찾아보기 힘들다면서 다음과 같이 주장했다.

칭찬을 잘 할 수 있을 때까지는 결코 결혼하지 말라. 독신일 때는 칭찬하든지 말든지 상관없지만 일단 결혼을 하고나면 아내를 칭찬해주는 것이 필수조건이다. 이는 자신을 위한 일이기도 하다. 직설적인 표현은 금물이다. 결혼 생활은 외교장인 것이다. 만족스러운 나날을 보내고 싶다면 결코 아내가 가사를 잘 못한다고 비난한다든가, 짓궂게 자기 어머니와 비교해서 잘못을 지적해서는 안 된다. 언제나 아내가 가사를 잘 돌본다고 칭찬해주고 재색을 겸비한 이상적인 여성과 결혼해서 행복하다는 것을 공공연하게 표현해야 한다.

설령 비프스테이크가 소가죽보다 질기거나 토스트가 숯처럼 탔더라도 결코 불평을 늘어놓아서는 안 된다. "오늘은 전에 비해 좀 안 좋군" 하고 가볍게 말해둔다. 아내는 남편의 기대에 부응하려고 몸이 가루가 되도록 노력할 것이다.

그러나 갑자기 태도를 이렇게 바꾼다면 아내가 이상해할지도 모른다. 우선 오늘이나 내일 저녁 그녀에게 선물로 줄 꽃이나 사탕을 사 가지고 들어가는 것이 좋을 것이다. 이때 웃는 얼굴로 다정한 말 한두 마디 해주어야 한다. 이것을 실행하는 남편이 늘어난다면 이혼 소송의 여섯 중 하나는 줄어들 것이다.

여성의 사랑을 얻는 방법을 알고 싶다면 그 비결을 전수하겠다. 아주 효과가 있는 방법이지만 사실은 내가 고안한 것이 아니라 도로시 딕스 여사로부터 차용한 것이다. 도로시 딕스 여사는 23명의 여성에게서 순정과 돈을 차례로 빼앗은 유명한 결혼 사기범과 인터뷰한 일이 있었다.(인터뷰 장소는 형무소였다.) 여성의 사랑을 차지하는 방법을 물었더니 그는 이렇게 대답했다.

"특별히 어려운 것은 없어요. 여자는 칭찬을 해주면 홀딱 반하게 되니까요."

대영제국 역사상 최고의 정치가 중에 한 사람으로 꼽히는 디즈데일리는 다음과 같이 말했다.

"남과 이야기를 할 때는 상대에 대한 이야기를 하라. 그러면 상대는 몇 시간이든 이야기를 들어 줄 것이다."

Key point

| 사람의 호감을 사는 원칙 6 |

진심으로 상대에게 존재의 중요성을
느끼게 해주어라.

It isn't what you have, or who you are, or where you are, or what you are doing that makes you happy or unhappy. It is what you think about.
행복은 당신이 무엇을 가지고 있는지, 당신이 누구인지, 당신이 어디에 있는지, 혹은 당신이 무엇을 하고 있는 지를 결정하는 것이 아니다. 그것은 바로 당신이 무엇을 생각하고 있는 가에 의해 결정된다.

-Dale Carnegie

Part 03

사람을 설득하는 12원칙

TWELVE WAYS TO WIN PEOPLE TO YOUR WAY OF THINKING

01

논쟁을 피하라

제1차 세계대전 직후인 어느 날 밤, 나는 런던에서 소중한 교훈을 얻었다. 당시 나는 로스 스미스 경의 매니저를 하고 있었다. 로스 스미스 경은 전쟁 중에 팔레스타인의 공중전에서 혁혁한 공을 세운 오스트레일리아의 공군 비행사로, 종전 직후 30일 만에 지구 반 바퀴를 비행하는 위업을 달성하여 세상 사람들을 깜짝 놀라게 한 사람이다. 당시로서는 대단히 파격적인 실험으로 전 세계에 센세이션을 불러일으켰다. 오스트레일리아 정부는 그에게 5만 달러의 상금을 수여했고, 영국 국왕이 그에게 기사 작위를 수여하면서 영국은 온통 그의 이야기로 떠들썩했다. 어느 날 밤, 그의 축하 파티에 나도 참석하고 있었다. 모두가 테이블에 둘러앉았을 때, 내 옆에 있던 사내가 "인간이 벌려 놓은 일을 신께서 완성시킨다"라는 인용구에 대한 흥미로운 이야기를 했다.

그 남자는 이것이 성경에 나오는 문구라고 했다. 그러나 그의 말은 틀렸다. 나는 그 말이 어디서 나온 말인지를 알고 있었다. 나는 내 존재의 중요성과 우월감을 채우기 위해 그의 잘못을 지적해주었다.

"뭐라고! 셰익스피어라고? 그럴 리가 없어! 헛소리, 그건 성경 이야기야! 틀림없다고!"

그는 험악한 표정으로 딱 잘라 말했다. 그 남자는 내 오른쪽에 앉아 있었고, 왼쪽에는 나의 오래된 친구인 프랭크 가몬드가 앉아 있었다. 가몬드는 오랫동안 셰익스피어에 대한 연구를 해왔기 때문에 그의 의견을 듣기로 했다. 가몬드는 양쪽의 주장을 들은 뒤 테이블 밑으로 내 발을 살짝 밟고 이렇게 말했다.

"데일, 자네가 틀렸어. 저 분이 맞네. 그건 틀림없는 성경의 문구야."

그날 밤, 파티에서 돌아가는 길에 나는 가몬드에게 그 일에 대해 말했다.

"프랭크, 그건 셰익스피어의 말이야. 자네도 잘 알고 있잖아."

"물론이지. 『햄릿』의 제5막 제2장에 나오는 말이네. 데일, 하지만 우린 축하 자리에 초대를 받은 손님이야. 굳이 그 남자의 잘못을 증명할 필요가 없지. 가르쳐준다고 상대가 좋아할까? 상대의 체면도 생각해야지. 게다가 그 사람이 자네의 의견을 물은 것도 아니잖아. 자네의 의견은 듣고 싶지도 않았다고. 그러니 논쟁을 할 필요도 없지. 어떤 상황에서도 너무 날카롭게 굴지 않는 게 좋아."

이 친구는 내게 평생 잊지 못할 교훈을 가르쳐주었다. 나는 재미있는 이야기를 들려준 상대를 화나게 한 건 물론이고, 친구까지 끌어들여 곤란하게 만들어버렸다. 논쟁을 하지 않는 편이 얼마나 다행이었는지 모른다.

나는 원래 논쟁하기를 매우 좋아하는 성격이었기 때문에 이 교훈은 정말로 약이 되었다. 젊었을 때 나는 세상의 모든 것에 대하여 형과 논쟁을 했다. 대학에서는 논리학과 변론을 연구하며 토론회에도 참가했다. 논리적인 것을 좋아하는 성격 탓에 증거를 눈앞에 제시하기 전까지는 결코 물러서지 않았다. 이윽고 나는 뉴욕에서 토론과 변론술을 가르치게 되었다. 지금 생각해보면 식은땀이 날 정도지만 책을 쓸 계획까지도 세운 적이 있었다. 그날 이후 나는 여러 상황에서 벌어지는 논쟁을 경청하며 스스로 참가하여 그 효과를 지켜보았다. 그 결과 논쟁에 이기는 최선의 방법은 이 세상에 단 한 가지 밖에 없다는 결론에 이르게 되었다. 그 방법이란 바로 논쟁을 피하는 것이다. 독사나 지진을 피하는 것과 마찬가지로 논쟁을 피해야 한다.

논쟁은 거의 예외 없이 서로 자신의 주장이 옳다는 확신만을 심어준 채 끝난다. 논쟁에 이기는 것은 불가능하다. 져도 진 것이고, 설령 이겼다고 하더라도 역시 진 것이다. 왜냐하면, 가령 상대를 철저하게 짓밟아 놓았다고 하더라도 그 결과는 어떻게 될까? 이긴 쪽은 아주 기분이 좋아질 것이지만 당한 쪽은 열등감과 자존심에 상처를 입고 분해할 것이다.

"논쟁에서 졌다고 해도 그 사람의 의견은 절대 바뀌지 않는다."

펜 상호생명보험사는 판매원들에게 "논쟁하지 말라"는 기준을 제시했다. 판매 활동에 논쟁은 쓸모없다. 사람의 마음은 논쟁으로 바뀌지 않는다.

꽤 오래 전에 내 강습회에 패트릭 오헤어라는 남자가 참석했다. 교육을 받지는 못했지만 논쟁하기를 아주 좋아했다. 이전에는 자가용 운전수였지만 트럭 영업사원이 되려고 도전했다가 실패를 해서 강습회에 참석하게 된 것이다. 나는 그에게 두세 가지 질문을 해보고 항상 손님과 논쟁을 펼치고 지지 않으려 했다는 사실을 알게 되었다. 팔고자 하는 트럭에 대해 손님이 조금이라도 트집을 잡으면 무섭게 화를 내며 달려들었다. 그리고 논쟁에서는 항상 상대를 이겨버렸다. 그는 훗날 이렇게 회상을 했다.

"상대의 사무실을 나서면서 '어때, 한 방 먹었지?'라며 혼자 중얼거렸습니다. 분명히 속은 후련했지만 트럭은 한 대도 팔지 못했습니다."

내가 그에게 처음으로 한 처방은 대화법을 가르치는 것이 아니라 입을 다물고 논쟁을 하지 않게 하는 것이었다. 패트릭 오헤어 씨는 현재 뉴욕의 화이트 모터 사의 톱 영업사원이 되어 있다. 그는 그 방법에 대해 이렇게 말했다.

만약 내가 트럭을 팔러 갔는데 상대가 "화이트의 트럭? 그건 순 고물이야. 그냥 줘도 안 가져! 트럭을 사려면 ○○회사 트럭을 살 거야"라고 했다고 칩시다. 나는 "당연하지요. ○○회사 트럭은 정말 좋으니까요. 그 회사 트럭은 틀림이 없습니다. 회사도 크고 영업사원들도 모두 훌륭하지요"라고 대답할 것입니다.

이러면 상대도 더 이상 할 말을 잃지요. 논쟁의 여지가 없는 것입니다. 상대가 ○○회사가 제일 좋다고 하고, 나도 그 말이 맞는다고 맞장구를 쳐주었기 때문입니다. 내가 동의를 하는데도 여전히 "○○회사가 최고야, 최고"라고 하루 종일 주장하지는 못할 것입니다. 바로 그때 화젯거리를 바꿔 화이트사 트럭의 장점에 대해 이야기를 하는 것입니다.

옛날에는 그런 소릴 듣자마자 흥분해서 ○○회사의 흉을 보기 시작했을 것입니다. 내가 흥분을 할수록 상대는 ○○회사의 편을 들어줍니다. 상대가 경쟁회사의 편을 들수록 나도 경쟁회사의 제품이 좋은 것처럼 느껴집니다.

지금 생각해보면 그러면서도 영업을 한다고 뛰어든 것이 부끄러울 정도지요. 나는 오랫동안 논쟁과 말싸움으로 손해를 봐왔습니다. 하지만 지금은 입을 꾹 다물고 있습니다. 덕분에 영업 실적이 계속해서 오르고 있습니다.

벤저민 프랭클린은 자주 이런 말을 했다.

"논쟁을 하면서 반박을 하여 상대에게 이기는 경우도 있을 것이다. 그러나 그것은 허무한 승리이다. 상대로부터는 절대로 호감을 살 수는 없을 것이다."

그러니 잘 생각해보기 바란다. 논쟁으로 짜릿한 승리를 얻을 것인지, 아니면 상대의 호감을 얻는 것이 좋을지를. 이 두 가지는 결코 양립할 수 없다.

어느 날, 『보스턴 프랜스크립트』지에 다음과 같은 의미심장한 시가 실렸다.

여기에 윌리엄 제이가 잠들다.

올바른 것만 주장하며 옳은 길을 걷다 잠들다.

올바르지 않은 길을 걷는 사람과 똑같이 잠들다.

  올바른 것을 주장하며 아무리 논쟁을 하더라도 상대의 마음을 바꿀 수는 없다. 그것은 옳지 않은 논쟁을 하는 것과 다를 게 전혀 없다.

  우드로 윌슨 대통령 시절 재무장관이었던 윌리엄 맥아두는 정치판에서 잔뼈가 굵은 사람이다. 그는 이런 말을 했다. "무식한 사람과는 논쟁을 해봐야 이길 수 없다." 사람의 지능과는 상관없이 그 누구라도 논쟁으로 마음을 돌릴 수 없다.

  소득세의 고문을 담당하고 있던 프레드릭 파슨스라는 남자가 하루는 세무 감독관과 한 시간에 걸친 논쟁을 벌였다. 9000달러에 관한 항목이 문제가 된 것이다. 파슨스의 주장은 이 9000달러는 사실상 회수 불능한 손실금이기 때문에 과세 대상이 아니라는 것이었다.

  "회수 불능의 손실금! 당연히 과세 대상입니다."

  감독관은 절대로 물러서지 않았다.

  파슨스는 당시의 이야기를 내 강습회에서 공개하였다.

그 감독관은 냉혹하고, 거만하고, 완고하여 아무리 이유를 설명하고 사실 관계를 증명해 보여도 전혀 들으려 하지 않았다. 논쟁을 할수록 고집만 부릴 뿐이었다. 나는 논쟁을 멈추고 화젯거리를 바꿔 상대를 칭찬하기로 했다.

나는 "정말 힘든 일을 하시네요. 이런 정도의 문제는 아주 사소한 것이고 훨씬 중요하고 힘든 일을 하고 계시겠죠? 저도 업무상 조세에 관한 공부를 했지만 고작해야 책으로 배운 지식에 불과합니다. 선생은 실제 경험을 통해 지식을 얻고 계시죠. 저도 선생 같은 일을 하면 좋았을 거라고 자주 생각합니다. 아마도 공부가 많이 될 겁니다"라고 말했지만, 그것은 내 진심이 아니었다.

그러자 감독관은 천천히 자세를 고쳐 앉아 거드름을 피우면서 자신의 일에 대하여 장황스럽게 늘어놓기 시작했다. 그러다 결국 그는 자신의 어린 시절 이야기까지 늘어놓았다. 돌아갈 무렵에 그는 문제 항목을 재검토한 뒤 2, 3일 뒤에 답을 주겠다고 하였다.

사흘 뒤, 그는 내 사무실로 찾아와 신고한 대로 세금을 결정했다고 전했다.

이 감독관은 인간의 가장 보편적인 약점을 드러내 보였다. 그는 자기 존재의 중요성을 느끼고 싶었던 것이다. 파슨스와 논쟁을 하는 동안에는 권력을 휘두름으로써 존재감을 과시했다. 그런데 자기 존재의 중요성을 인정받으면서 논쟁이 끝나고 자아의 확대가 이루어지자 순식간에 배려심이 넘치는 친절한 인간으로 바뀐 것이다.

나폴레옹의 집사장 콩스탕은 나폴레옹 부인 조세핀과 당구 경기를 종종 했다. 그는 『나폴레옹의 사생활』에서 이렇게 회고한다. "황후보다 내 실력이 좋았지만 나는 늘 승리를 양보했다. 그러면 황후가 몹시 즐거워했다." 콩스탕에게 배울 점은 사소한 논쟁이 벌어질 경우, 우리의 고객이나 연인, 배우자에게 양보하라는 점이다.

부처는 "미움은 미움으로 대해서는 영원히 사라지지 않는다. 사랑으로만 미움을 풀 수 있다"고 설법했다. 오해는 논쟁으로는 영원히 풀 수 없다. 재치, 사교성, 위로, 배려, 그리고 상대의 입장에 서서 생각하는 배려의 마음을 품어야만 풀 수가 있다.

어느 날, 링컨은 동료들과 싸움만 하는 젊은 장교를 꾸짖은 적이 있다.

"자신의 향상을 위해 노력하는 사람은 한가롭게 싸움을 할 시간이 없을 것이다. 게다가 싸움 때문에 기분이 언짢거나 자제심을 잃게 된다는 것을 생각한다면 더 이상 싸움을 할 수 없을 것이다. 자신의 주장이 반밖에 맞지 않는다면 아무리 중요한 일이라도 상대에게 양보해야 할 것이다.

100퍼센트 자신의 주장이 옳다고 느낄 때에도 사소한 것이라면 양보를 하는 것이 좋다. 좁은 길에서 개와 마주쳤을 때는 권리를 주장하며 서로 물어뜯기보다는 개에게 길을 양보하는 것이 현명하다. 설령 개를 죽였다고 하더라도 개에게 물린 상처는 아물지 않는다."

Key point

| 사람을 설득하는 원칙 1 |

논쟁에서 이기는 유일한 방법은
논쟁을 피하는 것이다.

02

잘못을 지적하지 말라

시어도어 루즈벨트는 대통령 재임시절에 자신이 생각하는 것의 75퍼센트만 옳다면 더 이상 바랄 것이 없다고 고백했다. 20세기의 위인이었던 그조차 이렇다면 우리는 과연 어떨까?

자신이 생각하는 것 중에 55퍼센트까지 옳은 사람이라면 월가에서 하루에 100만 달러를 벌 수 있다. 50퍼센트조차 자신이 없는 사람에게는 타인의 잘못을 지적할 자격이 과연 있을까?

눈매, 말투, 행동거지 등에서도 상대의 잘못을 지적하기도 하는데, 이것은 명백하게 상대를 욕하는 것과 다르지 않다. 대체 무엇 때문에 상대의 잘못을 지적하는 걸까. 상대의 동의를 얻기 위해서? 터무니없는 소리다! 상대는 자신의 지능, 판단, 자랑, 자존심에 상처를 입게 된다. 당연히 보복을 할 것이다. 절대로 생각을 바꾸려고 하지 않는다. 제아무리 플라톤이나 칸트의 논리를 설명한다고 하더라도 상대의 의견은 바뀌지 않는다. 상처를 입은 것은 논리가 아니라 감정이기 때문이다.

"그렇다면 내가 그 이유를 설명해주지."

이런 서론은 금물이다. 이것은 "나는 너보다 머리가 좋다. 그러니 네 생각을 뜯어고쳐주겠다"라고 하는 것과 마찬가지다.

그야말로 도발이다. 상대의 반항심을 자극해서 전투 준비를 시키는 것과 마찬가지다. 타인의 생각을 바꾸는 것은 아무리 좋은 조건이라 할지라도 힘든 일이다. 어째서 굳이 조건을 악화시킬 필요가 있겠는가? 스스로 손발을 묶는 것과 마찬가지가 아닌가?

누군가를 설득시키고자 한다면 상대가 눈치 채지 못하게 해야 한다. 아무도 모르게 교묘한 방법을 써야 한다. 이에 관해 알렉산더 포프는 이렇게 말하고 있다.

"아닌 척하며 상대를 가르치고, 상대가 모르는 것은 잠시 잊었던 것뿐이라고 말해주어라."

체스터필드 경이 아들에게 가르쳐준 처세술 중에 다음과

같은 구절이 있다.

"가능하다면 남들보다 현명해져라. 하지만 그것을 남에게 알려서는 안 된다."

20년 전 내가 알고 있던 것 가운데 지금까지 맞다고 믿는 건 구구단 정도다. 그런데 아인슈타인의 저서를 읽고 나서는 구구단에조차 의심이 간다.

소크라테스는 제자들에게 이렇게 가르쳤다.

"내가 알고 있는 것은 한 가지 뿐이다. 내가 아무것도 모른다는 것."

나는 아무리 노력해도 소크라테스보다 현명해질 수가 없다. 때문에 남의 잘못을 지적하는 짓은 절대로 하지 않기로 결심했다. 이 방침 덕분에 상당히 많은 것을 얻을 수 있었다. 상대가 틀렸다는 생각이 들을 때면, 생각뿐만이 아니라 실제로 잘못이 확실할 경우에도 이렇게 말을 꺼내는 것은 어떨까?

"실은 그렇게는 생각하지 않았지만, 아마도 제가 틀렸겠지요. 저는 자주 착각을 하니까요. 제가 틀렸다면 고치고 싶으니 다시 한 번 찬찬히 생각해보지요."

또는 "아마도 제가 틀렸겠지요. 저는 자주 착각을 하니까요. 제가 틀렸다면 고치고 싶으니 다시 한 번 찬찬히 생각해 보지요."라는 문구는 희한할 정도로 효과가 있다. 이 말에 반대하는 사람은 세상에 없을 것이다.

과학자들의 방식이 이렇다. 나는 전에 스테픈슨이라는 과학자를 인터뷰했다. 그는 수 년 간 소고기와 물만으로 연명하면서 11년 동안 북극에서 활동한 탐험가이자 과학자였다. 나는 그에게 무엇을 증명하려 하는지를 물었다. 그의 대답은 이랬다. "과학자는 무언가를 증명하려고 하지 않습니다. 다만 사실을 드러내려고 할 뿐이죠." 여러분도 과학자 같은 사고를 할 수 있다. "아마 제 잘못이겠죠"라고 말하면 절대로 번거로운 일이 일어날 걱정은 없다. 오히려 덕분에 논쟁은 끝나고 상대 또한 관대하고 공정한 태도를 취하기 위해 자신이 잘못했을 수도 있다고 반성한다.

상대가 확실하게 잘못했다는 것을 알고 있을 경우에도 그것을 노골적으로 지적한다면 어떤 사태가 벌어지는지 그 좋은 예를 들어보기로 하자. 뉴욕의 젊은 변호사 S씨가 미국 대법원의 법정에서 변호를 하고 있었다. 이 사건에는 엄청난 금액과 중요한 법률적 문제가 포함되어 있었다.

논쟁이 한창일 때 재판관이 S씨에게 "해사(海事)법에 의한 기한의 규정은 6년이지요?"라고 말했다. S씨는 한동안 입을 다문 채 판사의 얼굴을 뚫어져라 바라보다가 퉁명스럽게 "재판장님, 해사법에는 기한의 규정이 없습니다"라고 말했다.

S씨는 당시의 상황을 내 강습회에서 이렇게 전했다.

"순간, 법정은 찬물을 끼얹은 듯 조용해지면서 찬 공기가 흘렀습니다. '내 말이 맞아. 판사가 틀렸어. 나는 그것을 지적했을 뿐이다.' 하지만 상대는 내게 호의를 갖게 되었을까요? 아니오, 나는 지금까지도 내가 옳다고 믿고 있습니다. 그날의 변론 또한 더 없이 완벽했다고 자부합니다. 하지만 상대를 납득시키는 능력은 전혀 없었습니다. 잘못을 지적하여 저명한 판사에게 창피를 주는 큰 실수를 저질렀을 뿐입니다."

원리원칙에 따라 행동하는 사람은 거의 없다. 대부분의 사람들은 편견, 선입견, 질투심, 시기심, 공포심, 원한, 자부심 등에 사로잡혀 있다. 자신들의 주의, 종교, 헤어스타일, 그리고 클라크 케이블을 좋아하거나 싫어하는 사고방식을 쉽게 버리지 못한다. 만약 남을 지적해주고 싶다면 다음 문장을 읽고 나서 결정하기 바란다. 제임스 로빈슨 교수의 명저 『정신의 발달 과정』의 한 구절이다.

우리는 별 저항을 느끼지 못하고 자신의 사고를 바꾸는 경우가 자주 있다. 하지만 누군가의 지적을 당하면 화가 나서 고집을 부린다. 우리는 실제로 별거 아닌 동기로 인해 여러 가지 신념을 갖게 된다. 하지만 그 신념을 누군가가 바꾸려 한다면 우리는 막무가내로 저항을 한다. 이 경우 우리가 중시하고 있는 것은 신념 그 자체가 아니라 위기에 처한 자존심에 지나지 않는다. '나의' 라는 별 거 아닌 말이 사실은 인간 세계에서는 가장 중요한 말인 것이다. 이 말을 제대로 받아들이는 것이 사리 분별의 시작이다. '나의' 식사, '나의' 개, '나의' 집, '나의' 아버지, '나의' 나라, '나의' 신, 뒤에 무엇이 붙든 간에 이 모든 '나의' 라는 말에는 같은 강도의 의미가 내포되어 있다. 우리는 자신의 것이라면 시계든 자동차든, 혹은 천문, 지리, 역사, 의학, 그 밖의 다른 지식이든 간에 그것에 상처를 입으면 불같이 화를 낸다. 우리는 진실이라고 여기며 익숙해왔던 것을 언제까지나 믿는 것이다. 그 신념을 뒤흔드는 것이 나타나면 참지를 못한다. 그리고 어떻게 해서든 구실을 만들어 원래의 신념을 고집한다. 결국 우리의 대부분의 논쟁이라는 것은 자신의 신념을 고집하기 위한 근거를 찾고자하는 노력으로 일관된다.

어느 날, 나는 인테리어 디자이너에게 커튼을 부탁한 적이 있었다. 청구서를 받아본 나는 숨이 멎는 줄 알았다.

며칠 뒤, 한 부인이 찾아와 그 커튼을 보고 값을 물어 알려주자 신이 난 듯이 떠벌렸다.

"어머, 정말 비싸게 주셨네요. 판매자는 한몫 단단히 챙겼겠는 걸요."

사실 그녀의 말이 맞다. 그러나 자신의 어리석음을 폭로하는 이야기에 귀를 기울일 사람은 거의 없다. 나 또한 자신을 열심히 변호했다. 좋은 건 그만큼 값을 한다거나, 예술품이니 기성품과는 당연히 값에서 차이가 난다거나 온갖 변명을 늘어놓았다. 다음 날, 다른 부인이 찾아와 똑같은 커튼을 보고 입이 마르도록 칭찬을 하면서 자기도 여유가 있다면 사고 싶다고 했다. 그에 대한 내 반응은 전날과는 완전히 달랐다.

"사실은 저도 저런 걸 살 만한 여유가 못됩니다. 아무래도 바가지를 쓴 것 같아요. 주문하지 말 걸 하고 후회를 하고 있습니다."

우리는 자신의 잘못을 스스로 인정하는 경우가 자주 있다. 타인의 교묘하고 부드러운 지적을 받았을 경우에는 쉽게 무장을 해제 하기까지 한다. 아니, 오히려 자신이 나서 솔직하게 털어놓는 경우조차 있다. 그러나 상대가 그것을 강제로 주장한다면 그렇게 되지는 않는다.

남북전쟁 당시, 전국에 명성이 자자하던 편집장 호라스 그릴리라는 남자가 있었는데, 그는 링컨의 정책에 강력하게 반발하고 나섰다. 이 남자는 논박, 조소, 비난 등의 기사로 링컨의 의견을 꺾기 위해 몇 년 동안이나 노력했다. 링컨이 부스의 총탄에 쓰러진 날조차도 그는 링컨에 대한 불손한 인신공격을 멈추지 않았다.

과연 효과가 있었을까? 물론 아니다. 조소와 비난으로 의견을 꺾는 것은 불가능하다.

사람을 다루는 방법과 자신의 인격을 연마할 방법을 알고 싶다면 벤저민 프랭클린의 자서전을 읽으면 좋을 것이다. 이 책은 미국 문학의 고전이기도 한데, 읽기 시작하자마자 심취하게 될 것이다.

이 자서전에서 프랭클린이 어떻게 자신의 논쟁 습관을 극복하고 유능하고 원만한 대인관계로 외교적 수완에 있어 미국 제일의 인물이 되었는지를 설명하고 있다. 프랭클린이 아직 혈기왕성하던 젊은 시절 그의 친구 중에는 퀘이커 교도가 있었는데, 그는 아무도 없는 곳에서 그 친구에게 혹독한 설교를 들어야 했다.

"벤, 자네 정신 차리게. 의견이 다른 상대를 대할 때면 마치 따귀를 때리듯이 논쟁을 하고 있네. 때문에 자네에게 의견을 묻는 사람이 아무도 없지 않은가. 자네가 곁에 없는 것이 자네 친구들은 훨씬 더 편하네. 자네는 모든 걸 다 안다고 착각하고 있어. 그래서 아무도 자네에게 말을 걸려 하지 않네. 사실 자네와 이야기를 하면 기분만 상하기 때문에 앞으로 상대를 하지 않겠다고 작정하게 되네. 그러니 자네의 지식은 앞으로 지금 이상 늘어나지 않을 거야. 지금의 별 볼일 없는 지식 이상은 말이지."

이런 심한 비난을 그대로 받아들인 것이 프랭클린의 위대한 점이다. 이 친구의 말대로 자신이 지금 파멸의 길을 향해 걷고 있다는 것을 깨달을 수 있을 만큼 그는 위대하고 현명했던 것이다. 그리고 그는 완전히 딴 사람이 되었다. 이전의 거만하고 고집스러운 태도를 버린 것이다.

프랭클린은 다음과 같이 말하고 있다.

나는 남의 의견을 정면으로 반대하거나 자신의 의견을 단정적으로 말하지 않기로 했다. 결정적인 의견을 의미하는 말, 예를 들어 '확실하게'나 '의심의 여지없이'와 같은 말을 절대로 쓰지 않고 대신에 '나는 이렇게 생각하는데'나 '나는 그렇게 여겨지는데'와 같이 말하기로 했다. 상대가 분명하게 잘못된 주장을 하더라도 곧바로 그 말에 반대하거나 지적하지 않았다. 그리고 '그래, 그럴 수도 있겠지만 이번에는 좀 상황이 다른 것처럼 여겨지는데'와 같은 식으로 말을 시작했다.

이렇게 지금까지의 방식과 다르게 해보니 많은 이익이 생겼다. 사람과의 대화가 이전보다 훨씬 즐겁게 진행되었다. 한 발 물러서 의견을 제시하자 상대는 곧바로 납득하며 반대하는 경우도 적어졌다. 나 자신의 잘못을 인정하는 것도 그다지 어렵지 않게 되었고, 상대도 잘못을 쉽게 인정할 수 있게 되었다.

처음에는 이 방법에 익숙하지 않아 자신을 억제하는 데 힘이 들었지만, 점점 편안해지면서 결국은 습관이 되어버렸다. 아마도 지금까지 50년 동안 내게서 독단적인 말투를 들었던 사람은 한 명도 없을 것이다. 새로운 제도의 설정과 구제도의 개혁을 제안할 때마다 모두들 찬성해주었던 것도, 그리고 시의원이 되어 시의회를 움직일 수 있었던 것도 모두 다 제2의 인생을 살게 해준 이 방법 덕분일 것이다. 원래 나는 말이 서툴며 결코 웅변가라고 할 수 없었다. 단어 선택에 쩔쩔매야 했고, 선택한 단어도 적절하지 않은 경우가 많았다. 그러면서도 대부분의 경우에 내 주장을 관철시킬 수가 있었다.

이 프랭클린의 방법이 과연 사업에도 도움이 되는지 그 예를 한번 들어보기로 하자.

뉴욕에 사는 F. J. 마호니는 정유회사에서 특수 장비 공급 업무를 하는 사람이다. 그는 어느 날 롱아일랜드에 있는 주요 고객으로부터 주문을 받아 설계도를 만들고 고객의 승인에 따라 장비 제작에 들어갔다. 그런데 이때 문제가 생겼다. 고객의 친구들이 그가 주문한 것을 보고 여긴 이렇다, 저긴 이렇다 하며 타박을 놓은 것이다. 그는 친구들의 지적에 화가 나서 마호니 씨에게 전화를 걸어 제작 중인 장비를 인수하지 않겠다고 했다.

이때 일을 마호니 씨는 이렇게 회고한다.

   설계도를 재검토해보니 우리가 옳다는 것을 확신할 수 있었습니다. 그리고 고객과 그 친구들이 뭘 잘 모른 채로 이런저런 지적을 하고 있다는 걸 알았죠. 하지만 그에 대해 대놓고 이야기하면 좋지 않은 결과가 초래될 것 같았습니다.
   나는 롱아일랜드에 있는 그의 사무실로 찾아갔습니다. 사무실에 들어서자 그는 내게 다가와 주먹까지 흔들어대며 흥분한 채 이야기했습니다. 온갖 비난을 하던 그는 내게 "이제 어떻게 할 셈이오?"라고 물었습니다. 나는 침착하게 답했습니다.
   "장비에 대해 돈을 지불하는 건 고객님이니 고객님 마음대로 하실 수 있습니다. 단, 누군가 이 일에 대한 책임을 져야 하는데, 고객님이 옳다고 생각하신다면 그에 맞는 설계도를 주십시오. 이미 들어간 돈 2000달러에 대한 손실은 우리가 감수하겠습니다. 하지만 고객님이 주신 설계도대로 해서 문제가 생길 경우 책임은 고객님이 져주셔야 한다는 점을 말씀드립니다. 그리고 우리는 여전히 우리 설계도가 맞다고 생각합니다. 우리 설계도대로 해서 잘못된다면 우리가 책임지겠습니다."
   이렇게 이야기하자 그는 좀 진정이 되는 모양이었습니다. 그리고 마침내 이런 말을 하더군요.
   "알겠소. 그럼 그렇게 진행하시죠. 하지만 일이 잘못되면 그

쪽 책임입니다."

 우리 판단이 정확했기 때문에 제작은 성공적으로 마쳤고, 그는 그 시즌에 비슷한 제품을 두 건이나 더 주문했습니다.

 그 사람이 내게 주먹까지 휘두르며 모욕했을 때, 나는 오목조목 따지고 싶은 충동을 누르려 애썼습니다. 참느라고 자제심을 총동원한 보람은 있었습니다. 만일 내가 "고객님이 틀렸습니다"라고 하며 논쟁을 시작했다면 우리는 소송까지 해야 했을 것이고 또 소중한 고객 한 사람을 잃었을 것입니다. 이제 나는 확신합니다. 상대에게 틀렸다고 지적하는 것은 이익될 일이 전혀 없습니다.

 또 하나 예를 들어보기로 하자. 이런 종류의 이야기는 세상에 얼마든지 널려 있을 것이다.

 뉴욕의 한 목재회사 영업사원인 R. V. 크라울리는 오랫동안 거래처의 목재 판정을 한 목재검사관들을 상대로 논쟁을 하였고, 그때마다 상대를 궁지에 몰아넣었다. 그러나 덕분에 좋은 결과를 얻지는 못했다. 크라울리의 말에 따르자면 목재검사관들은 야구 심판과 마찬가지라서 일단 판정을 내리면 결코 그 판정을 바꾸려 하지 않는다고 한다.

 그는 논쟁에서는 이겼지만 덕분에 회사는 수천 달러의 손해를 입고 말았다. 그는 내 강습회에 참가하여 지금까지의 방식을 버리고 논쟁을 절대로 하지 않겠다고 결심했다. 덕분에 어떤 결과를 얻게 되었는지 자신의 경험을 강습회에서 이렇게 털어놓았다.

어느 날 아침, 사무실의 전화가 시끄럽게 울어댔습니다. 발송한 트럭 한 대분의 목재 품질이 나빠 받아들일 수 없다는 단골 거래처 공장으로부터의 항의전화였습니다. 목재 하차를 중지시켰으니 당장에 찾아가라는 것이었습니다. 검사관은 4분의 1 정도의 목재를 내린 뒤 목재의 절반이 불량이라는 통지를 보내 이런 사태가 벌어진 것입니다.

나는 당장에 그 공장으로 찾아가면서 가장 적절한 처치 방법을 생각해보았습니다. 이럴 경우 평소 같았다면 오랜 세월동안 축적된 목재에 대한 지식을 쏟아내면서 검사관의 등급 기준에 대한 잘못을 지적했을 것입니다. 하지만 이번에는 강습회에서 배운 원칙을 적용해보기로 마음먹었습니다.

공장에 도착해보니 구매 담당과 검사관이 험악한 인상을 한 채 당장이라도 달려들 것 같았습니다. 나는 그들과 함께 현장으로 가서 일단 목재를 모두 내리고 확인하게 해달라고 하고 지금까지 해왔던 것처럼 합격품과 불합격품을 따로 나누어달라고 검사관에게 부탁했습니다.

검사관이 선별하는 모습을 한동안 바라보면서 그의 방식이 너무 엄격하고 판정 기준도 잘못되었다는 것을 알았습니다. 문제의 목재는 백송이었지만 그의 지식은 떡갈나무에 국한되어 있어 백송 목재의 검사관으로서는 낙제라는 사실을 알 수 있었습니다. 백송은 내 전문 분야였습니다. 하지만 나는 그의 방법에 대해 아무런 문제도 제기하지 않았습니다. 한동안 묵묵히 지켜보다가 불합격의 이유가 무엇인지 물었습니다. 하지만 상대의 잘못을 지적하는 듯한 태도는 결코 보이지 않은 채 앞으로 어떤 물건을 보내면 만족할 수 있는지 알고 싶다고 했습니다.

상대에게 모든 것을 맡기고 협조적이고 친근한 태도로 묻는 동안 상대의 기분도 풀어져 험악했던 분위기가 점점 풀리기 시작했습니다. 내가 이따금씩 던지는 조심스러운 질문이 상대에게 반성할 시간을 준 것입니다. 어쩌면 자신이 불합격 등급을 매긴 목재들이 주문했던 등급의 것이고, 자신이 등급 이상의 기준을 적용하고 있을지도 모른다고 그 스스로 생각하기 시작한 것 같았습니다. 나는 바로 그것을 지적해주고 싶었지만 그의 앞에서는 절대로 그런 내색을 하지 않았죠.

그의 태도도 차츰 바뀌기 시작했습니다. 결국 그는 내게 사실 백송에 대해 경험이 별로 없다고 말하며 내려진 목재에 대해 일일이 질문을 하기 시작했습니다. 나는 그 목재가 모두 주문한 등급에 합격한 것들이라고 설명해주고 싶었지만 맘에 들지 않는 것은 회수해 가겠다고 말했습니다. 결국 그는 불합격품을 늘리게 된 것이 자신의 책임이라고 여기기 시작했습니다. 그러고는 결국 자신의 잘못을 인정하며 처음부터 높은 등급의 목재를 주문해야 했다고 말했습니다.

결국 그는 내가 돌아간 뒤에 처음부터 다시 검사를 하여 모두 구매를 하겠다며 전액 수표로 지불을 하였습니다.

상대의 잘못을 지적하지 않고 작은 배려 덕분에 150달러의 수입을 올릴 수 있었던 것은 물론이고, 돈으로는 살 수 없는 신뢰까지 쌓을 수가 있었던 것입니다.

이 장에서 이야기한 것들은 결코 새로운 것들이 아니다. 2000년 전에 예수는 "얼른 너의 적과 화해하라"(마태오복음 5:25)고 가르치고 있다.

기원전 2200년 전에 이집트의 왕 악토이는 그의 왕자에게 "사람을 납득시키려면 외교적이 되어라"라고 충고했다.

다시 말해서 상대가 누구든 간에 말싸움을 해서는 안 된다. 상대의 잘못을 지적하여 화나게 하지 말고 약간의 외교적 수단을 이용하라는 말이다.

Key point

| 사람을 설득하는 원칙 2 |

상대의 의견에 경의를 표하고
잘못을 지적하지 말 것.

03
잘못을 인정하라

우리 집 근처에는 원시림이 있는데 이 숲속에는 봄이 되면 산딸기의 작고 하얀 꽃이 가득 피어나고, 다람쥐가 집을 짓고 새끼를 키우고, 잡초는 말의 등 높이만큼 무성해진다. 이 자연 그대로의 숲은 포레스트 공원이라 부르고 있다. 이 숲의 모습은 아마도 콜럼버스가 미 대륙을 발견했을 때와 거의 똑같을 것이다. 나는 렉스라고 부르는 작은 보스턴 불독을 데리고 이 공원으로 자주 산책을 간다. 렉스는 사람을 잘 따르기 때문에 결코 사람에게 달려들지 않는 개다. 게다가 공원에서는 거의 사람을 만나지 않기 때문에 나는 항상 렉스에게 목줄을 하지 않고 함께 걷는

다. 하루는 공원의 기마경찰과 마주쳤다. 이 경찰은 자신의 권위를 자랑하고 싶어 근질근질했던 모양이다.

"줄을 묶지 않고 개를 풀어놓다니 무슨 짓이오. 법률 위반이라는 걸 모르오?"

경관의 질책에 나는 공손하게 대답했다.

"네, 잘 알고 있습니다. 하지만 저 개는 사람에게 피해를 주지 않는 녀석이라 괜찮을 거라 생각했습니다."

"생각했다고! 그게 무슨 소리요! 당신이 어떻게 생각하든 간에 법률은 바뀌지 않소. 당신 개가 다람쥐나 아이들에게 덤벼들지도 모르잖소. 오늘은 그냥 넘기겠지만 다음에 또 이러면 즉결재판에 넘길 것이오."

나는 조심하겠다고 순순히 약속을 했다.

나는 약속을 지켰다. 그러나 며칠 뒤에는 개도 싫어하고 나도 마음이 내키지 않아 걸리면 벌금을 내겠다는 심정으로 목줄을 하지 않고 산책을 나섰다. 한동안은 걸리지 않고 아무 일도 없었다. 그러던 어느 날, 결국은 올 것이 오고야 말았다. 나와 렉스가 언덕길을 올라가고 있을 때 갑자가 저 멀리서 엄숙한 법의 수호자가 갈색 말에 걸터앉아 있었다. 나는 당황스러웠지만 렉스는 아무것도 모른 채 곧장 경찰에게로 달려갔다.

드디어 일이 터지고 만 것이다. 나는 포기를 한 채 경찰이 말하기 전에 먼저 선수를 쳤다.

"결국 현행범으로 걸리고 말았네요. 제 잘못입니다. 할 말이 없습니다. 지난주에 당신과 다시 걸리면 벌금을 내야 한다고 주의를 받았으니까요."

"음, 하지만 주변에 사람도 없고 작은 강아지이니 풀어놓고 싶은 게 사람의 마음이지요."

경찰이 온화한 목소리로 말했다.

"맞습니다. 하지만 법률은 법률입니다."

"하지만 이런 작은 강아지는 아무에게도 위협이 되지 않겠지요."

경찰은 이렇게 말하면서 역으로 이의를 제시하였다.

"아니, 다람쥐를 물지도 모르지요."

"그건 지나친 억측이군요. 그렇다면 이렇게 하지요. 언덕 너머로 데려가서 풀어주는 거죠. 거기라면 내 눈에 띄지 않을 테니 그걸로 모든 게 해결되겠죠."

경찰도 인간이다. 역시 자기 존재의 중요성이 필요한 것이다. 내가 자신의 죄를 인정했을 때, 그의 자부심을 충족시켜줄 유일한 방법은 나를 용서하는 큰 배포를 보여준 것이다. 그러나 만약 내가 변명만 늘어놓았다면, 논쟁을 하였다면 어떻게 되었을지는 독자 여러분도 잘 알 것이다.

나는 경찰에게 따지기보다는 그가 옳고 내가 틀렸다는

것을 인정했다. 그 자리에서 정중하고 성의 있는 태도로 인정했다. 그러자 서로 한발씩 양보를 하고 나는 상대의 입장에, 상대는 내 입장에 서서 이야기를 하여 모든 것을 원만하게 해결한 것이다. 전에는 법의 권위로 으름장을 놓았던 이 경찰이 일주일 뒤에 보여준 부드러운 태도에는 누구라도 놀랄 것이다.

만약 잘못을 했다면 상대에게 공격을 당하기 전에 본인이 직접 자책을 하는 것이 훨씬 유쾌할 것이다. 타인의 비난보다 자기비판이 훨씬 마음이 편할 것이다.

자신의 잘못을 깨달았다면 상대가 할 말을 자신이 먼저 해버리는 것이다. 그러면 상대는 더 이상 할 말이 없어진다. 십중팔구 상대는 관대하게 잘못을 용서하는 태도를 보일 것이다. 나와 렉스를 용서해준 경찰처럼.

상업미술가 페르디난드 워렌도 이 방법을 이용해서 까다로운 고객의 마음을 사로잡았다.

"광고나 출판용 그림은 세밀하고 정확한 것이 무엇보다 중요합니다."

워렌 씨는 이 말을 전제로 두고 이야기를 시작했다.

> 미술 편집담당자 중에는 주문한 일을 무턱대고 재촉하는 사람이 있습니다. 그런 경우에는 사소한 착오가 생기기 십상입니

다. 내가 알고 있는 미술감독 중에 아주 사소한 실수를 찾아내고 기뻐하는 한 남자가 있습니다. 나는 이 남자가 비평하는 내용이 아니라 비평하는 방식이 영 맘에 들지 않았습니다. 최근에 급한 일을 그에게 가져다 준 적이 있습니다. 그리고 얼마 뒤에 사무실로 당장 오라는 전화가 걸려 왔습니다. 뭔가 문제가 있다는 것입니다. 사무실로 달려가 보니 아니나 다를까 팔짱을 끼고 기다렸다가 나를 발견하자마자 혹평을 퍼붓기 시작했습니다. 드디어 그동안 연구했던 자기비판의 방법을 실험할 기회가 찾아온 것입니다. 나는 무조건 "만약 당신 말이 사실이라면 제가 무조건 잘못했을 겁니다. 뭐라 드릴 말씀이 없습니다. 오랫동안 함께 일을 해왔는데도 아직까지 제대로 파악을 하고 있지 못하다니 정말 부끄럽기 짝이 없습니다"라고 말했습니다.

그러자 그는 갑자기 나를 변호하기 시작했습니다. "그건 그런데, 그렇게 큰 문제는 아니야. 그저 아주 약간…."

나는 이야기 도중에 끼어들었습니다. "작건 크건 간에 잘못은 잘못입니다. 정말 화가 나죠."

그는 뭔가 더 말을 하려 했지만, 나는 말할 기회를 주지 않았습니다. 너무나 유쾌했습니다. 자기비판을 하는 것은 난생 처음 있는 일이었지만 정작 해보니 꽤 재미가 있었습니다.

나는 계속해서 "좀 더 신중해야 했어요. 지금까지 많은 일을 맡겨주셨으니 당연히 최선을 다해야 했어요. 이 일은 처음부터 다시 하겠습니다"라고 제안했습니다.

그는 "아니, 그렇게까지 고생을 시키고 싶은 생각은 없어"라며 한 발짝 물러서서 내 그림을 칭찬하고 조금만 고쳐달라고 했습니다. 내가 저지른 실수 탓에 큰 문제가 생기는 것도 아닌 아주 사소한 문제이니 그렇게 신경 쓰지 않아도 된다는 것이었습니다.

내가 먼저 나서서 자기비판을 시작하자 상대의 의욕이 제풀에 꺾이고 만 것입니다. 결국 그는 내게 점심을 샀고 이 사건도 정리되었습니다. 그리고 헤어지기 전에 그는 수표와 또 다른 일을 주문했습니다.

자신이 저지른 잘못을 인정하는 것은 일종의 만족감을 동반한다. 죄의식과 자기방어의 긴장감이 풀릴 뿐만이 아니라 잘못으로 인해 발생한 문제의 해결에도 도움이 된다.

아무리 어리석은 사람일지라도 자기변명쯤은 할 수 있다. 사실 어리석은 사람은 실제로 그렇게 한다. 자기의 실수를 인정하는 것은 본인의 가치를 올려주는 것이며, 스스로도 고결한 느낌이 들어 기분이 좋아진다. 그 예로 남북전쟁 중 남부군의 총사령관인 로버트 리 장군의 전기에 기록되어 있는 미담 하나를 소개해보기로 하자. 게티즈버그 전투에서 부하인 피케트 장군의 공격 실패에 대한 책임을

리 장군이 혼자 떠안은 이야기이다.

피케트 장군의 돌격작전은 서양의 전쟁사에서 찾아보기 힘든 치열한 것이었다. 피케트 장군은 박력 넘치는 군인으로 긴 적갈색 머리카락을 어깨까지 늘어뜨리고 있었다. 그는 마치 이탈리아 전선에서의 나폴레옹처럼 전장에서 매일 열렬한 러브레터를 썼다. 운명의 날 오후, 그가 모자를 비스듬하게 쓴 채 멋지게 말에 올라탄 모습으로 진격을 시작하자 그를 믿고 따르던 부하들은 탄성을 질렀다. 그들은 군기를 펄럭이고 총검을 번뜩이며 줄을 지어 장군의 뒤를 따랐다. 그야말로 장엄한 광경이었다. 이 당당한 진군을 멀리서 바라보던 적군의 진영에서도 감탄의 목소리가 터져 나왔다. 피케트 돌격대는 쏟아지는 총탄을 뚫고 들판을 가로질러 산을 넘어 멈추지 않고 진격했다.

세미터리 리치에 도착했을 때, 돌담 뒤에 매복해 있던 북군이 갑자기 나타나 피케트 부대에 맹렬한 일제사격을 퍼부었다. 세미터리 리치 언덕은 순식간에 총탄의 불바다로 변하면서 끔찍한 아수라장이 되고 말았다. 몇 분 사이에 피케트 부대의 지휘관 중에 생존자는 단 한 명도 남지 않게 되었고, 5000명의 병사들 중에 5분의 4를 잃고 말았다.

아미스테드 장군은 남은 병력을 이끌고 최후의 돌격을 감행하였다. 돌담을 사이에 두고 칼끝에 모자를 걸어 올리며 큰 소리로 외쳤다. "돌격! 돌격 앞으로!"

 돌담을 뛰어넘어 적진으로 파고든 남부군은 대 접전 끝에 결국 남부군의 깃발을 세미터리 리치 언덕에 펄럭이게 하였다. 그러나 그것도 잠시, 그것이 남부군의 절정이었다. 피케트의 돌격작전은 치열하고 장렬한 전투였지만, 그것은 남부군 패배의 시작에 불과했다. 리 장군은 실패를 하고 말았다. 북부군에 이길 희망은 완전히 사라지고 만 것이다.

 남부 동맹의 운명은 결정되었다. 완전히 기가 꺾인 리 장군은 당시 남부 동맹의 대통령이었던 제퍼슨 데이비스에게 사의를 표하며 자신보다 젊고 유능한 인물을 임용하도록 건의했다. 만약 리 장군이 피세트의 돌격작전의 실패 책임을 다른 사람에게 전가시키려고 마음을 먹었다면 얼마든지 가능한 일이었다. 휘하의 지휘관들 중에는 그의 명령을 어긴 사람도 있었다. 기병대도 돌진 시간에 늦게 도착했다. 그밖에도 여러 가지 이유를 들 수가 있었다.

 그러나 책임을 전가하기에 그는 너무나도 고결한 인물이었다. 패배한 피케트 부대의 병사들을 맞으러 혼자 전선으로 향한 리 장군은 끝없이 자신을 책망하였다. 그야말로 장군다운 숭고한 태도였다. 그는 병사들 앞에서 이렇게 말했다.

"이 모든 것은 나의 잘못에서 비롯된 것이다. 모든 책임은 나에게 있다."

이 말을 입에 담을 수 있을 만큼의 용기와 인격을 갖춘 장군은 동서고금을 막론하고 그리 쉽게 찾아볼 수가 없다.

앨버트 하버드는 매우 독창적인 작가였다. 때문에 그만큼 국민의 감정을 자극한 작가도 아주 드물었다. 그의 신랄한 문장은 몇 번이고 여론의 맹렬한 공격을 당했다. 그러나 그는 보기 드물게 사람을 다루는 달인이었기 때문에 적까지도 자신의 편으로 만드는 경우가 왕왕 있었다.

예를 들어 독자로부터 심한 항의를 받았을 경우에 그는 자주 다음과 같은 답변을 했다.

실은 나 자신도 지금의 문제에 대해서는 많은 의문을 품고 있습니다. 어제의 내 의견이 반드시 오늘의 내 의견과 일치하지는 않습니다. 귀하의 의견을 읽고 내 의견과 같다는 것을 느꼈습니다. 이곳을 방문할 기회가 있으시다면 부디 저희 집에 들려주시기 바랍니다. 그때 다시 우리의 의견일치를 축하하고 싶습니다.

이런 식으로 나오게 되면 대부분 더 이상 할 말을 잃고 말 것이다.

자신이 옳을 때는 상대를 부드럽고 교묘하게 설득하기로 하자. 그리고 자신이 틀렸을 때는(잘 생각해보면 본인이 틀릴 경우가 놀라울 정도로 많다) 가능한 빨리 깨끗하게 잘못을 인정하도록 하자. 이 방법은 상상 이상으로 효과가 있다. 게다가 힘들게 변명을 늘어놓는 것보다 이 편이 훨씬 유쾌한 기분이 든다.

속담 중에 "지는 게 이기는 것이다"라는 말도 있다.

Key point

| 사람을 설득하는 원칙 3 |

자신의 잘못을 빠르고 깨끗하게 인정하라.

04
차분하게 말하라

화가 났을 때 상대를 맘껏 공격하고 나면 속이 후련해질 것이다. 그러나 당한 사람도 마찬가지로 속이 후련하다고 여길까? 싸움에 지고 기분 좋게 자신의 생각대로 움직여 줄까?

우드로 윌슨 대통령은 이렇게 말했다.

"만약 상대가 주먹을 꽉 쥐고 덤벼들면 이쪽에서도 지지 않고 주먹을 쥐고 맞이한다. 하지만 상대가 '함께 머리를 맞대고 생각해봅시다. 그리고 만약 서로 의견이 다르다면 그 이유와 문제점을 살펴봅시다'라고 부드럽게 말하면 결국 의견의 차이가 그다지 크지 않으며, 서로 솔직하게 참고 배려를 한다면 모든 것이 해결될 수 있다는 것을 알게 된다."

이 윌슨의 말을 누구보다 잘 이해한 사람이 존 록펠러 2세이다. 1919년 록펠러는 콜로라도 주의 시민들로부터 많은 미움을 사고 있었다. 미국 산업 역사상 보기 드문 대규모 파업이 2년에 걸쳐 콜로라도 주를 뒤흔들며 임금 인상을 요구하는 록펠러 회사의 종업원들은 극도로 예민한 상태였다. 회사의 건물이 부서지고 군대가 출동하여 결국은 총격전으로 인한 유혈사태가 벌어지고 말았다.

이렇게 대립이 극으로 치닫고 있을 때 록펠러는 어떻게 해서든 상대방을 설득하고 싶었다. 그리고 그것을 해내고 말았다. 과연 어떤 방법을 써서 성공했는지 잠시 소개해보기로 하겠다.

그는 수 주일에 걸쳐 화해를 위한 공작을 펼친 뒤에 조합 대표들을 모아놓고 연설을 했다. 이 날의 연설은 나무랄 데 없이 훌륭한 것으로 생각지도 못한 성과를 거두게 해주었다. 록펠러를 둘러싸고 들끓던 증오의 파도를 잠재우고 수많은 사람들을 자신의 편으로 만든 것이다. 록펠러는 그 연설에서 친구를 대하듯 우호적인 태도로 사실을 차분하게 설명해주었다. 그러자 노동자들은 그렇게 주장하던 임금 인상에 대해서는 한마디도 하지 않은 채 각자의 일터로 돌아갔다.

이 날의 연설 중에 첫 부분을 인용해보자. 얼마나 우정에 넘치는지를 잘 한 번 음미해보길 바란다. 록펠러는 조금 전까지 교수형을 시켜도 시원하지 않다고 여기던 사람들을 상대로 대단히 우호적인 어조로 차분하게 이야기를 했다. 자선단체를 상대로 이야기를 한다고 하더라도 이만큼 차분하고 온화한 태도를 보일 수 없을 것이라 여겨질 정도였다.

"저는 이 자리에 서게 된 것을 대단히 자랑스럽게 생각합니다."

"여러분의 가정을 방문하여 가족들을 만나 뵈었기 때문에 우리는 이제 서로 남이 아닌 친구 사이로 만나고 있는 것입니다."

"우리의 우정."

"우리의 공통적 이해관계."

"제가 오늘 이 자리에 설 수 있게 된 것은 모두 여러분의 호의 덕분이라고 생각합니다."

이런 말들이 그의 연설을 장식했다.

록펠러의 연설은 이러했다.

오늘은 제 생애 있어 특별히 기념할 만한 날입니다. 이 큰 회사의 종업원 대표와 회사 간부 여러분을 만날 수 있는 기회를 얻게 된 것은 제게는 대단한 행복이라고 생각합니다. 그리고 이 자리에 서게 된 것을 대단히 자랑스럽게 생각합니다. 이 회합은 오랫동안 제 기억 속에 남을 것이라고 확신합니다. 만약 이 회합이 2주 전에만 이루어질 수 있었더라면 아마도 제게는 몇몇 분을 제외하고 대부분의 사람들이 그저 낯선 인물에 지나지 않았을 것이라고 생각합니다. 저는 지난 주 남광구 광산을 모두 방문하여 안타깝게도 부재중이었던 분들을 제외하고 거의 모든 대표자들과 각각 이야기를 나누었고, 또한 여러분들의 가족들을 방문하여 가족들을 만나 뵈었기 때문에 우리는 더 이상 서로 모르는 상대가 아니라 친구로서 만나고 있는 것입니다. 이렇게 우리는 상호 우정을 기반으로 하여 저는 우리의 공통적 이해관계에 대하여 여러분과 이야기를 나누고 싶습니다.

　이 회합은 회사 간부들과 종업원 대표들의 합의에 의해 만들어진 자리라고 들었습니다. 간부도 종업원 대표도 아닌 제가 오늘 이 자리에 참석할 수 있었던 것은 모두 다 여러분의 호의 덕분이라고 생각합니다. 저는 간부도 종업원도 아니지만, 주주와 중역의 대표자라는 의미에서 여러분과 밀접한 관계가 있다고 생각합니다.

이것이야말로 적을 내 편으로 바꾸는 방법의 교과서라 할 수 있을 것이다.

만약 록펠러가 논쟁이라는 방법으로 대처하며 현실을 방패 삼아 모든 잘못이 노동자들에게 있다고 주장하거나, 혹은 그들의 잘못을 논리적으로 증명하려고 했다면 과연 어떤 사태가 벌어졌을까? 그야말로 불에 기름을 붓는 격이 되고 말았을 것이다.

상대의 마음이 반항과 증오로 가득 차 있을 때는 아무리 옳은 이치로 따지더라도 설득이 불가능하다. 아이를 꾸중하는 부모, 권력을 휘두르는 고용주나 남편, 바가지를 긁어대는 아내, 이런 사람들은 인간이 자신의 마음을 바꾸고 싶어 하지 않는 존재라는 사실을 염두에 두어야 한다. 사람에게 억지로 자신의 의견을 따르게 할 수는 없다. 그러나 부드럽고 우호적인 태도로 이야기를 한다면 상대의 마음을 바꿀 수도 있다.

그런 내용에 대하여 링컨은 이미 100년 전에 이야기한 적이 있다.

"1갤런의 쓴 즙보다 한 방울의 꿀이 더 많은 파리를 잡을 수 있다." 이 속담은 어느 세계에서도 맞는 말이다. 인간도 마찬가지다. 만약 상대가 내 의견에 찬성하게 만들고 싶다면 일단은 당신이 그의 편이라는 사실을 알게 해줘야 한다. 이것이야말로 사람의 마음을 사로잡을 수 있는 한 방울의 꿀이자, 상대의 이성에 호소하는 최선의 방법인 것이다.

경영자들 중에는 파업하는 측과 우호적이 되는 것이 큰 이익이라는 것을 깨닫기 시작한 사람도 있다. 그 예를 들어보자. 화이트 모터 사의 2500명의 종업원은 임금 인상과 유니온 숍 제도의 채택을 요구하며 파업을 일으켰다. 로버트 블랙 사장은 노동자들에게 전혀 악감정을 드러내지 않고 오히려 그들이 '평화적인 파업에 돌입했다'는 것에 대해 클리블랜드 신문지상을 통해 칭찬했다. 피켓을 들고 있는 사람들이 따분해 하는 것을 보고 그는 야구 도구를 사서 공터에서 야구를 하라고 권했고, 볼링을 좋아하는 사람들을 위해 볼링장을 통째로 빌려주었다.

경영자가 취한 이런 우호적인 태도는 충분한 보상을 받았다. 다시 말해서 우정이 새로운 우정을 낳은 것이다. 노동자들은 어디선가 청소 도구를 빌려와서 공장 주변을 청소하기 시작했다. 한편으로는 임금 인상과 유니온 숍 제도의 채택을 위해 싸우면서 다른 한편으로는 공장 주변을 청소하는 것이었다. 이 얼마나 흐뭇한 광경인가? 격렬한 투쟁으로 얼룩진 미국 노동 역사 중에서 볼 수 없는 풍경이었다. 이 파업은 일주일을 넘기지 않고 타결되어 쌍방에 아무 앙금도 남기지 않았다.

다니엘 웹스터는 타의 추종을 불허하는 당당한 풍채와 타고난 웅변 실력 덕분에 자신의 주장을 관철시키는 데 있어서 그를 따를 변호사가 없었다. 아무리 격론을 펼치는 경우라 할지라도 그는 대단히 차분한 태도를 취했다. "배심원들은 이런 점을 고려해주시길 바랍니다"라든지 "이 사실에 여러분도 주목하시리라 믿습니다", "여러분은 인간의 본성에 대한 식견을 지니고 있으므로 올바른 판단을 하시리라 생각합니다" 등 우호적인 표현을 많이 쓰며 자기주장을 펼쳤다. 결코 고압적인 말투를 하지 않았다. 자신의 의견을 상대방에게 억지로 밀어붙이지 않고 차분하고 부드러운 태도를 보여주었다. 그것이 그의 성공에 큰 도움을 준 것이다.

노동쟁의의 해결을 부탁받거나 피고의 변호를 의뢰하는 사람들은 그리 많지 않지만, 집이나 토지의 임대료를 깎고 싶어 하는 사람은 얼마든지 있을 것이다. 그런 사람에게 이런 차분하고 부드러운 태도가 얼마나 도움이 되는지 생각해보기로 하자.

O. L. 스트로브라는 기술자는 임대료를 깎고 싶어 했다. 그러나 집주인은 완고하기로 평판이 자자한 사람이었다. 다음은 내 강습회에서 그가 공개한 이야기이다.

나는 계약 기간이 끝나자마자 이사를 가겠다고 집주인에게 편지로 통보를 했습니다. 그러나 사실은 이사를 갈 마음이 없었습니다. 임대료를 조금만 깎아준다면 그대로 살고 싶었던 것입니다. 그러나 상황은 그다지 낙관적이지 못했습니다. 다른 세입자들도 모두 실패를 했고 집주인만큼 말이 통하지 않는 사람은 없을 것이라며 모두 다 입을 모았기 때문이죠. 그러나 나는 마음속으로 이렇게 생각했습니다.

'나는 강습회에서 사람을 다루는 방법을 배웠다. 집주인에게 응용해보고 효과가 있는지 확인해보자.'

내 편지를 받은 주인은 곧바로 비서와 함께 나를 찾아왔습니다. 나는 웃는 얼굴로 집주인을 맞으며 진심 어린 호의를 표했습니다. 임대료가 비싸다는 말을 결코 꺼내지 않았습니다. 먼저 이 아파트가 아주 맘에 든다고 말했습니다. 사실은 입에 침이 마르도록 칭찬을 해주었습니다. 아파트 관리 상태에 대해서도 칭찬을 아끼지 않으면서 1년 더 살고 싶지만 아쉽게도 그럴 수 없게 되었다고 주인에게 말했습니다.

집주인은 세입자들로부터 이런 찬사를 받은 적이 없었는지 약간은 당황스러워하는 눈치였습니다. 잠시 뒤 집주인은 자신의 고충에 대해 털어놓기 시작했습니다. 불만만 늘어놓는 세입자들, 그중에는 14통이나 되는 불만의 편지를 보내온 사람도 있었고 그중에는 모욕적인 편지도 몇 통인가 있었다고 합니다. 집주인에게 위층 남자의 코고는 소리를 해결해주지 않으면 당장에 계약을 파기하겠다고 협박을 한 사람도 있었다고 합니다.

그는 "당신처럼 이야기가 통하는 분이 계시는 것은 정말로 고마운 일입니다"라고 말하더니 나는 아무 말도 하지 않았는데도 집주인이 먼저 나서 임대료를 약간 깎아주겠다고 했습니다. 나는 좀 더 깎고 싶었기 때문에 내가 낼 수 있는 금액을 확실하게 말하자 집주인은 그것을 승낙해주었습니다.

게다가 그는 "방을 다시 꾸미고 싶은데 뭔가 원하는 것이 없나요?"라고 묻고 돌아갔습니다. 만약 내가 다른 세입자들과 똑같은 방법으로 임대료를 깎으려 했다면 나 역시도 그들과 마찬가지로 실패를 하고 말았을 것입니다. 호의적이고 동정적이고 감사의 태도 덕분에 성공을 거둘 수 있었던 것입니다.

또 한 가지 예를 들어 보겠다. 롱아일랜드 가든 시티에 거주하는 도로시 데이 부인 이야기이다. 그녀는 사교계에서 아주 유명한 인사다.

일전에 나는 가까운 사람 몇 명만 부르는 조촐한 오찬 모임을 가졌습니다. 내게 아주 중요한 손님들을 모시는 것이라 매사에 실수가 없도록 꽤 신경을 썼습니다. 그런데 에밀이라는 솜씨 있는 수석 웨이터에게 만사를 일임하기로 했는데 그가 나타나지 않아 모두 망쳐버리고 말았습니다. 에밀은 끝내 모습을 나타내지 않고 웨이터 한 사람만 보내왔습니다. 그 웨이터는 모든 일에 서툰 풋내기였습니다. 주빈 대접을 끝으로 미루는가 하면 큰 접시에 조그만 샐러리 하나만 달랑 얹어서 내는 것입니다. 고기는 질기고 감자는 기름투성이에 그야말로 엉망진창이었지요. 나는 화가 나서 못 견딜 지경이었습니다. 화를 꾹 참고 웃음을 잃지 않아야 하는 괴로움이라니. '어디 두고 보자. 다음에 에밀을 만난다면 이 분함을 속 시원하게 풀어 보리라' 하고 결심했습니다.

그 오찬 모임은 수요일이었는데 그 이튿날 밤 나는 '인간관계'에 관한 강연을 들으려고 참가했습니다. 강연을 듣고 보니 에밀을 일방적으로 질책해봤자 소용없을 것이란 걸 알았습니다. 그를 화나게 한다면 앞으로는 절대로 거들어주지 않을 테니까요. 그래서 나는 에밀의 입장에서 생각해보기로 했습니다. 요리의 재료를 사 들인 것도, 또 그것을 요리한 것도 그가 아니었습니다. 그가 거느리는 보조 중에는 머리가, 실력이 시원치 않은 사람도 있을 것이고요. 생각해보니 내가 지나치게 성급했던 것인지도 모릅니다. 나는 그를 책망하는 대신에 부드럽게 얘기를 해보기로 했습니다. 그리고 그로 인해 훌륭한 결실을 보았습니다. 그 이튿날 에밀을 만나자 그는 나를 경계하면서 잔뜩 찌푸린 얼굴을 하고 마치 전쟁이라도 불사할 것 같은 모습이었습니다.

나는 "에밀, 당신은 내가 파티를 열 때 없어서는 안 될 사람이

잖아요. 당신은 뉴욕에서 첫째로 손꼽히는 수석 웨이터 아닙니까. 물론 재료 구입이나 요리는 당신의 책임이 아닙니다. 그런 만큼 며칠 전 수요일처럼 일을 그르친 경우 당신을 탓할 순 없습니다"라고 말했습니다. 그러자 그는 험악한 표정을 풀고 금세 밝아졌습니다. 그는 "그렇습니다, 부인. 문제는 요리사 쪽에 있었습니다. 저 때문이 아니지요"라고 말했습니다. 내가 "에밀, 사실은 다시 오찬 모임을 가지려고 하는데 아무래도 당신 조언이 필요해요. 그 요리사를 또 써도 될까요?" 하고 묻자 그는 대답했습니다. "네, 걱정 안 하셔도 됩니다. 이번만큼은 실수가 없을 겁니다."

그다음 주 나는 다시 오찬 모임을 열었는데 메뉴는 에밀과 상의해서 만들었습니다. 전에 있었던 일은 흘려보내버리고 그의 의견을 충분히 살렸습니다. 드디어 모임 장소에 들어가자 테이블은 아름다운 장미로 장식됐고 에밀은 자리를 비우지 않고 손님 접대를 해주었습니다. 내가 여왕님을 초대했다고 하더라도 그만 한 서비스는 할 수 없으리라고 생각될 정도였습니다. 요리는 진미였고 서비스는 만점인 데다, 웨이터도 이전과는 다르게 네 사람이나 있었습니다. 에밀도 끝날 즈음에는 직접 요리 접시를 날라다 주었습니다.

파티가 끝나자 그날의 주빈은 "당신 혹시 수석 웨이터에게 마법이라도 썼나요? 이렇게 빈틈없는 서비스는 내 평생 처음

받아보네요"라고 귓속말을 했습니다. 정말 그 말대로였습니다. 나는 부드러운 태도와 진심 어린 칭찬이라는 마법을 쓴 것입니다.

나는 어릴 적 미주리 주의 외딴 시골에서 초등학교를 다녔다. 당시에 태양과 북풍이 힘겨루기를 하는 동화책을 읽은 적이 있다. 북풍은 "내가 센 게 당연해. 저기 코트를 입고 있는 남자가 보이지. 나는 너보다 빨리 저 사람의 코트를 벗길 수 있어"라고 말했다.

태양은 잠시 구름 뒤에 숨었다. 북풍은 있는 힘껏 바람을 불었다. 그러나 북풍이 불면 불수록 남자는 더욱 단단하게 코트 깃을 여몄다.

북풍은 힘이 빠져 더 이상 바람을 불 수 없게 되었다. 그러자 태양이 구름 사이로 얼굴을 내밀어 남자에게 따뜻한 미소를 지어 보였다. 잠시 뒤 남자는 이마의 땀을 닦으면서 코트를 벗었다. 태양의 이런 부드럽고 친절한 방법은 어떤 경우에서라도 강한 힘을 이용한 방법보다 훨씬 효과가 있다는 것을 북풍에게 보여주었다.

시골에서 이 우화를 읽고 있을 즈음 내가 가본 적도 없는 먼 보스턴 시에서 이미 이 우화가 옳다는 것이 B라는 의사에 의해서 증명됐다. 그로부터 30년이 지난 어느 날 이 B

박사가 내 강연회에 참가해서 그때 일을 들려주었다.

당시 보스턴 신문은 엉터리 의료 광고로 골치를 앓고 있었다. 낙태 전문 의사나 돌팔이 의사들이 광고로 사람들에게 겁을 주고 돈을 긁어내 여러 피해 사례들이 속출했던 것이다. 희생자가 많이 생겼지만 벌을 받은 의사는 거의 없었다. 대부분 형식적인 벌금만으로 풀려나거나 정치적 압력을 행사해 얼버무려버린 것이다.

상황이 점점 악화되자 보스턴 시민들은 분노했다. 목사는 연단을 주먹으로 치면서 신문을 비난했으며 이런 협잡 광고가 더는 실리지 않도록 하나님께 기도했다. 각종 시민단체와 실업가, 부인 단체, 교회, 청년단 등에서 일제히 일어나서 비난했지만 아무런 효과가 없었다. 이런 신문광고 금지를 둘러싸고 주 의회에서는 격렬한 논쟁이 벌어졌지만 결국 뇌물과 정치적 압력으로 유야무야돼버렸다.

B 박사는 그때까지 보스턴에서는 아무도 생각지 못한 방법을 생각해냈다. 즉 친절하고 부드러운 어조로 신문 발행자가 자발적으로 광고를 중지하는 쪽으로 마음을 돌리게 하는 방법을 택한 것이다. 그는 보스턴 신문의 사장 앞으로 그 신문을 칭찬하는 편지를 보냈다.

"오래전부터 보스턴 신문의 애독자입니다. 보스턴 신문의 기사는 신속, 정확하고 선동적인 면이 없고 아주 우수

합니다. 뉴잉글랜드는 말할 것도 없고 전체 미국에서도 일류에 속하는 가정 신문입니다"라고 칭찬한 것이다. 그리고 다시 다음과 같은 편지를 띄웠다.

"내 친구 중에 어린 딸을 둔 사람이 있습니다. 그 사람 얘기로는 어느 날 밤 딸애가 당신의 신문에 실린 낙태 전문의사의 광고를 읽고 나서 낙태가 무엇이냐고 그에게 질문했다고 합니다. 그는 어리둥절해서 답할 말을 찾지 못했다고 합니다. 보스턴 지는 보스턴의 상류 가정에서 읽힙니다. 그러므로 이런 사태가 여러 다른 가정에서 일어나지 않는다고 보장할 수는 없습니다. 만약 당신에게도 어린 따님이 있으시다면 그런 광고를 따님에게 읽히고 싶을는지요? 또한 따님이 그런 질문을 한다면 당신은 어떻게 설명을 해주시겠습니까? 보스턴 지와 같은 일간신문에 부친으로서 따님에게 읽히고 싶지 않은 기사나 광고가 한 가지라도 있다면 실로 유감스럽기 짝이 없는 일입니다. 보스턴 지를 애독하는 수천 명의 사람들도 아마 저와 같이 느끼지 않을까 합니다."

이틀 후에 보스턴 신문의 사장이 B 박사 앞으로 회답을 보내왔다. B 박사는 그 회답 편지를 3분의 1세기 동안 보존하고 있다가 강연회에 참가했을 때 내게 주었다. 1904년 10월 13일자 편지다.

B 박사님께

11일에 보내 주신 친절한 편지 대단히 고맙게 배견하였습니다. 지금까지 이 문제에 관해서 나는 퍽 고민했습니다만 이제야 겨우 결단을 내렸습니다. 그것은 귀하의 편지 덕택입니다.

다음 월요일 오후 이후 보스턴 신문에서는 미심쩍은 광고를 싣지 않도록 가능한 한 노력하겠습니다. 또한 부득이 게재할 의료 광고에 대해서는 구독자들에게 혼란을 주는 일이 없게끔 주의를 기울여 편집하도록 최선을 다하겠습니다.

이솝은 크리서스 궁전에서 일하던 그리스 노예였지만, 예수가 태어나기 600년 전에 이미 불후의 명작 『이솝 우화』를 썼다. 그 교훈들은 2500년 전의 아테네는 물론이고 현대의 보스턴에서도, 버밍엄에서도 마찬가지로 진실이다. 태양은 바람보다 빨리 코트를 벗길 수 있다. 친절, 우애, 감사는 세상의 그 어떤 노여움보다도 쉽게 사람의 마음을 변화시킬 수 있다.

링컨의 명언 "1갤런의 쓴 즙보다 한 방울의 꿀을 이용하는 것이 더 많은 파리를 잡을 수 있다"는 말을 가슴 깊이 새겨두길 바란다.

Key point

| 사람을 설득하는 원칙 4 |

차분하게 말하라.

05

'Yes'라고 대답할 수 있는 질문을 선택하라

누군가와 이야기를 나눌 때, 의견이 서로 다른 문제를 처음부터 꺼내서는 안 된다. 일단 의견이 일치되는 문제부터 시작해서 그 점을 끊임없이 강조하면서 이야기를 진행시킨다. 서로 같은 목적을 향해 노력을 하고 있다는 것을 이해시키며 방법에서만 차이가 있다고 강조하는 것이다.

처음에는 상대가 'Yes'라고 대답할 수 있는 문제만을 다루며 가능한 'No'라고 하지 않게 한다.

오버스트리트 교수는 이렇게 말하고 있다.

상대가 일단 'No'라고 말해버리면 그것을 철회시키기가 대단히 어렵다. 'No'라고 말해버린 이상 그것을 번복하는 것은 자존심이 허락하지 않는다. 'No'라고 말해버리고 후회하는 경우도 있겠지만, 설령 그렇다고 해도 자존심의 상처는 용납하지 않는다. 말을 해버린 이상 끝까지 그것을 고집하는 것이다. 때문에 처음부터 'Yes'라고 대답할 수 있는 방향으로 이야기를 끌고 가는 것이 대단히 중요하다.

언변이 뛰어난 사람은 일단 상대가 몇 번이고 'Yes'라고 대답하게 만든다. 그러면 상대의 심리는 긍정적인 방향으로 움직이기 시작한다. 그것은 마치 당구공이 일정 방향으로 굴러가는 것과 마찬가지로 방향을 바꾸려면 상당한 힘이 필요하다. 더군다나 반대 방향으로 굴러가게 하기 위해서는 더 많은 힘이 필요하게 된다.

이런 심리적 작용은 매우 확실한 형태를 띠고 있다. 인간이 진심에서 'No'라고 할 때는 단순히 그 말을 입으로 내뱉는 것이 아니라 동시에 여러 가지 작용을 하는 것이다. 각종 분비샘, 신경, 근육 등의 모든 조직을 통해 일제히 거부 태세를 굳힌다. 그리고 대부분의 경우에, 아주 일부이기는 하지만 뒤로 물러서거나 뒤로 물러설 준비를 한다. 다시 말해서 신경과 근육의 모든 조직이 거부 태세를 취하는 것이다. 그러나 'Yes'라고 말을 할 경우에는 이런 현상이 전혀 일어나지 않는다. 신체 조직이 먼저 나서 받아들일 자세를 취하게 된다. 게다가 처음부터 'Yes'라는 말을 많이 할수록 상대를 자신이 원하는 방향으로 이끌어가기가 쉬워진다.

상대에게 'Yes'라고 말하게 하는 이 기술은 아주 간단하다. 그런데도 이 간단한 기술을 잘 이용하지 않고 있다. 무조건 반대를 함으로써 자신 존재의 중요성을 충족시키려는 사람이 많다. 학생들도, 고객들도, 그 밖에 자신의 아이들, 남편과 아내에게 처음에 'No'라는 말을 하게 만들어버리면 'Yes'로 바꾸기 위해서는 엄청난 지혜와 인내가 필요하다.

뉴욕의 그리니치 저축은행 출납계인 제임스 에버슨은 이 'Yes'라고 말하게 하는 기술을 이용해서 놓칠 뻔했던 고객을 훌륭하게 잡을 수 있었다. 에버슨 씨의 이야기를 들어보자.

그 남자는 예금계좌를 개설하기 위해 찾아왔습니다. 저는 용지에 필요한 사항을 적으려 했는데, 대부분의 질문에는 순순히 대답해주었지만 몇몇 질문에 대해서는 절대로 대답을 하려 하지 않았습니다.

제가 인간관계에 대해 공부를 하기 전이었다면 이 질문에 대답을 해주지 않으면 계좌를 개설할 수 없다고 딱 잘라 말했을 겁니다. 부끄러운 이야기지만 사실 저는 이제까지 그런 방식으로 해왔습니다. 그렇게 해서 상대에게 고압적인 태도를 취하는 것은 정말로 통쾌한 일입니다. 은행의 규칙을 방패 삼아 자신의 우위를 상대방에게 과시하는 거죠. 하지만 그런 태도는 일부러 찾아온 손님들에게 절대로 호감을 줄 수 없습니다.

저는 상식적인 태도를 취해보기로 결심했습니다. 은행 측에서 원하는 것이 아니라 손님이 원하는 것에 대해 이야기하자, 그리고 처음부터 손님이 'Yes'라고 말하게 해보자고 마음먹었습니다. 저는 손님을 존중하며 마음에 들지 않는 질문에는 대답할 필요가 없다고 말했습니다. 그리고 이렇게 권했습니다. "하지만 예금을 하신 뒤에 손님께 만에 하나 무슨 일이 생겼을 때는 어떻게 하면 좋겠습니까? 법적으로 손님과 가장 가까운 친척에게 상속되도록 하고 싶지 않으세요?"

그는 'Yes'라고 대답했습니다.

은행을 위해서가 아니라 자신을 위한 질문이라는 것을 깨달은 고객은 태도가 바뀌었습니다. 그는 자신에 관한 모든 이야기를 해주었을 뿐만 아니라 제 권유에 따라 어머니를 수령인으로 신탁 계좌를 개설하였고, 어머니에 대한 질문에도 기꺼이 대답해주었습니다.

그는 처음 문제는 다 잊어버리고 제가 원하는 대로 되어 준 것은 처음부터 그에게 'Yes'라고 말하게 한 방법 덕분이라고 생각합니다.

웨스팅하우스사의 영업사원 조셉 엘리슨의 이야기이다.

제 담당 구역에는 우리 회사 제품을 어떻게 해서든 팔고 싶은 상대가 있었습니다. 내 전임자는 10년 동안이나 그 남자를 쫓아다녔지만 실패했지요. 나도 이 구역을 담당하고 3년 동안이나 출근을 하다시피 했지만 헛수고였습니다. 그렇게 10년이 다 돼서야 겨우 모터 몇 대를 팔 수 있었습니다. 나는 그 모터의 성능에만 이상이 없다면 나중에 수백 대는 더 팔 수 있을 것이라고 기대를 했습니다.

당연히 성능에는 아무런 문제가 없었습니다. 3주 뒤에 나는 의기양양하게 그를 찾아갔습니다. 그런데 그는 "엘리슨 씨, 당신네 모터는 더 이상 사지 않겠소"라고 하는 것이었습니다.

"대체 그 이유가 뭐죠?" 나는 깜짝 놀라며 물었습니다.

"당신네 회사 모터는 과열 때문에 손도 댈 수가 없소."

따져봤자 헛수고라는 것을 저는 오랜 경험을 통해 잘 알고 있었습니다. 나는 상대에게 'Yes'라는 대답을 유도해보기로 했습니다.

그래서 나는 "스미스 씨, 당신 말씀이 맞습니다. 정말로 과열을 일으킨다면 그런 모터를 더 사달라고 하는 것은 무리겠지요. 협회가 정한 기준보다 열이 나지 않는 제품을 선택하는 것이 당연합니다. 그렇죠?"

그는 그렇다고 대답했습니다. 처음 'Yes'라는 답을 받은 것입니다.

나는 다시 "협회 규격에는 모터 온도가 실내 온도보다 화씨 72도 이상 높아지는 것을 인정하고 있지요?"라고 물었습니다. 그러자 그는 다시 'Yes'라고 대답했습니다. 그리고 "당신 말이 맞지만 저 모터는 훨씬 뜨겁소"라고 말했습니다.

그의 말에 대꾸를 하지 않고 그저 "공장 온도는 몇 도 정도 되나요?"라고 물었습니다. 그의 대답은 24도를 기준으로 하고 있다고 했습니다.

나는 "그렇다면 공장 온도가 75도라고 하고, 거기에 72도를 더하면 147도가 됩니다. 147도나 되는 물에 손을 넣으면 뜨거운 게 당연하겠죠?"라고 물었습니다. 그는 다시 'Yes'라고 하지 않을 수 없었습니다.

나는 "제 생각에는 그 정도라면 모터에 손을 대지 않도록 조심하지 않으면 화상을 입겠네요"라고 말했습니다.

그는 "그렇군, 당신 말이 맞소"라고 말하며 경계를 풀었습니다. 그렇게 우리는 한동안 잡담을 나누다가 그는 다음 달 분으로 약 3만 5000달러의 주문을 해주었습니다.

논쟁을 하면 손해를 봅니다. 상대의 입장에서 생각하는 것은 논쟁을 하는 것보다 훨씬 흥미로운 것은 물론이고 비교도 할 수 없을 만큼 이익이 됩니다. 생각해보면 나는 꽤 오랫동안 논쟁 때문에 얼마나 많은 손해를 입었는지 모릅니다.

인간의 사상에 큰 변화를 가져다 준 아테네의 철학자 소크라테스는 사람을 설득하는 데 있어서는 고금동서를 통틀어 제일가는 사람이다.

소크라테스는 상대의 잘못을 지적하는 일은 결코 하지 않았다. 이른바 '소크라테스 식 문답법'으로 상대에게 'Yes'라는 대답을 이끌어내는 데 중점을 두는 것이다. 먼저 상대가 'Yes'라고 대답할 수밖에 없는 질문을 한다. 다음 질문도 다시 'Yes'라고 대답하게 하고, 그다음도 계속 'Yes'라고 대답하게 한다. 상대가 눈치 챘을 때는 처음에 부정했던 질문에 대해 자신도 모르는 사이 'Yes'라고 대답해버리는 것이다. 상대의 잘못을 지적하고 싶을 때면 소크라테스의 방법을 떠올리고 상대에게 'Yes'라고 말하게 하라.

중국의 옛 속담에 "부드러운 것이 강한 것을 이긴다"는 말이 있다. 5000년의 역사를 가진 민족에게 잘 어울리는 명언이 아닌가.

Key point

| 사람을 설득하는 원칙 5 |

상대가 'Yes'라고 대답할 수 있는 문제를 선택하라.

06
상대가 말하게 하라

상대방을 설득하기 위해 자기 혼자만 떠들어대는 사람이 있다. 상대방에 대해서는 상대 자신이 제일 잘 알고 있다. 때문에 당사자에게 말을 하게 해야 한다.

상대의 말에 토를 달고 싶어도 꾹 참아야 한다. 상대에게 하고 싶은 말이 아직 남아 있다 하더라도 아무것도 소용이 없다. 넉넉한 마음으로 참고 성의껏 들어주어야 한다. 그리고 후련하게 다 털어놓을 수 있게 해주는 것이다.

이 방법을 사업에 응용하면 어떻게 될 것인가? 이 방법을 이용한 남자의 체험담을 통해 설명해보기로 하자.

미국 굴지의 자동차 회사가 내장용 직물류 1년치를 구입하려고 하고 있었다. 세 곳의 큰 회사가 견본을 제출했다.

자동차 회사의 중역들은 그 견본을 검토한 뒤에 각각 결과를 알리고 최종적인 설명을 듣고 계약을 하겠으니 지정한 날짜에 와달라고 했다.

그중 한 회사의 대표인 R씨는 중증 후두염을 앓으면서도 찾아왔다. 다음은 R씨의 이야기이다.

내 설명을 할 차례가 되었지만 목소리가 전혀 나오지 않았어요. 한 사무실로 안내를 받아 들어가보니 그곳에는 사장을 시작으로 각 부서의 책임자들이 앉아서 기다리고 있었습니다. 나는 일어서서 어떻게 해서든 이야기를 하려 했지만 말을 할 수 없었습니다.

나는 종이에 '후두염 때문에 말을 할 수 없습니다'라고 적어 제출했습니다. 그러자 사장이 "그럼, 당신 대신 내가 말을 하겠소"라며 나섰습니다. 그리고 내가 제출한 견본을 펼치고는 장점을 칭찬해주었습니다. 그러자 각 부서의 책임자들이 활발하게 의견을 제시했습니다. 사장은 나 대신 내 입장을 대변하고 있었기 때문에 완전히 내 편에 서 있었습니다. 나는 그저 미소를 짓거나, 고개를 끄덕이거나, 몸동작을 보여주기만 하면 되었습니다.

이 특이한 회담 결과 나는 50만 야드에 가까운 직물 주문을 받았습니다. 금액으로는 160만 달러였고, 나로서는 난생 처음 큰 계약의 거래였습니다.

그때 만약 내 목에 이상이 없었다면 아마도 주문은 받지 못했을 것입니다. 나는 그때까지 사업에 대한 엄청난 착각을 하고 있었던 것입니다. 자신이 이야기하는 것보다 상대에게 말을 하도록 하는 것이 훨씬 이익이 클 수도 있다는 것을 그때 처음으로 알게 된 것입니다.

필라델피아 전기회사에서 일하는 조셉 웨브도 이와 같은 일을 경험했다. 웨브 씨가 부유한 네덜란드 출신 농부들이 거주하는 펜실베니아 시골 지역을 시찰하던 때의 일이다. 정갈한 농가 앞을 지나며 웨브 씨가 지역 담당자에게 물었다. "이 동네 주민들은 왜 전기를 사용하지 않을까요?" 그러자 담당자는 경멸에 찬 어조로 대답했다. "이 마을 사람들은 노랭이여서 어떤 것도 사지 않으려 합니다. 회사로선 아주 골칫덩어리죠. 전기를 넣으려 해도 전혀 가망이 없더라고요."

이 말을 들은 웨브 씨는 다시 한 번 시도해보고자 했다. 그리고 한 농가의 대문을 두드렸다. 문이 열리더니 노부인 한 사람이 밖을 내다보았다. 다음은 웨브 씨가 직접 겪은 일을 털어놓은 것이다.

전기회사 직원이라는 걸 알아채고 부인은 문을 소리 나게 닫아버리더군요. 다시 문을 두드리자 부인이 문을 열었습니다. 그러더니 나와 우리 회사를 도둑놈이라고 했습니다. 내가 "드러켄브로드 부인, 성가시게 해서 죄송합니다. 그런데 제가 여기 온 것은 전기를 팔기 위해서가 아닙니다. 달걀을 사러 온 것입니다"라고 하자 그녀는 문을 조금 더 열고 의심에 찬 눈으로 나를 살펴보았습니다.

"지나가다 보니 아주 훌륭한 도미니크종 닭을 키우시더라고요. 신선한 달걀을 한 바구니 사고 싶습니다."

그러자 문이 좀더 넓게 열렸습니다. "내 닭이 도미니크종인 건 어떻게 아셨수?" 하고 부인이 묻더군요. "저도 닭을 기릅니다만 이렇게 좋은 도미니크종 닭은 처음 봅니다" 하고 대답했습니다.

부인은 내게 "그럼 왜 당신네 닭이 낳은 달걀을 쓰지 않는 거요?" 하고 재차 물었습니다. "저희 집 닭은 레그혼종이어서 달걀이 흽니다. 부인도 잘 아시겠지만 케이크를 만들 적에 흰 달걀은 노란 달걀에 비해 형편없죠. 제 집사람이 케이크를 잘 만들어서요."

이런 이야기를 하는 사이 부인은 좀더 경계심이 풀어져 현관 앞에 나와 있었습니다. 그러는 동안 나는 재빨리 농장 여기저기를 살폈습니다. 마침 농장에 아주 좋은 설비가 있었습니다.

나는 또 부인에게 말했습니다. "제가 보니 남편 분께서 기르시는 암소보다는 부인이 기르시는 닭에서 나오는 수입이 더 많을 것 같은데, 맞죠?"

나는 부인 마음에 쏙 드는 말을 한 것입니다. 이는 효과 만점이었습니다. 부인은 평소 자신이 남편에게 하고 싶어 안달이 났던 이야기를 내가 해주자 신이 났습니다. 부인은 우리를 닭장으로 안내했습니다. 여기저기를 구경하던 중 부인이 직접 고안해낸 여러 장치들을 보았습니다. 나는 진심 어린 칭찬을 하고 기탄없이 인정해주었습니다. 또 좋은 사료와 사육 온도에 대해서도 조언을 했습니다. 또 더러는 부인에게 무언가를 물었고 우리는 주거니 받거니 이야기를 나누며 친밀해졌습니다.

부인은 이웃 중에 닭장에 전등을 설치해 더 많은 달걀을 얻은 사람들이 있는데 자신도 그렇게 하는 게 더 이익일지 솔직한 의견을 듣고 싶다고 물어왔습니다.

2주 후 드러켄브로드 부인의 도미니크종 암탉들은 환한 전등불 아래 꼬꼬댁거리며 먹이를 쪼아 먹고 있었습니다. 그 전기는 물론 내가 부인에게서 주문을 받은 것이었습니다. 부인은 전보다 더 많은 달걀을 수확했고 이로써 모두가 행복하게 되었습니다.

중요한 건, 내가 부인 스스로 먼저 말하게 했다는 점입니다. 그러지 않았으면 네덜란드의 농가에 전기를 팔 수 없었을 것입니다.

최근 『뉴욕 헤럴드 트리뷴』지의 경제난에 '경험 있는 유능한 인재'를 구하는 광고가 실려 있는 것을 보고 찰스 큐베리스라는 남자가 응모를 했다. 며칠 뒤 그에게 면접 통지서가 배달되었다. 면접 전에 그는 월가로 나가 그 회사의 설립자에 대해 자세히 조사했다. 그리고 면접 때 그는 "이런 훌륭한 업적을 올리고 있는 회사에서 일을 하는 것이 제 소원이었습니다. 들은 바에 의하면 28년 전에 거의 무일푼으로 이 회사를 시작했다는 것이 사실입니까?"라고 사장에게 물었다.

대부분 성공을 했다고 불리는 사람들은 젊은 시절의 힘들었던 때를 회상하고 싶어 한다. 이 사람도 예외는 아니었다. 불과 450달러의 투자금과 독자적인 아이디어만으로 발족했을 당시의 역경에 대해 오랫동안 이야기를 한 것이다. 일요일, 공휴일에도 쉬지 않고 모든 장애를 극복하여 현재의 지위를 쌓아 올렸고, 지금은 월가의 유명 인사들이 그의 의견을 구하러 찾아올 정도라고 했다.

그는 분명 자랑할 만할 가치가 있을 정도로 성공을 거둔 인물이었고, 자신의 그런 성공담을 들려주는 것이 정말로 즐거워 보였다. 성공담이 끝나자 그는 큐베리스 씨의 이력에 대해 간단하게 질문을 한 뒤에 부사장을 불러 "이 사람은 틀림없이 회사에 도움이 될 인물이라고 생각하네"라고 말해주었다.

큐베리스 씨는 상대의 업적을 조사하는 수고를 했다. 상대에게 관심을 표한 것이다. 그리고 상대에게 이야기를 하게 하여 좋은 인상을 남겨준 것이다.

친구 사이라 할지라도 상대의 자랑을 듣기보다는 자신의 성공담을 이야기하고 싶은 것이 보통이다.

프랑스의 철학자 로슈푸코는 이렇게 말했다.

"적을 만들고 싶으면 친구에게 이겨라. 내 편을 만들고 싶으면 친구를 이기게 해주어라."

그 이유는 인간은 누구나 친구보다 앞서 있을 때 만족감을 느끼고 반대의 경우에는 열등감에 쌓여 질투심을 느끼기 때문이다.

독일 속담에 "인간은 자신이 질투하는 사람들이 어려움이 빠질 때 가장 큰 기쁨을 느낀다"는 말이 있다. 남이 곤경에 처한 걸 보면 즐겁다는 이야기다. 자기 자신을 돌아봐도 답은 나온다. 실제 여러분 친구 가운데서 당신이 의기양양할 때보다는 곤경에 처했을 때 더 큰 만족을 얻는 사람을 많이 보았을 것이다. 그러므로 매사에 겸손하게 자신의 업적을 가려야 한다.

어빈 코브는 이런 면에서 대단한 인물이었다. 한번은 법정에 선 어빈 코브에게 변호사가 물었다. "코브 씨는 명망 높은 작가로 알고 있는데, 제 말이 맞지요?" 이에 대한 코브의 대답은 이랬다. "분수에 넘치는 행운이 따랐을 뿐입니다."

우리 모두는 겸손해야 한다. 우리는 100년만 지나도 모두의 기억에서 사라지고 말 하찮은 존재에 불과하다. 얼마 안 되는 자신의 업적을 자랑한다 한들 다른 사람들을 지루하게 만들 따름이다. 그러기에 인생은 너무 짧다. 자기자랑은 그만두고 남이 이야기하도록 기회를 주자.

우리를 바보가 되지 않게 해주는 게 무엇인지 아는가? 그건 갑상선 안에 있는 아주 적은 양의 요오드다. 5센트만 있어도 그 요오드를 살 수 있다. 누구건 목 안의 갑상선에서 요오드를 제거해내면 곧장 백치가 된다. 약국에서 손쉽게 살 수 있는 요오드가 당신과 나, 그리고 정신병원 사이에 있는 전부다. 이 점을 기억하면 상대에게 더 많은 이야기를 하게 할 만큼 겸손하게 된다.

Key point

| 사람을 설득하는 원칙 6 |

상대가 말하게 하라.

07
스스로 생각하게 하라

 우리는 타인의 강요에 의한 의견보다는 자기 스스로 생각해낸 의견을 훨씬 더 소중하게 여긴다. 따라서 남에게 자신의 의견을 강요하는 것은 근본적으로 잘못된 것이라 할 수 있다. 암시를 해주고 결론은 상대가 스스로 생각하게 하는 것이 보다 현명하다.

 이런 예가 있다. 내 강습회에 참석한 필라델피아의 아돌프 젤츠의 이야기이다. 자동차 판매의 부진 때문에 풀이 죽은 부하 영업사원들을 위해 격려를 위한 판촉회의를 열고 그들의 요구사항을 허심탄회하게 발표할 수 있게 해주었다. 그들의 요구사항을 칠판에 받아 적은 뒤 이렇게 말했다.

"여러분들의 요구사항은 모두 받아들여질 것이다. 그 대신에 나도 여러분에게 요구사항이 있다. 내 요구를 어떻게 충족시켜 줄지 그 결심을 듣고 싶다."

부하들은 그 자리에서 대답을 했다. 충성을 맹세하는 사람도 있었고, 정직, 적극성, 낙천주의, 팀워크를 약속한 사람도, 하루 8시간 충실히 일하겠다는 사람도, 개중에는 14시간 근무도 감수하겠다는 사람까지 있었다. 회의는 용기와 격려, 감동 속에 끝을 맺었고 그날 이후로 판매실적이 놀랄 만큼 급성장을 했다. 젤츠는 이렇게 말했다.

"영업사원들은 나와 일종의 도의적 계약을 하고 있는 것입니다. 내가 그 계약을 지키는 한 그들 또한 계약을 행동으로 옮기겠다고 결심한 것입니다. 그들의 희망과 의견을 들어준 것이 기사회생의 묘약이 된 것입니다."

누군가의 강요나 명령을 받고 있다는 느낌은 모든 사람이 다 싫어한다. 그보다는 자율적인 행동을 하고 있다는 느낌이 훨씬 바람직하다. 자신의 희망과 욕망과 의견을 누군가가 들어주는 것은 기쁜 일이다.

유진 웨슨의 예에서 다시 한 번 살펴보자. 그는 이 진리를 깨닫지 못해 수천 달러의 수수료를 받지 못했다. 웨슨은 직물제조업자에게 디자인을 제안하는 스튜디오에 밑그림을 판매하는 일을 하고 있었다. 그는 뉴욕의 한 일류 디자이너를 3년 동안 매주 찾아가고 있었다. 웨슨의 말은 이랬다.

"그는 언제나 만나주기는 했지만 절대로 구매는 하지 않았습니다. 내 그림을 유심히 살핀 뒤에 반드시 '웨슨 군, 안 되겠어. 오늘은 전혀 맘에 들지 않아'라고 했습니다."

150번의 실패를 번복한 끝에 웨슨은 발상의 전환이 필요하다는 생각이 들었다. 그리고 사람을 움직이는 방법에 관한 강습회에 매주 한 번씩 참석하기로 결심을 했다. 그렇게 해서 새로운 사고방식을 배우고 새로운 열의를 불태우게 되었다.

그는 새로운 방법을 실험하기 위해 미완성의 그림 몇 장을 들고 예의 그 사무실을 찾아갔다.

"오늘은 미완성 그림 몇 장을 가져왔는데, 이걸 어떻게 완성시키면 선생님께 도움이 될까요? 괜찮으시다면 가르쳐주시겠습니까?"

이렇게 부탁을 하자 디자이너는 그림을 말없이 바라보다가 이윽고 "웨슨 군, 2, 3일 살펴볼 테니 다시 한 번 와주게"라고 말했다.

사흘 뒤, 웨슨은 다시 디자이너를 찾아가 이런저런 의견을 들은 뒤에 스케치북을 들고 돌아와 주문한 대로 완성을 시켰다. 그 결과 그림 전부를 팔 수 있었다. 그날 이후 이 디자이너는 많은 그림을 웨슨에게 주문을 하고 있다. 당연히 디자이너의 아이디어에 따라 그림을 그린 것이다. 웨슨은 이렇게 말했다.

"몇 년 동안이나 그림을 팔지 못했던 게 당연하다는 걸 깨달았습니다. 그전까지 나는 내 의견만 고집하고 있었던 것입니다. 지금은 반대로 상대에게 의견을 말하게 하고 있습니다. 상대는 자신의 디자인을 창작한다고 여기는 것입니다. 사실 맞는 말입니다. 상대가 나서서 사주기 때문에 내가 나서서 팔아야 할 필요가 없어졌습니다."

시어도어 루즈벨트가 뉴욕 주의 주지사로 있었을 때, 그는 대단히 기발한 능력을 보여준 적이 있다. 당 대표들과 친하게 지내면서도 그들이 가장 싫어하는 개혁을 단행한 것이다.

당시의 방법을 소개해보기로 하자. 그는 중요한 자리를 보충할 때면 항상 당 대표들을 초대하여 후보자를 추천하게 하였다. 루즈벨트는 그에 대해 이렇게 설명하고 있다.

당 대표들이 처음에 추천하는 인물들은 대부분 당에서 돌봐줘야 하는 무능력한 인물이다. 나는 그런 인물들을 시민들이 용납할 리가 없다고 말한다.

두 번째로 그들이 추천하는 인물도 당에서 심부름이나 하며 스스로 결정을 내리지 못하는 인물들이다. 나는 그들에게 좀 더 시민들이 납득할만한 적임자를 찾아달라고 부탁한다.

세 번째는 합격에 가깝지만 여전히 모자란 부분이 많다.

나는 당 대표들에게 협조해줘서 고맙다고 인사를 하고 다시 한 번만 생각해달라고 부탁한다. 그러면 네 번째는 내가 생각했던 인물과 딱 맞아떨어진다. 나는 그들에게 감사를 표하고 그 남자를 임명하게 된다. 쉽게 말해서 그들에게 결정권을 쥐어주는 것이다. 마지막으로 나는 그들에게 "여러분들을 기쁘하게 하기 위해 이 사람을 임명하였으니 이번에는 여러분들이 저를 기쁘게 해줄 차례입니다"라고 말하는 것이다.

실제로 그들은 루즈벨트를 기쁘게 해주고 말았다. 그들은 문관 근무법안이나 독점 세법 등과 같은 대개혁에 지지를 해준 것이다. 다시 말하자면, 루즈벨트의 방법은 상대와 상담을 하고 가능한 의견을 수렴해주어 그것이 자신들의 생각이라고 여기게 하여 협력하도록 만드는 것이다.

롱아일랜드의 어느 자동차 판매업자는 스코틀랜드 출신 부부에게 이 같은 방법을 써서 중고자동차를 팔았다. 그는 차를 사려는 부부에게 여러 차를 보여줬지만 그때마다 그들은 트집을 잡았다. 자기들 형편에 비해서 너무 고급이라든가 차가 너무 낡았다든가 값이 비싸다는 것이다. 특히 가격 면에서는 죄다 비싸다고 퇴짜였다. 마침 차를 팔고 싶었던 업자는 내 강연회 수강자였고 이 문제를 강연회에서 공개해서 우리의 의견을 듣고자 했다.

우리들은 무조건 팔 생각만 하지 말고 사고 싶은 생각을 하게끔 유도하는 것이 중요하다고 그에게 충고했다. 즉, 고객을 자기 생각대로 하려고 할 것이 아니라 거꾸로 고객의 생각에 맞춰 그의 의견대로 따른다는 생각을 가지도록 해야 한다고 일러주었다.

그는 당장 이 방법을 시도해보았다. 며칠 후 한 손님이 중고차를 팔고 새 차를 사겠다고 연락해왔다. 그는 이 중고차가 스코틀랜드 출신 부부의 마음에 들 것 같아서 즉시 전화로 그의 의견을 듣고 싶으니 와줄 수 없겠느냐고 물어봤다. 그 부부가 차를 보러 왔을 때 그는 "손님께선 자동차를 보는 눈이 정확해서 우리들 장사치도 손을 들 정도입니다. 그래서 이 차를 어느 정도의 값을 주고 제가 매수하면 좋을지 의견을 여쭙고 싶습니다"라고 부탁했다. 그 부부는 득의양양해졌다. 그들은 호의적인 태도로 그 차를 타고 자메이카에서 퀸즈 거리를 지나서 포레스트힐까지 드라이브하고 돌아오더니 이렇게 말했다.

"300달러로 인수하면 적당하겠네요."

"그러시다면 제가 이 차를 300달러에 확보한다면 손님께서 사시겠습니까?"

300달러는 자신이 평가한 값이니까 물론 거래는 그 자리에서 성립되었다.

이와 마찬가지 심리를 응용해서 한 X선 장치 제조회사가 브루클린의 대형 병원에 자기 회사 제품을 팔았다. 이 병원은 증축을 하면서 미국에서 유일하게 X선과의 창설을 계획하고 있었다. 각자 자기 회사 제품의 설명서를 들고 와 X선 장치를 팔기 위해 몰려든 영업사원들 때문에 X선과 담당인 L 박사는 골치를 썩고 있었다. 그중에는 다른 사람과는 비교가 되지 않을 정도로 기가 막히게 사람의 심리를 꿰뚫어볼 줄 아는 영업사원이 있었는데, 다음과 같은 편지를 L 박사에게 보냈다.

저희 회사에는 최근 최신 X선 장치를 완성시켰습니다. 지금 막 그 첫 작품이 사무실에 도착했습니다. 물론 이번 제품도 결코 완벽하다고는 여기지 않습니다. 지금도 여전히 개선을 위해 노력을 아끼지 않고 있습니다. 대단히 바쁘시겠지만 박사님께서 직접 저희 제품을 검토해보시고 개선 방향에 대한 의견을 말씀해주신다면 더없는 영광이라 생각합니다. 항상 모시러 갈 차를 대기하고 있사오니 언제든 연락만 주십시오.

강습회에서 L 박사는 당시의 상황에 대해 이렇게 이야기해주었다.

정말 의외의 편지였습니다. 그리고 동시에 기쁘기도 했습니다. 나는 그때까지 단 한 번도 X선 장치 회사들로부터 의견을 부탁받은 적이 없었습니다. 이 편지는 내게 존재의 중요성을 심어주었습니다. 그 주에는 매일 밤 약속이 있었지만 장치를 검사하기 위해 약속을 취소시켰습니다. 그 장치는 보면 볼수록 마음에 들었습니다.

나는 그것을 강매당한 것이 아닙니다. 병원을 위해 그 장치를 사기로 결정한 것은 내 마음이 자발적으로 움직였기 때문이지요. 그 장치의 우수성에 매료되어 계약을 체결한 것입니다.

우드로 윌슨 대통령 재임 중에 에드워드 하우스 대령은 국내는 물론 외교에 이르기까지 모든 문제에 관하여 큰 영향력을 행사하고 있었다. 윌슨은 중요한 문제의 상담 상대로 다른 각료들 보다 하우스 대령을 신뢰하고 있었다.

대령은 어떤 방법으로 대통령의 신임을 얻을 수 있었을까? 다행히도 대령은 아서 스미스에게 그 방법을 이야기해주었고, 스미스는 『새터데이 이브닝 포스트』지에 그 내용을 기고하였다.

하우스 대령은 대통령에 대해 다음과 같이 이야기했다.

"대통령을 알고 나서 깨달은 것이 있는데, 그를 어떤 생각으로 인도하기 위해서는 그것을 느끼지 못하게 대통령의 마음에 심어주고 그것에 관심을 갖게 하는 것이 가장 좋은 방법이다. 다시 말해서 대통령 자신이 그것을 생각해냈다고 여기게 만드는 것이다. 나는 우연히 이 사실을 깨닫게 되었다. 하루는 백악관으로 대통령을 만나러 가서 어떤 문제에 대해 의견을 나누었지만, 그는 내 의견에 반대를 하는 것 같았다. 그런데 며칠 뒤, 만찬회 석상에서 대통령이 발표한 의견이 전에 내가 이야기했던 것과 완전히 똑같은 것이 아닌가. 그때는 정말 깜짝 놀랐다."

그렇다면 하우스 대령이 "그건 대통령의 의견이 아니잖습니까? 원래 그건 제 의견이었습니다"라고 반론을 제기했을까? 대령은 결코 그렇게 하지 않았다. 대령은 명예보다는 실리를 챙겼다. 그 의견은 어디까지나 대통령의 것이라고 대통령은 물론 다른 사람들도 모두 그렇게 믿도록 하였다. 대통령에게 영광을 돌린 것이다.

우리의 교섭 상대는 모두 이 이야기의 윌슨 대통령과 똑같은 인간이라는 점을 명심하고 하우스 대령의 방법을 잘 이용해야 할 것이다.

　몇 년 전의 일이다. 캐나다의 뉴브런즈윅 주에 사는 한 남자가 이 방법을 이용해서 나를 단골손님으로 만들어버렸다. 그때의 이야기는 이렇다. 나는 낚시와 뱃놀이를 겸해서 뉴브런즈윅으로 갈 계획을 세우고 여행사에 편지를 보냈다. 내 이름과 주소가 리스트에 올라가 있었는지 곧바로 여기저기서 온갖 안내문과 팸플릿이 쇄도하였다. 너무 많아 어떤 것이 좋은지 고를 수가 없을 지경이었다. 그런데 한 산장에서 보내온 안내장에 내 마음을 끄는 것이 있었다. 안내장에는 그곳을 다녀간 경험이 있는 뉴욕에 거주하는 사람들의 명단과 전화번호가 즐비했고, 그 사람들에게 전화를 걸어 그 산장에 대해 직접 물어보라고 적혀 있었다.

　놀라운 것은 그 명단 속에는 내가 알고 있는 사람의 이름까지 실려 있었다. 나는 당장에 그 지인에게 전화를 걸어 물어보았다. 그리고 그 산장을 예약하였다.

　다른 안내장들은 내게 팔려고만 했지만 이 산장의 주인은 내게 구매 의욕을 일으키게 만들었다. 그의 승리였다.

　2000년 전에 중국의 노자가 현대에서도 통용될 수 있는 말을 남겼다.

강과 바다로 모든 하천의 물이 흘러들어가는 것은 스스로 몸을 낮추기 때문이다. 덕분에 강과 바다는 모든 하천 위에 군림을 할 수 있다. 마찬가지로 현자는 사람 위에 서길 원한다면 사람 아래 몸을 두고, 사람 앞에 서길 원한다면 사람 뒤에 몸을 둔다. 그렇게 하면 현자가 사람들 위에 서더라도 그들은 무게를 느끼지 못할 것이고, 사람들 앞에 서더라도 사람들은 마음의 상처를 입지 않을 것이다.

Key point

| 사람을 설득하는 원칙 7 |

상대가 생각하게 하라.

08
상대의 입장이 되어보라

　상대가 틀렸을지도 모르지만 정작 본인은 절대로 틀렸다고 생각하지 않는다. 따라서 상대를 비난해도 아무런 도움이 되지 않는다. 비난은 아무리 바보라도 할 수 있다. 이해하려고 노력해야 한다. 현명한 인간만이 상대를 이해하려고 노력한다.

　상대의 생각, 행동에는 각각 그에 걸맞은 이유가 있는 것이다. 그 이유를 찾아내야만 한다. 그러면 상대의 행동, 상대의 성격에 대한 열쇠까지 쥘 수가 있다. 진심으로 상대의 입장이 되어보는 것이다.

　'만약 내가 상대방이라면 과연 어떻게 느끼고, 어떻게 반응을 할까?' 라고 자문해보는 게 좋다. 이렇게 해보면 화를 내며 시간을 낭비하는 것이 얼마나 어리석은지를 깨달을 수 있다. 원인에 관심을 갖게 되면 결과에도 공감할 수 있는 법이다. 덕분에 사람을 다루는 방법도 한층 더 능숙해진다.

케네스 M. 구드는 자신의 저서 『사람을 금처럼 빛나게 하는 법』에서 이렇게 적고 있다.

> 스스로 되돌아보고 자신에 대한 강렬한 관심과 자신 이외의 대상에 대한 무관심을 비교하고, 그다음에 그 점에 대해서는 모든 인간이 똑같다는 것을 생각한다면 모든 직업에 필요한 원칙을 파악할 수 있다. 다시 말해서 사람을 다루는 비결은 상대의 입장을 동정하고 그것을 잘 이해하는 것이다.

우리 집 근처에는 공원이 있다. 나는 때때로 그곳에 가서 기분전환을 한다. 최근 들어 떡갈나무에 대하여 경건함에 가까운 애정을 품고 있는데, 그 젊은 나무들이 부주의 때문에 해마다 불에 타는 모습을 보고 슬픔을 견딜 수가 없었다. 화재의 원인은 담뱃불이 아니다. 대부분은 원시생활을 동경하며 공원을 찾아오는 아이들이 숲속에서 소시지나 달걀을 요리한 뒤에 불을 제대로 끄지 않았기 때문이다. 때로는 불이 크게 번져 소방차가 출동하는 경우도 있었다.

'모닥불 금지. 위반 시 처벌함'이란 게시판이 공원 구석에 세워져 있지만 눈에 잘 띄지 않는 곳이라 효과를 기대하기는 어렵다. 기마경찰이 공원을 순찰하고 있지만 엄하게 단속을 하지 않기 때문에 화재가 끊이지 않는다. 하루는 불이 난 것을 보고 경찰에게 달려가 당장 소방서에 연락해달라고 했다. 그런데 자기 구역이 아니라며 어쩔 수 없다는 차가운 답변만 돌아왔다. 그날 이후, 나는 말을 타고 공원을 산책할 때면 마치 자신이 보안관이라도 된 것처럼 행동했다. 처음에 나는 어리석게도 아이들의 입장에서 생각해보려고 하지 않았다. 숲속에서 모닥불을 발견하면 안타까운 마음과 정의감에 불타 나도 모르게 잘못된 방법을 취하고 말았다. 아이들에게로 달려가 모닥불을 피우면 처벌을 받으니 당장 그만두라고 엄중하게 명령을 했다. 그래도 듣지 않을 경우에는 경찰에게 붙잡아가라고 한다고 으름장을 놓았다. 아이들의 입장은 전혀 생각하지 않고 그저 내 마음이 후련해지려고 한 것에 지나지 않았다.

그 결과 아이들은 내가 시키는 대로 했다. 내심 분을 삭이지 못한 채 억지로 내 말을 따랐다. 그러나 내가 떠나면 아이들은 다시 모닥불을 피웠을 것이다. 큰 불이 나서 숲을 다 태워버렸으면 좋겠다는 생각을 했을지도 모른다.

그 당시와 비교를 해보면 지금은 나도 조금은 인간관계를 이해할 수 있게 되어 부족하나마 상대의 입장에 서서 생각을 할 수 있게 되었다. 지금이었다면 아마도 이렇게 이야기했을 것이다.

"애들아, 아주 즐거워 보이는구나. 오늘 메뉴는 뭐니? 아저씨도 어릴 때는 너희들처럼 야외에서 뭔가 만들어 먹는 걸 좋아했지. 물론 지금도 좋아하지만. 근데, 너희들도 잘 알겠지만 여기서 모닥불을 피우는 건 아주 위험하단다. 너희들은 불을 내지 않을 거라고 생각하지만 가끔 부주의한 아이들도 있단다. 너희들이 모닥불을 피우고 놀았던 곳에 또 모닥불을 피우게 되지. 그리고 불도 제대로 끄지 않고 그냥 집으로 돌아가 버리는 거야. 그러면 불이 주변의 낙엽을 태우면서 큰불로 번지게 되지. 조심하지 않으면 이 공원은 벌거숭이가 된단다. 여기서 모닥불을 피우면 처벌을 받게 되어 있지만, 너희들이 즐겁게 노는 모습을 보니 아저씨는 그렇게 되는 건 바라지 않는다. 너희들이 즐겁게 노는 모습을 보니 나도 기분이 좋구나. 그 대신에 모닥불 주변의 낙엽을 멀리 밀어내주지 않겠니? 그리고 돌아갈 때는 꼭 흙으로 덮어 불을 잘 꺼야 한다. 그리고 다음에 모닥불을 피울 때는 저 언덕 너머 모래밭에서 하는 게 좋겠구나. 그곳이라면 안심할 수 있으니까. 고맙다, 애들아. 그럼, 재미있게 놀아라."

같은 말이라도 이렇게 말하면 효과가 완전히 달라진다. 아이들도 협조할 마음이 생긴다. 불평불만도 없다. 강제적이지 않기 때문에 그들의 체면을 세워준 것이다. 상대의 입장을 생각해줌으로써 나도 아이들도 좋은 결과를 얻을 수 있다.

누군가에게 불을 끄라고 한다든지, 세제를 사다 달라고 부탁한다든지, 적십자사에 50달러를 기부해달라고 하는 등, 타인에게 뭔가를 부탁하려고 할 때는 먼저 눈을 감고 상대의 입장에 서서 한번쯤 생각해보는 것은 어떨까? '어떻게 하면 상대방이 그것을 하고 싶어 할까?'라고 생각해보는 것이다. 이 방법은 귀찮을 수도 있다. 그러나 이 방법 덕분에 자신의 편이 늘어나고 쉽게 좋은 결과를 얻을 수 있다.

하버드 대학의 도넘 교수는 이런 말을 했다.

"나는 누군가와 면담을 해야 할 때면 사전에 내가 말해야 할 것을 충분히 생각하고, 상대가 어떻게 대답을 할지 확신이 서기 전까지 상대방의 집 앞에서 두 시간이든 세 시간이든 서성거린다."

이 말은 아주 중요해서 다시 강조하겠다.

"누군가와 면담을 하러 갈 때 '내가 무슨 말을 할 것이며 그에 대해 짐작하기로 그가 어떤 대답을 할 것이다'라는 점이 명확하지 않으면 그의 사무실 앞 골목길에서 두 시간이고 세 시간이고 생각해볼 것이다."

이 책을 읽고 상대의 입장에 서서 상황을 정확하게 꿰뚫어볼 수 있다면, 이 책은 당신의 삶에 있어 획기적인 도움이 될 것이다.

Key point

| 사람을 설득하는 원칙 8 |

상대방의 입장이 되어 보아라.

09

공감 능력을 발휘하라

언쟁과 악감정을 해소시키고 상대방에게 호감을 갖게 하여 당신이 하는 말을 잘 듣게 만드는 마법의 문구를 알려주겠다.

"당신이 그렇게 생각하는 건 당연하다. 만약 내가 당신이었더라도 그렇게 생각했을 것이다." 이렇게 말한 뒤에 본론으로 들어가는 것이다.

아무리 심술궂은 사람이라도 이런 대답을 들으면 한 발짝 물러서게 마련이다. 게다가 상대의 입장이었다면 당연히 상대방과 마찬가지 생각을 하였을 테니, 이 문구는 완벽하게 성의가 내포되어 있는 것이다. 가령 우리가 알 카포네와 똑같은 정신과 육체를 가지고 태어나서, 완전히 똑같은 환경에서 자라고, 똑같은 경험을 해왔다면 카포네와 전혀 다르지 않은 인간이 되어 카포네와 똑같은 일을 했을 것이다.

우리가 뱀이 아닌 유일한 이유는 우리의 부모가 뱀이 아니기 때문이다. 우리가 뱀을 신성시하거나 소를 경외하지 않는 까닭은 우리가 인도의 힌두교 가정에 태어나지 않았기 때문이다. 현재 인간으로서 우리의 모습은 자신의 손에 의해 만들어진 부분은 아주 일부에 지나지 않는다. 따라서 우리가 접하는 상대가 아무리 화를 내고, 삐뚤어져 있고, 꽉 막혀 있다고 하더라도 그 모든 것을 본인의 책임으로 전가할 수는 없다. 불쌍하게 여겨야 한다. 동정을 해야 한다. 그리고 이렇게 생각하는 것이다.

'만약 신의 은총이 없었더라면 이 사람이 나 자신의 모습이었을 것이다.'

우리가 관계를 맺고 있는 사람 중에 4분의 3은 모두 동정에 굶주려 있다. 그것을 주는 것이다. 분명히 호감을 살 것이다.

나는 라디오 방송에서 『작은 아씨들』의 저자 루이자 메이 알코트의 이야기를 한 적이 있다. 물론 나는 그녀가 매사추세츠 주 콩코드에서 불후의 명작을 썼다는 것을 알고 있었는데, 어떤 이유에선지 모르지만 뉴햄프셔 주의 콩코드에 살고 있다고 말해버렸다. 그것도 두 번이나 똑같은 실수를 저지르고 말았다. 당장에 날카로운 비난의 편지와 전보들이 쏟아졌다. 분개한 사람들이 아주 많았으며 개중에는 굴욕적인 언사도 서슴지 않았다. 매사추세츠 주의 콩코드에서 자라고 필라델피아에서 살고 있는 한 여성은 특히 험악했다. 설령 내가 알코트 여사가 식인종이라고 했다고 하더라도 이렇게까지 화를 내지는 않았을 것이다. 나는 편지를 읽으면서 '신이시여, 감사합니다. 이 여성과 결혼하지 않아서 다행입니다' 라고 마음속으로 기도를 했다. 나는 지리적으로 착각을 했지만 그녀는 예의상 큰 잘못을 저지르고 있는 것이다. 그렇게 써서 답장을 보내고 싶은 심정이었다. 그러나 그것은 바보라도 얼마든지 할 수 있다. 바보라면 그렇게 했을 것이라는 것을 잘 알고 있었다.

나는 바보가 되기는 싫었다. 그래서 그녀의 적대심을 호의로 바꿔놓기로 결심을 했다. 말하자면 하나의 유희 같은 것이다. 나는 스스로에게 이렇게 말했다.

'만약 내가 그녀였다면 나 역시 그녀와 같은 감정이었을 것이다.'

그래서 나는 상대의 입장을 이해하려고 노력했다. 그런 다음 필라델피아에 갔을 때 그녀에게 전화로 다음과 같은 이야기를 주고받았다.

나—일전에는 일부러 편지까지 보내주셔서 정말 감사하게 생각하고 있습니다. 실례인줄 알지만 전화로 감사를 드립니다.

그녀—(아주 고상한 말투로) 실례지만 누구시죠?

나—아직 만나뵌 적은 없지만 데일 카네기라고 합니다. 일전에 제가 알코트 여사에 대하여 방송을 했을 때 매사추세츠와 뉴햄프셔를 잘못 말하는 큰 실수를 저질렀다는 것을 기억하고 계실 겁니다. 제 실수가 너무 큽니다. 사죄드립니다. 친절하게 편지까지 보내주셔서 뭐라 감사의 말씀을 드려야 좋을지 모르겠습니다.

그녀—이런, 저야말로 실례가 많았습니다. 그런 편지를 보내다니 제가 어떻게 됐었나 봐요. 저야말로 사과를 드려야죠.

나—아니, 부인이 사과할 이유는 전혀 없습니다. 초등학생이라면 다 아는 사실을 제가 틀렸으니까요. 곧바로 다음 날 일요일에 사과 방송을 보냈지만 부인께는 직접 사죄를 하고 싶었습니다.

그녀—저는 매사추세츠의 콩코드에서 태어났어요. 저희 집안은 매사추세츠 주에서 오래 살았기 때문에 제가 태어난 곳을 자랑스럽게 여기고 있어요. 그래서 선생님의 방송을 듣는 순간 화가 나서 저도 모르게 그런 편지를 쓰고 말았어요. 정말로 부끄러울 뿐이네요.

나—아니, 부끄러운 건 접니다. 제가 틀렸다고 해서 매사추세츠 주의 명예가 실추되는 일은 없겠지만 제 입장에서는 너무나 가슴이 아픕니다. 정말 알려주셔서 고맙습니다. 앞으로도 제게 잘못이 있을 때는 따끔하게 야단쳐주시기를 부탁드립니다.

그녀-그렇게 무례한 편지를 보냈는데도 전혀 화를 내지 않으시다니 정말 훌륭한 분이시네요. 저야말로 잘 부탁드립니다.

이렇게 그녀에게 사과를 하고 그녀의 입장을 동정하자 그녀도 내게 사과를 하고 내 입장을 동정해주었다. 나는 순간적인 화를 참기를 참 잘한 일이라고 여기며 마음이 후련해졌다. 상대방을 공격하는 것보다는 상대방의 호감을 사는 것이 훨씬 더 유쾌한 것이다.

역대 대통령들은 매일 인간관계라는 골치 아픈 문제와 직면해야 된다. 태프트 대통령도 예외가 아니었다. 그는 경험을 통해 악감정을 중화시키는 데 동정이 절대적인 힘을 발휘한다는 것을 알고 있었다. 태프트의 저서 『봉사의 윤리학』 속에는 흥미로운 실례를 들어가며 어떻게 해서 반감을 풀 수 있는지를 적고 있다. 그중에 한 구절을 소개해보자.

워싱턴의 한 여성이 아들을 어떤 지위에 앉히기 위해 6주일 동안 매일 나를 찾아왔다. 그녀의 남편은 정계에서도 어느 정도 이름이 알려진 남자였다. 그녀는 많은 국회의원들을 배경으로 맹렬한 로비활동을 했다. 그러나 그 지위는 전문적인 기술이 필요한 자리였기 때문에 나는 책임자의 추천에 따라 다른 남자를 임명했다. 그리고 그녀에게 원망의 편지가 날아들었다.

내가 마음만 먹으면 그녀를 기쁘게 할 수 있었는데 그렇게 하지 않은 것은 배은망덕한 행동이라는 것이다. 내가 깊은 관심을 가지고 있었던 법안을 통과시키기 위해 자신이 지방 국회의원들에게 그 법안을 지지하도록 설득시켰는데 은혜를 원수로 갚았다는 것이었다.

이런 편지를 받으면 누구라도 화를 참지 못하고 무례함을 꾸짖으려 할 것이다. 나는 당장에 반론의 답장을 썼다. 그러나 현명한 사람이라면 편지를 곧바로 보내지 않는다. 책상 서랍 속에 넣고 열쇠를 채운 뒤 2, 3일이 지난 다음 다시 꺼내든다(그런 편지는 2, 3일 늦는다고 문제가 되지는 않는다). 냉각기간을 두고 다시 한 번 살펴보니 보낼 마음이 사라져버린다. 나는 이 현명한 방법을 택했다. 나는 가능한 최대한 정중하게 편지를 다시 써서 그녀의 실망은 충분히 이해가 가지만 인사문제는 내 마음먹은 대로 할 수 없으며, 전문적인 기술이 없으면 불가능하기 때문에 국장의 추천에 따를 수밖에 없었다는 점을 이해해주길 바란다고 했다. 또한 그녀의 아들이 현재의 직장에서도 그녀의 기대에 충분히 부응할 수 있을 것이라고 믿고 있으니 분발하기를 바란다고 강조했다. 이 답장으로 그녀의 마음이 풀어져 그런 편지를 보내서 정말로 죄송하다고 사과를 해왔다.

그런데 내가 임명한 남자의 발령이 늦춰지고 있었다. 그러자 이번에는 그녀의 남편으로부터 편지가 왔다. 자세히 보니 이전의 편지와 필체가 똑같았다. 그 편지에는 그날 이후 그녀는 너무 실망이 커서 신경쇠약에 위암 증상까지 보여 현재는 죽음을 기다리고 있는 상황이라고 적혀 있었다. 아들을 임명하면 그녀의 병도 호전될 테지만 그럴 수는 없었다. 나는 다시 한 번 편지를 써야만 했다. 이번에는 그녀의 남편 앞으로 보냈다. 진단이 잘못되었기를 기원하고 있으며 그녀의 병환에는 동정을 하지만 인사 문제를 변경할 수는 없다고 했다. 그때는 이미 임명장이 전달된 상태였다. 편지를 받은 이틀 뒤에 나는 백악관에서 음악회를 개최했다. 그날 제일 먼저 우리 부부에게 인사를 한 사람은 바로 이 부부였다. 부인은 며칠 전까지만 해도 사경을 헤매고 있다더니 말이다.

솔 휴로크는 미국의 일류 음악 매니저였다. 그는 반세기 가깝게 샬리아핀, 이사도라 던컨, 파블로바와 같은 세계적인 예술가들과 교류를 하고 있었다. 휴로크에게 직접 들은 바에 의하면 까다로운 예술가들을 다루기 위해서는 그들의 독특한 개성에 대한 이해가 절대적으로 필요하다는 것을 제일 먼저 배웠다고 한다.

그는 샬리아핀의 매니저를 3년 동안 했는데, 이 위대한 가수는 항상 애를 먹었다고 한다. 예를 들어 밤무대에 서기로 예정이 되어 있는데 점심 무렵에 전화를 걸어 "기분이 좋지 않다. 목이 아프니 오늘 밤은 노래를 부를 수 없다"라고 하는 경우가 자주 있었다. 휴로크는 그에 대해 잘 알고 있었기 때문에 결코 문제를 삼지 않았다. 매니저는 예술가와의 논쟁이 아무런 도움도 되지 않는다는 것을 잘 알고 있었다.

우선 휴로크는 당장에 샬리아핀에게 달려가 동정 어린 말을 해준다.

"안타깝네요. 물론 오늘 밤은 노래를 하지 않는 게 좋을 것 같네요. 취소를 하지요. 억지로 노래를 불러 평판을 잃게 되는 것보다는 2000달러의 계약을 취소하는 게 훨씬 나아요."

그러면 샬리아핀은 한숨을 내쉬며 "조금 있다가 다시 와줄래요? 5시쯤이면 출연을 할 수 있을지 없을지 알 수 있을 겁니다"라고 말한다.

5시가 되어 다시 호텔로 달려가서 앞에서와 마찬가지로 동정을 하며 무리를 하지 않도록 권하면 샬리아핀은 "조금만 더 있으면 좋아질지도 모르니 좀 있다 다시 와줄래요?"

라고 대답한다.

  7시 30분, 공연 직전이 되어서야 샬리아핀은 겨우 출연을 승낙한다. 단, 사전에 청중들에게 감기 때문에 목이 안 좋다는 사실을 알리는 조건이 달려 있다. 휴로크는 어떻게 해야 할지 이미 요령을 터득했기 때문에 청중들에게 이미 전달했다고 샬리아핀을 속이고 무대에 세운다. 그것밖에 방법이 없기 때문이다.

  아서 게이츠 박사의 유명한 저서『교육 심리학』에 이런 내용이 있다.

> 인간은 일반적으로 동정받기를 원한다. 아이들은 상처를 보여주고 싶어 한다. 때로는 동정을 받기 위해 스스로 자해를 하는 경우도 있다. 어른들도 마찬가지이다. 상처를 보여주고 재난과 병에 대해 이야기를 한다. 그중에서도 수술을 받았을 때의 이야기는 아주 자세하게 이야기하고 싶어 한다. 불행한 자신에 대한 자기 연민을 느끼고 싶은 마음은 정도의 차이는 있지만 누구에게나 다 있다.

Key point

| 사람을 설득하는 원칙 9 |

상대의 생각과 희망에 대하여 공감하라.

10
아름다운 마음에 호소하라

내가 태어난 집 근처에는 유명한 악당 제시 제임스가 살았던 농장이 있었다. 이 농장에는 당시 그의 아들이 살고 있었다. 나는 그 아들의 아내로부터 제시가 열차와 은행을 습격했을 때의 상황과 훔친 돈을 이웃의 가난한 농부들에게 나누어주었다는 이야기 등을 들었다.

제시 제임스도 쌍권총 크라울리, 알 카포네와 같은 마피아 대부들과 마찬가지로 스스로는 이상주의자라고 여겼던 것 같다. 모든 인간은 자기 자신을 훌륭한 자기희생적인 인간이라고 생각하고 싶어 한다.

미국의 대은행가이자 미술품 수집가로서 유명한 J. P. 모건은 인간의 심리를 "일반적으로 인간의 행위에는 두 가지 이유가 있다. 그중 하나는 아름답게 포장한 이유, 또 하나는 참된 이유"라고 분석하고 있다.

참된 이유는 남이 뭐라고 하지 않아도 당사자가 잘 알 것이다. 인간은 누구나 이상주의적인 경향을 가지고 있기 때문에 자신의 행위에 대해서는 아름다운 이유로 포장하고 싶어 한다. 때문에 상대방의 생각을 바꾸기 위해서는 이 아름다운 이유로 포장하려는 마음에 호소하는 것이 효과적이다.

이것을 사업에서 응용하면 어떻게 될까? 펜실베이니아 주의 그레놀든에서 아파트 임대업을 하고 있는 해밀턴 파렐은 자신의 경험을 이렇게 말하고 있다. 파렐의 아파트에서 계약 기간 4개월을 앞두고 꼭 이사를 가야 한다고 하는 남자가 있었다. 다음은 파렐이 내 강습회에서 이야기해준 이야기다.

그 가족은 내 아파트에서 겨울을 보냈습니다. 겨울은 1년 중에 가장 경비가 많이 드는 시기입니다. 아마 가을이 올 때까지 새로운 세입자를 구하기는 힘들 것입니다. 다시 말해서 가을까지의 임대료가 날아갈 판이었기 때문에 나는 화가 났습니다.

평소 같았으면 계약서를 보여주고 이사를 가려면 남은

계약기간 동안의 임대료를 전부 내라고 소리쳤을 것입니다. 법적으로 아무런 문제가 없었기 때문에 정말로 그러고 싶은 심정이었습니다. 하지만 그렇게 일을 크게 벌이지 않고 해결할 수 있는 방법이 없을까 생각해보았습니다. 그리고 이렇게 말했다. "무슨 말인지 잘 알겠지만, 내가 보기에 당신은 정말로 이사할 생각은 없어 보이는군요. 오랫동안 이 일로 잔뼈가 굵은 덕에 사람을 좀 볼 줄 아는데, 당신은 계약을 깰 사람으로 보이지 않는 군요. 내기를 해도 좋습니다."

나는 계속해서 이렇게 말했다. "한 가지 부탁이 있는데, 이 문제에 대해서는 결정을 2, 3일 뒤로 미루고 그동안 생각을 좀 해봐주지 않겠습니까? 그래도 여전히 마음이 바뀌지 않는다면 당신이 원하는 대로 하지요. 제 판단이 틀렸다면 어쩔 수가 없겠지요. 어쨌거나 당신이 계약을 어기지 않을 분이라고 믿고 있지만 사람이 하는 일이니 착각이나 실수를 할 수도 있으니까요."

그다음 달, 그 사람은 내게 찾아와 임대료를 지불했습니다. 자기 부인과 상의해보고 계속 있기로 결정했다는 거였죠. 그는 약속을 지킴으로써 자신의 명예를 지키고 싶었던 겁니다.

노스클라프 경(1865~1922: 영국의 신문사 경영자)은 어느 날, 공개하고 싶지 않은 자신의 사진이 신문에 실린 것을 보고 편집장에게 편지를 썼다. 그러나 "내 맘에 들지 않으니 그 사진은 앞으로 신문에 게재하지 말아주시오"라고 쓰지 않았다. 그는 아름다운 마음에 호소를 하였다.

록펠러 2세도 그의 자식들의 사진이 신문에 실리는 것을 막기 위해 인간의 아름다운 마음에 호소를 하였다. "아이들의 사진을 신문에 싣는 것을 찬성할 수 없다"고 하지 않고, 어린 아이들에게 상처를 주고 싶지 않은 것은 모든 부모의 공통된 심정이라고 호소한 것이다. "여러분들도 자식이 있다면 잘 알 것이라고 생각합니다만, 세상에 아이들이 알려지는 것은 아이들에게 너무나 가혹한 일입니다."

사이러스 커티스는 유명한 『새터데이 이브닝 포스트』지와 『레이디스 홈 저널』지를 창간했으며, 메인 주의 가난한 집에서 태어나 백만장자가 된 입지전적인 인물이다. 처음에 그는 다른 회사들만큼 원고료를 낼 능력이 없었다. 게다가 일류 작가들에게 지불하는 만큼의 원고료를 줄 수 없었기 때문에 상대방의 아름다운 마음에 호소하는 방법을 생각해냈다. 예를 들어 당시에 잘 나갔던 알코트 여사에게는 꼭 원고를 써주었으면 고맙겠다고 부탁하고 100달러 수표를 그녀에게 직접 보내는 것이 아니라 그녀가 열심히 지원하고 있는 자선단체에 보냈다.

독자들 중에는 "그런 방법이 노스클리프나 록펠러처럼 감상적인 작가에게는 통할지 모르지만 완고한 상대가 원고료를 재촉할 때도 정말 통할까?"라고 의심하는 사람이 있을지도 모른다.

맞는 말이다. 전혀 도움이 되지 않는 경우도 있을 것이고, 상대에 따라서는 전혀 통하지 않을 수도 있다. 만약 당신이 이것보다 좋은 방법을 알고 있고, 실제로 만족스러운 결과를 얻었다면 굳이 이런 방법을 쓸 필요는 없다. 그러나 그렇지 않다면 한 번쯤 이 방법을 실험해보는 게 어떨까?

다음 이야기는 제임스 토머스라는 남자가 내 강습회에서 발표한 체험담으로 꽤 재미있는 이야기이다.

한 자동차회사에 수리대금을 지불하지 않는 고객이 6명 있었다. 청구 금액 전체에 대해서는 모두 인정을 하고 있지만 각각 일부 부당한 부분이 있다고 주장하였다. 회사에서는 수리를 할 때마다 고객의 사인을 받고 있기 때문에 절대로 틀릴 수가 없다고 믿고 그대로 고객에게 말하였다. 그러나 그것이 문제의 발단이 된 것이다.

회사의 수금 사원은 다음과 같은 방법으로 미수금을 독촉하였는데, 과연 이 방법이 옳은 것일까?

1. 고객을 일일이 방문해서 청구서를 보내고 몇 달이 지났으니 이번 달에는 꼭 받아야 한다고 정면으로 부딪혔다.
2. 청구서는 절대로 틀리지 않았으므로 고객이 틀렸다고 확실하게 설명해주었다.
3. 자동차에 대해서는 회사가 고객보다 훨씬 잘 알고 있는 점을 드러내며 논쟁의 여지가 없다고 설명해주었다.
4. 그 결과 격한 논쟁이 벌어졌다.

이런 방법으로 고객으로부터 수리비를 받아낼 수 있을지는 조금만 생각해보면 누구나 다 알 수 있을 것이다. 수금 사원은 결국 법적 수단을 동원하려 했는데 다행히 지배인이 이것을 눈치 챘다. 지배인이 조사해본 결과, 문제의 고객들이 평소에 대금 지불이 확실했다는 것을 알 수 있었다. 어딘가에 실수가 있을 것이 틀림없었다. 수금 방법에 뭔가 근본적인 잘못이 있는 것이다. 지배인은 토머스 씨를 불러 이 문제를 해결하라고 지시를 했다.

토머스 씨가 선택한 해결 방법은 다음과 같다.

1. 연체된 수리비에 대해서는 전혀 언급하지 않고 지금까지 회사의 서비스 상태를 조사하고자 고객을 방문하고 싶다고 말했다.

2. 고객의 주장을 다 들어보지 않는 이상 아무런 결론도 내릴 수 없다고 전한 뒤, 회사 측에서 실수가 있을지도 모른다고 전했다.
3. 자신이 알고 싶은 것은 고객의 자동차에 관한 것이며, 고객의 자동차에 관해서는 고객이 누구보다 가장 잘 알고 있는 최고의 권위자라고 말했다.
4. 고객에게 말을 하도록 유도하고 상대가 원하는 대로 동정과 관심을 갖고 이야기를 경청하였다.
5. 이윽고 고객이 냉정을 되찾은 것을 확인하고 다음과 같은 말로 고객의 공정한 판단력에 호소하였다.

"저희 회사의 부족함 때문에 불편을 끼쳐드려서 죄송합니다. 수금 사원의 태도 때문에 마음이 상했을 것이라고 생각합니다. 정말로 있을 수 없는 일입니다. 회사를 대표하여 깊은 사죄를 드립니다. 이야기를 다 들어보니 고객님의 공정함과 너그러움에 감동을 하였습니다. 실은 고객님만이 가능한 일을 부탁드리고 싶습니다. 그리고 고객님이 제일 잘 알고 계시는 것입니다. 다른 게 아니라 바로 이 청구서입니다. 이것을 고객님께서 직접 정정해주신다면 저도 안심할 수 있습니다. 고객님이 저희 회사 경영자가 되어 정정해주십시오. 모든 것을 고객님께 맡기고 정정해주신 대로 따르겠습니다."

 이것은 기가 막히게 적중했다. 6명의 고객 중에 단 한 명만이 잘못을 주장하며 일부 금액을 지불하지 않았지만, 나머지 5명은 모두 기분 좋게 수리비를 지불하였다. 그리고 가장 주목해야 할 것은 이 6명이 모두 그 뒤로 2년 이내에 새 차를 주문했다는 점이다.
 토마스는 이에 대해 이렇게 말했다.

 "상대방의 신용 상태가 확실하지 않을 때는 무조건 고객을 훌륭한 신사라고 여기고 거래를 진행하면 틀림이 없다는 것을 경험을 통해 깨달았습니다. 즉, 인간은 누구나 정직하고 의무를 다하고 싶어 합니다. 이에 관한 예외는 거의 없습니다. 사람을 속이는 인간이라도 상대가 진심으로 신뢰를 하고 정직하고 공정한 사람이라고 여겨준다면 부정한 일을 하기가 쉽지 않은 것입니다."

> **Key point** | 사람을 설득하는 원칙 10 |
>
> 사람의 아름다운 마음에 호소하라

연출을
생각하라

몇 년 전의 이야기이다. 『필라델피아 이브닝 불레틴』지에게 타격이 큰 중상모략의 소문이 퍼지고 있었다. 누군가 일부러 나쁜 소문을 퍼뜨리고 있는 것이다. 이 잡지는 광고투성이에 내용이 전혀 없어 독자들도 흥미가 없기 때문에 아무리 광고를 내도 효과가 없다는 소문이었다. 당장에 대책회의를 열어 소문의 뿌리를 뽑아야만 했다.

그래서 이런 방법이 결정되었다.

『불레틴』지는 평소의 하루치 기사를 전부 모으고 분류하여 한 권의 책으로 정리해 출판을 하였다. 그 책은 '하루'라는 제목에 307페이지의 분량으로 제작비를 감안하면 족히 2달러는 값을 매겨야 했지만 불과 2센트에 판매를 하였다.

이 책으로 『불레틴』지에 재미있는 기사가 많이 실렸다는 사실을 알리는 데 100퍼센트의 효과를 거두었다. 참으로 획기적인 연출이라 할 수 있다. 단순히 숫자만 가지고 논쟁을 해서는 몇 날 며칠이 지나도 해결할 수 없는 것을 단번에 해결해버린 것이다.

케네스 구스와 젠 카우프만의 저서 『사업과 쇼맨십』에는 연출력에 관한 생생한 사례들이 많이 들어 있다. 일렉트로룩스에서 냉장고를 팔 때 고객의 귀에 성냥 긋는 소리를 들려줌으로써 냉장고 소음이 얼마나 적은지를 보여준 일, 1.95달러 짜리 모자에 배우 앤 소던의 사인을 넣어 카달로그에 실은 일, 윈도 디스플레이의 정지 상태와 판매의 관계를 밝혀낸 조지 웰바움, 미키 마우스가 백과사전에 실리게 된 과정, 항공의 조종간 같은 창을 만들어 탑승객들이 창가에 앉도록 유도해낸 이스턴 항공, 헤리 알렉산더가 자사와 경쟁사의 가상 권투 시합을 만들어 직원들의 사기를 북돋은 일, 크라이슬러가 자사 차에 코끼리를 얹어 차의 견고함을 보여준 일 등이 그것이다.

뉴욕대의 리처드 보든과 엘빈 뷰스는 1만 5000건의 매출 상담을 분석해 『토론의 승자』를 써냈고 이와 관련한 강의도 했다. 또 이 책은 영화로도 만들어져 수많은 대기업 판매사원이 이 영화를 봤다. 이는 그들의 이론을 설명하면서 한편으로는 실제를 구현하는 것이기도 했다. 관객을 앞에 두고 논쟁을 붙여 좋은 판매법과 나쁜 판매법을 보여준 것이다.

현대는 연출의 시대이다. 단순히 사실을 열거하는 것만으로는 부족하다. 사실에 움직임을 주어 흥미를 끌 수 있는 연출이어야 한다. 흥행적인 수단을 동원할 필요가 있다. 영화, 라디오, TV 등은 기가 막힌 수법을 이용하고 있다. 사람의 주의를 끌기 위해서는 연출력을 발휘하는 것이 가장 효과적이다.

쇼윈도의 디스플레이를 전문으로 하고 있는 사람이라면 연출 효과가 얼마나 중요한지 잘 알고 있을 것이다. 예를 들어 한 쥐약 회사는 새로 만든 쥐약을 홍보하기 위해 작은 매장의 쇼윈도에 살아 있는 쥐 두 마리로 디스플레이를 한 적이 있었다. 쥐로 쇼윈도를 장식했던 주의 매상은 평소의 5배 이상이었다.

제임스 보인튼은 방대한 시장보고서를 제출해야만 했다. 한 일류 콜드크림 회사가 제품의 가격을 내려야 할지 말지에 대해 급히 자료가 필요하다는 요청이 있었다. 조사 결과를 정리하여 그것을 의뢰인에게 가져다주러 갔다. 이 의뢰인은 업계의 거물인 데다 까다롭기로 유명했다.

보인튼은 처음에 이 보고서를 가지고 가서 큰 실수를 저지르고 말았다. 다음은 보인튼 씨가 소개해준 이야기이다.

처음에는 제조사 방법에 대해 불필요한 논쟁을 벌이고 말았습니다. 논쟁 끝에 결국 상대를 굴복시키고 마음은 후련했지만 면담 시간이 끝나 보고서를 판매하지 못했습니다. 두 번째 방문을 했을 때는 숫자 표나 자료에는 개의치 않고 조사한 사실을 극적으로 연출해 보였습니다.

그의 사무실에 들어갔을 때 그는 전화를 걸고 있었습니다. 그러는 동안 저는 가방에서 32개의 콜드크림 용기를 꺼내 그의 책상에 늘어놓았습니다. 그가 알고 있는 모든 제품, 즉 그의 경쟁사 제품 전부를 말입니다.

각 용기에는 조사 결과를 기록한 종이를 붙였습니다. 각각의 종이에 그 크림의 판매실적을 간단명료하고 극적으로 전달할 수 있게 말이죠.

그 효과는 놀랄 정도였습니다. 이전처럼 논쟁을 벌일 필요가 전혀 없었습니다. 그는 제품 하나하나를 살펴보고 종이를 읽었습니다. 그와 나는 편안하게 이야기만 나누었고 질문이라고 해봤자 가벼운 정도였습니다. 그도 꽤 흥미로웠던 것 같아보였습니다. 10분간의 면담을 약속했지만 20분이 지나고, 40분이 지나고, 한 시간이 지나서도 우리는 이야기를 계속했습니다. 저는 이전과 똑같은 사실을 전달했을 뿐이었지만 연출 효과를 노린 점은 달랐습니다. 흥행적 수단이 이렇게 효과가 클 줄은 전혀 몰랐습니다.

Key point

| 사람을 설득하는 원칙 11 |

연출을 생각하라

12
경쟁심을 자극하라

찰스 슈와브가 담당하고 있는 공장 중에서 실적이 전혀 오르지 않는 공장이 있었다. 슈와브는 공장장을 불러 물었다.

"자네는 꽤 실력이 좋다고 생각했는데 의외로 실적이 오르지 않으니 어떻게 된 일인가?"

"저도 그걸 잘 모르겠습니다. 겁을 줘보고, 격려도 해보고, 칭찬도 해보고 온갖 수단을 다 써봤지만 직원들의 사기가 잘 오르지 않습니다."

마침 그때 주간 조와 야간 조의 교대시간이었다. 슈와브는 분필을 들고 주간 근무조 직원 한 명을 붙잡고 물어보았다.

"자네 근무조는 하루에 몇 번 주물을 부었는가?"

"여섯 번이요."

슈와브는 아무 말도 하지 않고 바닥에 '6'이라고 쓰고 나가버렸다.

야간 근무조가 들어와 이 숫자를 보고는 주간 근무자에게 그 숫자가 뭔지 물었다.

"아까 사장이 왔었어. 오늘 몇 번 주물을 부었냐고 물어서 여섯 번이라고 대답하자 그냥 '6'이라고 쓰고 나가버리더라고."

슈와브는 다음 날 다시 찾아왔다. 야간 근무자들이 '6'을 지우고 큰 글자로 '7'이라고 써 놓았다. 주간 근무자가 출근해보니 바닥에 '7'이라고 크게 적혀 있었다. 야간 근무자가 더 많은 실적을 올린 것이다. 주간 근무조는 경쟁심에 불타 열심히 일했고, 퇴근할 때는 '10'이라는 숫자를 남겼다. 이렇게 해서 이 공장의 능률은 많이 높일 수 있었다. 실적이 저조했던 이 공장은 결국 다른 공장을 제치고 생산율에서 일등을 차지하게 되었다.

이에 대해 슈와브는 이렇게 말하고 있다.

"일을 할 때는 경쟁심이 중요하다. 악착스럽게 돈을 벌기 위한 경쟁심이 아니라 남보다 잘할 수 있다는 경쟁심을 이용해야 한다."

이런 승부욕이 없었다면 시어도어 루즈벨트도 대통령이 될 수 없었을 것이다. 스페인과의 전쟁에서 돌아온 그는 곧바로 뉴욕 주지사로 당선되었다. 그런데 반대파에서는 루즈벨트가 이주민이기 때문에 법적으로 주지사의 자격이 없다고 주장했다. 이 말에 그도 사퇴 의사를 표하기도 했다. 그러자 토마스 플라이트가 그에게 호통을 쳤다.

"자네가 그러고도 산 후안 힐 전투의 영웅인가? 이런 비겁한 놈!"

루즈벨트는 마음을 고쳐먹고 싸울 결심을 했다. 그다음 어떻게 되었는지는 역사가 잘 보여주고 있다. 루즈벨트의 승부욕을 자극한 이 한마디는 그의 삶을 송두리째 바꾼 것은 물론이고 미국의 역사에도 막대한 영향을 끼쳤다.

알 스미스는 뉴욕 주지사로 있을 때, 악명 높은 싱싱 교도소의 소장을 찾지 못해 곤란을 겪은 적이 있었다. 교도소는 내부의 부정부패로 악평이 자자했다. 스미스는 싱싱을 지배할 수 있는 강력한 인물이 필요했다. 인선 결과 뉴햄프턴의 루이스 로즈가 낙점되었다.

스미스는 로즈를 불러 "어떤가, 자네가 싱싱을 맡아주지 않겠나? 경험이 많은 사람이 아니면 불가능한 곳이지"라고 쾌활하게 말했다. 로즈는 당혹스러웠다. 싱싱 교도소 소장이 되는 것은 생각을 해봐야 할 문제였다. 정치의 방향에 따라 어떻게 될지 모르는 지위였기 때문이다. 소장이 자주 바뀌었고, 평균 석 달밖에 임기를 채우지 못했다. 로즈는 무조건 승낙하는 것은 위험하다고 생각했다. 그가 주저하고 있는 모습을 본 스미스는 큰 소리로 웃으면서 이렇게 말했다.

"자네가 고민을 하는 것도 당연한 일이지. 사실 아무나 못하는 일이지. 그럴 만한 자격이 있는 사람이 아니면 힘든 자리야. 다른 적격자를 찾아보도록 하겠네."

상대방의 자존심을 자극한 것이다. 로즈는 그럴 만한 자격이 아니면 할 수 없는 일을 해보고 싶은 마음이 들었다.

로즈는 곧바로 부임을 해서 많은 노력을 쏟아 부었다. 그리고 훗날 유능한 소장으로 명성을 떨치게 되었다. 그의 저서 『싱싱 교도소의 2만 년』은 수십만 부가 팔려나갔다. 라디오 방송에도 출연을 하였다. 그의 책을 각색한 영화도 몇 편이나 만들어졌다. 또한 그의 수감자들의 처우 개선론은 교도소에 기적적인 개혁을 가져다주었다.

화이어스톤 고무 회사의 창립자 하비 화이어스톤은 이렇게 말했다.

"급여만 주면 사람들이 모여들지만 인재를 등용할 수 있다고는 단정할 수 없다. 게임 정신을 도입할 필요가 있다."

성공한 사람들은 모두 게임을 좋아한다. 자기표현의 기

회가 주어지기 때문이다. 충분히 실력을 발휘해서 상대에게 이길 기회, 이것이 모든 경쟁과 경기를 성립하게 해주는 것이다. 우위를 차지하고 싶은 욕구, 존재의 중요성을 충족시키고자 하는 욕망, 이것을 자극하는 것이다.

Key point

| 사람을 설득하는 원칙 12 |

경쟁심을 자극하라.

Part 04

사람을 변화시키는 9원칙

NINE WAYS TO CHANGE PEOPLE WITHOUT GIVING OFFENSE OR AROUSING RESENTMENT

01

먼저
칭찬을 하라

내 친구가 한번은 쿨리지 대통령의 초대를 받아 백악관에서 주말을 보내게 되었다. 그가 대통령 집무실로 들어가자 대통령은 비서에게 이렇게 말했다.

"오늘은 아주 잘 어울리는 옷을 입고 왔군. 자네는 정말 미인이야."

말수가 적은 쿨리지 대통령이 이런 칭찬을 하는 것은 보기 드문 일이다. 그녀는 부끄러워하며 얼굴이 붉어졌다. 그러자 대통령은 "그렇게 긴장할 것 없어. 자네 기분을 풀어주려고 했을 뿐이야. 그리고 이제부터는 구두점에 조금만 더 신경을 써줬으면 하네"라고 말했다.

그의 방법은 조금 노골적일지도 모르지만 인간의 심리에

대한 이해에 관해서는 칭송할 만하다. 인간은 칭찬을 받은 뒤에는 약간 쓴소리를 해도 기분 나빠하지 않는다.

이발사는 면도기를 들이대기 전에 비누 거품을 칠한다. 1896년 매킨리는 대통령 선거에 입후보했을 때 바로 이 이발사의 예의를 흉내 내었다. 한 유명한 공화당원이 선거 연설의 초고를 써 와서는 기가 막힌 명연설이라고 자부하며 매킨리에게 읽어주었다. 듣고 보니 훌륭한 부분도 많았지만 전체적으로 그냥 쓰기에는 적절하지 못했다. 그대로라면 비난 여론이 들끓을 것이 분명했다. 매킨리는 이 남자의 자존심에 상처를 주고 싶지 않았고, 열의도 존중해주어야만 했다. 그러면서도 이 연설문에는 'No'라고 대답해야만 했다. 그는 이 난문을 훌륭하게 풀어냈다.

"아주 훌륭해. 멋진 연설이야. 정말 대단해. 이런 대단한 연설문을 쓸 수 있는 사람은 없을 거야. 적당한 상황에서 이용한다면 효과가 대단할 거야. 하지만 이번 상황에는 좀 곤란할 것 같다는 생각이 드네. 물론 자네 입장에서 본다면 정말 훌륭한 연설문이겠지. 하지만 나는 당의 입장에서 생각해야만 하네. 어떤가, 내 입장에 서서 다시 한 번만 써주지 않겠나? 다 완성되면 내게 보내주게."

상대방도 납득을 하고 매킨리의 말대로 다시 써 왔다. 그리고 유능한 대변인으로 큰 활약상을 보여주었다.

아브라함 링컨의 편지 중에서 두 번째로 유명한 것을 소개하기로 하자(가장 유명한 것은 빅스비 부인 앞으로 쓴 것으로, 그녀의 다섯 아들의 전사를 추모한 편지이다). 아마도 링컨은 이 편지를 서둘러서 쓴 것 같다. 이것은 1926년 경매에서 1만 2000달러에 낙찰되었다. 링컨이 50년 동안 일해서 번 돈보다 큰돈이다.

이 편지는 남북전쟁으로 북군이 가장 위험에 처해 있을 때인 1836년 4월 26일에 쓰인 것이다. 북군은 작전 실패로 인해 18개월 동안 줄곧 패배를 맛보았다. 늘어만 가는 사상자 속에서 국민들은 희망을 잃어가고 있었다. 탈영병이 수천에 달했고, 공화당의 상원의원조차 링컨을 퇴진시키려고 했다.

"지금 우리의 운명은 파멸을 맞이하고 있다. 신조차 우리를 버린 것 같다. 한 가닥 희망의 불빛조차 찾을 수 없다."

이것은 링컨이 슬픔의 바닥에 빠져 있을 때 쓴 것이다. 이 편지는 국가의 운명이 한 장군의 어깨에 달려 있는 위급한 상황에서 링컨이 어떻게 그 완고한 장군의 생각을 바꿀 수 있었는지를 잘 보여주고 있다.

이 편지는 그가 대통령 취임 이후에 쓴 편지들 중에서 가장 통렬한 것이다. 게다가 후커 장군의 중대한 과실을 문책하기 전에 그를 칭찬하고 있다는 점을 놓쳐서는 안 될

다. 그의 과실은 대단히 중대한 것이었다. 그러나 링컨은 문책을 하는 표현을 쓰지 않았다. 가능한 신중하고 외교적으로 쓰도록 노력했다. "귀관의 방식에 대하여 내가 만족할 수 없는 부분이 약간 있다"라는 식으로 표현을 하였다.
이것이 후커 장군에게 보낸 편지의 내용이다.

나는 귀관을 포토맥 전선의 지휘관으로 임명하였습니다. 물론 나는 확신을 가지고 그것을 결정하였지만, 귀관의 방식에 대하여 내가 반드시 만족할 수 없는 부분이 약간 있다는 것을 염두에 두기 바랍니다.

나는 귀관이 용맹하고 뛰어난 군인이라는 것을 굳게 믿고 있습니다. 그리고 나는 그런 군인을 좋아합니다. 귀관은 또한 정치와 군대를 혼동하지 않는 인물이라고 확신하고 있습니다. 그것은 옳은 일입니다. 귀관은 절대적인 자신감을 가지고 있습니다. 절대적으로 필요한 것이라고까지 말할 수는 없겠지만, 마땅히 존중을 해야 할 것이라고 생각합니다.

귀관에게는 야심적인 의욕이 있습니다. 도를 넘지만 않는다면 환영할 만한 일입니다. 그러나 귀관이 번사이드 장군의 휘하에 있었을 때, 귀관은 전공을 세우는 데 급급하여 명령을 어기고 행동한 덕분에 국가와 명예로운 장군에게 중대한 과실을 안겨주었습니다.

내가 들은 바에 의하면 귀관은 정치에서는 물론 군대에서도 독재자가 필요하다고 역설하고 있다고 하는데, 물론 나는 그것을 알고도 귀관을 지휘관으로 임명했습니다. 그러나 그것은 결코 귀관의 의견에 동의해서가 아닙니다.

독재권을 인정하는 것은 그 덕분에 성공할 수 있다는 보장이 있어야만 합니다. 내가 귀관에게 바라는 것은 우선 군사적으로 성공하는 것입니다. 그러기 위해서는 독재권을 걸어도 좋다고 생각합니다.

앞으로도 정부는 최선을 다해 다른 지휘관과 마찬가지로 귀관을 응원할 것입니다. 귀관의 언행에 영향을 받아 군대 내에서 상관을 비난하는 풍조가 생겨나고 언젠가 그것이 귀관 자신을 향하게 되는 것이 아닐지, 나는 그것을 걱정하고 있지만 가능한 귀관을 도와 그런 사태가 발생하지 않도록 막을 생각입니다.

만약 그런 사태가 발생한다면 아무리 귀관이라 할지라도, 설령 나폴레옹이라 할지라도 우수한 군대를 만들 수는 없을 것입니다. 경거망동을 삼가기 바랍니다. 경거망동을 삼가고 최후의 승리를 거두기 위해 전력을 다해주십시오.

우리는 쿨리지도, 매킨리도, 그리고 링컨도 아니다. 우리가 알고 싶은 것은 이 방법이 일상의 업무에 어떤 효과가 있는지이다. 다음은 필라델피아의 워크 건설회사의 고우 씨의 예를 들어보기로 하자.

워크 사에서는 한 건설공사의 하청을 받아 지정된 기일 내에 공사를 끝내기 위해 서두르고 있었다. 모든 일이 순조롭게 진행되고 있었는데, 준공을 코앞에 두고 건물 외부 장식에 필요한 청동 세공의 협력업자로부터 갑자기 기일 내에 납품이 불가능하다는 통보가 왔다. 큰일이다. 얼마나 큰 손해를 입을지 알 수가 없을 정도였다. 단 한 명의 업자 때문에 공사 전체가 중단될 상황이었다.

장거리 전화를 걸어 소리도 쳐봤지만 아무런 소용이 없었다. 그래서 고우 씨는 사태를 해결하기 위해 뉴욕으로 날아갔다.

"브루클린에서는 당신과 같은 성을 가진 사람이 한 명도 없더군요."

고우 씨는 사장실에 들어서며 다짜고짜 이렇게 말했다.

"그래요? 그건 저도 몰랐네요."

사장이 놀란 모습을 보이자 고우 씨는 설명을 하기 시작했다.

"오늘 아침에 이곳에 도착하자마자 당신 주소를 찾기 위해 전화번호부를 뒤져봤습니다. 그런데 브루클린의 전화번호부에는 당신과 같은 성을 가진 사람을 찾을 수 없었습니다."

"그런가요? 지금까지 전혀 생각지도 못 했네요."

그러더니 사장은 열심히 전화번호부를 살펴보았다.

"특이한 성이니까요. 제 선조들은 200년 전에 네딜란드에서 뉴욕으로 건너왔습니다."

그는 자랑스럽게 자신의 조상들에 관하여 이야기를 계속했다. 이야기를 다 들은 고우 씨는 상대의 공장 규모와 설비를 칭찬했다.

"정말 훌륭한 공장입니다. 정돈도 잘 되어 있고, 청동공장 중에서는 최고군요."

"저는 이 사업에 평생을 다 바쳤습니다. 조금은 자만을 해도 된다고 생각합니다. 어때요? 공장을 한 번 구경해보실래요?"

공장 견학을 하면서 고우 씨는 시설과 관리 상태를 칭찬하며 다른 업자들에게서는 볼 수 없는 뛰어난 것이라고 말했다. 그가 독특한 기계를 보고 관심을 보이자 사장은 그 기계를 자신이 발명한 것이라며 꽤 많은 시간 동안 기계를 작동하여 보여주었다. 그리고 점심을 함께 먹자고 하였다. 그때까지 고우 씨가 단 한마디도 자신의 용건에 대해서는 말하지 않았다는 점에 유의하기 바란다.

점심 식사를 마치자 사장은 이렇게 말했다.

"이제 슬슬 사업 이야기를 해볼까요. 물론 당신이 여기까지 온 이유를 잘 알고 있습니다. 당신하고 이렇게 즐겁게 이야기를 하게 될 줄은 상상도 하지 못했습니다. 다른 주문을 뒤로 미루더라도 당신네 회사에는 반드시 기일 내에 납품하겠으니 안심하고 돌아가셔도 됩니다."

고우 씨는 아무 말도 하지 않았지만 목적은 완벽하게 달성할 수 있었다. 약속한 대로 물건이 도착하여 건물을 예정한 기일 내에 완성하였다.

만약 고우 씨가 일반적인 강경책을 썼더라면 과연 이런 결과를 얻을 수 있었을까?

반감을 살 만한 언행을 하지 않으면서 상대를 자신이 원하는 방향으로 움직이게 하는 건 얼마든지 가능한 일이다.

Key point
| 사람을 변화시키는 원칙 1 |

먼저 칭찬을 하라.

02

우회적으로
주의를 주어라

찰스 슈와브가 어느 날 공장을 둘러 보니 몇몇 종업원이 담배를 피우고 있었다. 그들의 머리 위에는 '금연'이라는 문구가 붙어 있었다. 슈와브는 그 문구를 가리키며 "자네들은 글을 읽을 줄 모르나?"라고 했을까? 슈와브는 절대로 그런 말을 하지 않았다. 그 남자들의 곁으로 다가가 모두에게 잎담배를 주며 "밖에 나가서 피우고 들어오게"라고 말했다. 물론 그들이 금기사항을 어긴 것이 나쁘다는 것을 자각하고 있다는 것을 슈와브는 잘 알고 있었기 때문에, 그것에 대해서는 한마디도 하지 않고 담배까지 주면서 체면을 살려주었다. 그들이 감격한 것은 당연하다.

존 워너메이커도 이와 비슷한 방법을 썼다. 워너메이커

는 하루에 한 번 필라델피아의 점포들을 돌아보았는데, 어느 날 한 고객이 카운터 앞에서 기다리고 있는 모습을 발견했다. 아무도 그 부인을 알아차리지 못했다. 점원들은 구석에 모여 뭔가 속닥거리며 웃고 있었다. 워너메이커는 아무 말도 하지 않고 슬그머니 가게 안으로 들어가 주문을 받은 뒤 물건의 포장을 점원에게 부탁하고 그대로 나왔다.

명설교로 유명한 헨리 비처 목사가 죽은 것은 1887년 3월 8일이었다. 그리고 다음 일요일에는 비처 목사의 후임 목사로 라이먼 에버트가 교회에 초청되어 설교를 하기로 되어 있었다. 명설교로 유명한 목사의 후임이었기 때문에 그는 열심히 설교 원고의 초고를 쓴 뒤 세심하게 주의를 기울여가며 퇴고를 거듭하였다.

그는 완성된 원고를 제일 먼저 부인에게 읽어주었다. 대부분 원고를 읽어 내려가는 연설은 거의 재미가 없기 십상이고, 이 경우에도 예외가 아니었다. 그런데 그의 아내는 현명했다.

"재미없어요. 안 되겠어요. 사람들이 모두 다 졸겠어요. 마치 백과사전을 읽고 있는 것 같아요. 그렇게 설교를 많이 했으면 잘 알거 아니에요. 좀 더 인간답고 자연스럽게 할 수 없어요? 그런 걸 읽어주면 창피를 당할 거예요."

이렇게 말하지 않았다. 만약 이렇게 말했다면 큰일이 났을 것이다.

"『북미평론』에 실으면 정말 훌륭한 논문이 될 거예요."

그녀는 단순히 이렇게만 말했을 뿐이다. 다시 말해 칭찬을 함과 동시에 설교에는 어울리지 않다는 것을 간접적으로 암시해준 것이다. 그도 말뜻을 알아들었다. 고심 끝에 만들어낸 원고를 찢어버리고 메모조차 하지 않은 채 설교를 했다.

Key point

| 사람을 변화시키는 원칙 2 |

우회적으로 주의를 주어라.

03
자신의 실수를 먼저 말하라

 내 조카 조세핀 카네기는 캔자스시티의 부모를 떠나 뉴욕으로 내 비서를 하기 위해 찾아왔다. 3년 전에 고향의 고등학교를 졸업한 19살의 처녀로 직장 경험은 없는 것이나 마찬가지였다. 지금이야 보기 드문 우수한 비서라고 할 수 있지만 처음에는 실수투성이었다. 어느 날 나는 조카에게 잔소리를 하려고 했다. 그러나 마음을 고쳐먹고 나 자신에게 이렇게 말했다.

 '잠깐, 데일. 너는 조세핀보다 두 배나 나이가 많다. 게다가 일에 대한 경험은 조카의 몇 만 배는 더 많다. 조카에게 너랑 똑같은 능력을 기대하는 것은 무리다. 게다가 너의 능력이라는 것도 그리 대수로운 것이 아니잖아. 네가 19살 때 어땠는지를 생각해봐라. 실수의 연속이 아니었던가?

솔직하고 공정하게 생각해보니 당시의 나보다 조카가 훨씬, 야구에 비유한다면 타율이 높다는 결론에 도달했다. 그리고 조세핀이 받아야 할 칭찬을 제대로 해주지 못한다는 점을 깨달았다. 그리고 조카에게 잔소리를 할 때면 다음과 같이 하기로 했다.

"조세핀, 이렇게 하면 안 돼. 하지만 내가 지금까지 했던 실패와 비교한다면 이건 대단한 실수가 아니지. 처음에는 실수를 하는 게 당연해. 경험을 쌓게 되면 실수도 하지 않게 되지. 내가 젊었을 때와 비교한다면 지금의 네가 훨씬 낫단다. 나도 실수투성이였으니 네게 잔소리할 입장은 아니지만, 어떠니, 이렇게 해보는 건."

남에게 잔소리를 할 경우에는 겸허한 태도로 자신이 결코 완전한 인간이 아니며 실패도 많이 했다는 이야기를 해준 뒤에 잘못을 지적하면 상대도 그다지 불쾌하게 여기지 않는다.

독일 제국의 마지막 황제 빌헬름 2세가 집권 시절 수상이었던 폰 뷜로 공은 이 방법의 필요성을 스스로 체감했다. 당시 빌헬름 황제는 막강한 육해군을 거느린 천하무적임을 자랑스럽게 여기고 있었다. 하루는 엄청난 소동이 벌어졌다. 영국을 방문 중이던 황제가 심한 폭언을 쏟아 부

있는데, 이것을 『데일리 텔레그래프』지가 공개한 것이다. 순식간에 영국 전체의 분노를 산 것은 당연했고, 독일 본국의 정치가들도 황제의 독설에 망연자실했다. 예를 들어, 자신이 영국에 호의를 갖고 있는 유일한 독일인이라든가, 일본의 위협에 대응하기 위해 해군력을 키웠다든가, 영국이 러시아와 프랑스로부터의 공격 위협을 받지 않고 안심하고 있을 수 있는 것이 자기 덕분이라고 말했고, 또한 보어 전쟁에서 로버트 경이 승리를 할 수 있었던 것도 모두 자기 덕분이라고 한 것이다.

사태가 예상 외로 심각해지자 황제 자신도 깜짝 놀랐다. 그리고 모든 책임을 폰 뷜로에게 전가시키려 했다. 즉, 자신은 폰 뷜로가 시키는 대로 말했기 때문에 모든 책임은 폰 뷜로에게 있다고 선언한 것이다.

"폐하, 제가 폐하께 그런 엄청난 말을 하도록 할 수 있는 힘이 있다고 믿는 사람은 영국과 독일을 통틀어 단 한 명도 없을 것이라고 생각합니다만……."

폰 뷜로는 이 말을 하고 아차 싶었다. 황제는 불같이 화를 냈다.

"자네는 나를 바보 취급하는 건가! 자네 같으면 절대로 안 할 실수를 내가 저질렀다는 말이냐!"

폰 뷜로는 따지기 전에 칭찬을 먼저 했어야 했다는 것을 깨달았지만 이미 엎질러진 물이었다. 그는 차선책을 강구했다. 곧바로 황제에게 칭찬을 했고, 이것이 다행히도 기적을 낳았다.

"저는 결코 그런 의미에서 드린 말씀이 아닙니다. 폐하는 너무나 현명하시기 때문에 저 같은 인간은 발밑에도 미치지 못합니다. 육해군은 물론 자연과학에까지 조예가 깊으시니 감탄을 금할 길이 없습니다. 폐하는 자주 기압계와 무선통신, X선 등에 대하여 설명해주실 때마다 저는 그저 감탄만 할 뿐이었습니다. 저는 부끄럽게도 그런 것에 대하여 아는 것이 전혀 없습니다. 단순한 자연현상조차 설명을 할 수 없습니다. 그저 약간의 역사적 지식과 정치, 특히 외교에 도움이 될 만한 사소한 지식이 있을 뿐입니다."

황제의 얼굴이 활짝 펴졌다. 폰 뷜러가 칭찬을 해준 덕분이다. 폰 뷜러는 황제를 치켜세우고 자신을 끌어내렸다. 그러자 황제는 모든 것을 다 용서해주었다.

"내가 늘 말했던 것처럼 서로 도우며 지냅시다. 손을 꼭 잡고 함께 나아갑시다."

황제의 기분은 말끔하게 풀렸다. 황제는 폰 뷜러의 손을 몇 번이고 꽉 잡았다. 그리고 마지막에 힘을 주어 이렇게 말했다.

"폰 뷜러를 욕하는 놈은 내가 혼을 내주겠어."

폰 뷜러는 위기에서 벗어났다. 그러나 그와 같이 빈틈이 없는 외교가일지라도 실수를 저지르고 만 것이다. 제일 우선적으로 자신의 단점과 황제의 장점을 비교해야 했는데 거꾸로 황제를 바보 취급한 것이다.

이 예를 보면 알 수 있듯이 겸손과 칭찬은 일상적인 인간관계에서도 큰 효과를 발휘할 수 있을 것이다. 정확하게 응용한다면 인간에게 기적을 가져다 줄 수도 있을 것이다.

Key point

| 사람을 변화시키는 원칙 3 |

먼저 자신의 실수를 말하고 상대방에게 주의를 주어라.

04

명령 하지 말라

나는 어느 날 미국의 일류 전기 작가 아이다 테벨 여사와 함께 식사를 하게 되었다. 내가 『인간관계론』을 집필 중이라고 말하자 자연스럽게 화제가 인간관계에 대한 문제로 옮겨지며 활발하게 의견을 교환하게 되었다.

그녀는 오웬 영의 전기를 쓰고 있을 때, 3년 동안 영과 같은 사무실에서 근무했다는 남자를 만나 영에 대하여 이런저런 이야기를 들었다고 했다. 그의 말에 의하면 영은 절대로 남에게 명령을 하지 않았다고 한다. 명령이 아니라 제안을 하는 암시를 했다. "이걸 해라" "그러면 안 된다"는 말을 결코 하지 않았다. "이렇게 생각하면 어떨까?" "이러면 잘 될까?"라는 식으로 상대의 의견을 물었다. 편지를 구술로 받아 적게 한 뒤에 그는 "어떤 것 같아?"라고 물었다. 그의 부하가 쓴 편지에 눈길을 주며 이렇게 말하는 일도 자주 있었다.

"이곳을 이런 식으로 하면 훨씬 좋아질 것 같은데, 어떻게 생각해?"

그는 언제나 자주적으로 일을 하게 하면서 기회를 주었던 것이다. 절대로 명령을 하지 않고 스스로 하게 하였다. 그리고 실패를 통해 배우게 하였다.

이렇게 하면 상대는 자신의 실수를 고치기가 쉬워진다. 또한 상대의 자존심을 건드리지 않고 존재의 중요성을 인정해주는 것이 되어 반감 대신에 협조하는 마음을 우러나게 해준다.

Key point
| 사람을 변화시키는 원칙 4 |

사람에 대해 비판도 비난도 하지 않는다.
불평도 하지 않는다.

05
체면을 살려주어라

제너럴 일렉트릭사는 찰스 스타인메츠 부장의 인사문제로 미묘한 갈등을 일으키고 있었다. 스타인메츠는 전기에 관한 한 최고였지만 기획부장으로서는 적합하지 않았다. 회사로서는 그의 감정을 상하게 하고 싶지 않았다. 그는 회사에 꼭 필요한 인물이었지만 매우 신경질적인 사람이었다. 회사에서는 새로운 부서를 설립해 그를 그 부서의 책임자로 임명했다. '제너럴 일렉트릭 고문 기사'가 바로 그의 직함이었다. 그러나 그가 하는 일은 별반 달라진 것이 없었다. 그리고 부장에는 다른 사람을 임명하였다.

이에 스타인메츠도 기뻐했고 중역들도 기뻐했다. 상당히 까다로운 인물의 체면을 세워줌으로써 무사히 인사이동을 할 수 있었던 것이다.

상대의 체면을 세워주어라! 이것은 매우 중요한 일이다. 그러나 이것이 얼마나 중요한 것인지를 이해하고 있는 사람이 과연 얼마나 될까? 사람은 자신의 생각을 관철시키기 위해 너무나 손쉽게 남의 감정을 짓밟아버린다. 상대방의 자존심 따위에는 전혀 관심이 없다. 사람들이 있는 앞에서 자신의 고용인이나 아이들을 혼을 낸다. 조금만 더 생각하고 한두 마디쯤 배려의 말을 해주고 상대의 마음을 이해해준다면 모든 일이 훨씬 순조롭게 풀릴 수 있을 텐데!

종업원들을 해고할 수밖에 없는 어쩔 수 없는 경우에는 이 점을 깊이 생각해주기 바란다. 마샬 글렌저라고 하는 공인 회계사가 내게 보낸 편지의 한 구절을 소개해보겠다.

종업원의 해고는 어떤 상황에서든 유쾌하지 못한 일입니다. 해고된 사람의 입장에서는 더욱 그럴 것이지요. 회계사 업무는 분기에 따라 좌우되는 경우가 많은데, 해마다 3월이 되면 대량의 해고자가 속출합니다.

해고를 시켜야 하는 입장은 마음이 무겁습니다. 때문에 가능한 간단히 처리하는 것이 우리의 관습처럼 되어 있었습니다. 대부분 이런 식입니다. "스미스 씨, 거기 앉으세요. 잘 아시다시피 분기가 끝났으니 더 이상 당신이 할 일이 없습니다. 처음부터 바쁠 때만 돕기로 약속을 했었죠?"

상대는 이 한마디에 상당한 타격을 받습니다. 이렇게 냉정하게 해고를 시키는 회사에는 눈곱만큼의 애정도 느낄 수 없습니다.

그래서 나는 임시 고용인들을 해고시킬 때 좀 더 배려해줄 수 있는 방법을 생각했습니다. 각자의 성적을 면밀히 살펴본 뒤에 한 명씩 불러서 이렇게 말했습니다.

"스미스 씨, 당신은 정말 일을 열심히 해주셔서 많은 도움이 되었습니다(실제로 그가 일을 열심히 했을 경우). 뉴욕으로 출장을 갔을 때는 정말 힘이 드셨죠? 아주 훌륭하게 일을 처리해주신 덕분에 회사의 명성이 높아졌습니다. 그 정도의 실력을 가진 분이라면 어딜 가시더라도 성공하실 겁니다. 저희는 당신을 믿고 있으며 가능한 최대한으로 돕고 싶습니다. 부디 이 점을 잊지 말아주십시오."

그 결과 상대는 해고당한 것을 그렇게 힘들어하지 않고 밝은 기분으로 떠날 수 있었습니다. 갑자기 내쳐지는 듯한 기분이 들지 않는 것입니다. 회사에 할 일이 남아 있다면 계속해서 고용해줄 것이었다고 믿기 때문입니다. 그는 회사가 다시 그를 필요로 할 때면 언제든지 기쁜 마음으로 와줄 것입니다.

지금은 고인이 된 드와이트 머로는 쌍심지를 켜고 싸우

기를 좋아하는 사람들을 화해시키는 데 소질이 있었다. 그 비결은 무엇이었을까? 그는 양쪽 모두를 잘 살펴 각각 옳은 점, 좋은 점을 찾아내 이를 칭찬하고 두드러지게 했다. 그리고 어떤 경우라도 어느 편도 틀리다는 결론에 이르지 않도록 했다.

이렇게 상대의 체면을 지켜주는 것은 중재자로서 지녀야 할 제1 덕목이다. 비범한 사람은 자신의 승리에 도취되어 시간을 낭비하지 않는다. 한 예를 들어보자.

1922년, 터키 사람들은 자국 영토에서 그리스 사람들을 쫓아내기로 결론을 내렸다. 수백 년 동안의 극한 대립 끝에 내린 결정이었다. 무스타파 케말은 병사들에게 원대한 포부를 담은 연설을 했다. "여러분은 지중해를 목표로 해야 한다."

승리는 터키의 몫이었다. 그리스의 장군 트리코피스와 디오니스는 항복하기 위해 케말에게 갔는데, 그 가는 길목에서 터키 사람들은 패배한 적에게 심한 저주를 퍼부었다. 그런데 케말은 이와 다른 태도를 보였다. 두 사람의 장군을 맞이하며 케말은 "이곳까지 오시느라 고생이 많으셨습니다" 하고 인사를 건넸다. 그리고 그들이 패배를 너무 비참하게 생각지 않도록 배려하며 전쟁에 관해 군인 대 군인으로 이야기를 나눴다.

"전쟁이란 게 워낙에 게임과 같아서 월등한 실력자라 할지라도 질 수도 이길 수도 있는 것 아니겠습니까."

감격스러운 승리를 일구고 기쁨에 벅찬 상황에서도 케말은 상대의 체면을 생각한다는 중요한 원칙을 잊지 않고 있었다.

Key point

| 사람을 변화시키는 원칙 5 |

체면을 세워주어라.

06
사소한 일에도 칭찬을 하라

피트 바로라고 하는 서커스 단장과 나는 오래된 친구이다. 그는 개와 망아지를 데리고 순회공연을 하며 전국을 다녔다. 나는 피터가 개에게 재주를 가르치는 모습을 보고 무척 흥미롭게 생각했다. 바로는 개가 말을 잘 들을 때마다 머리를 쓰다듬고 먹이를 주면서 신이 나게 칭찬을 해주었다. 이 방법은 절대로 새로운 것이 아니다. 옛날부터 동물을 훈련할 때는 이 방법을 써왔다.

우리는 이렇게 잘 알고 있는 방법을 왜 인간에게는 응용하지 않는 걸까? 어째서 채찍 대신에 고기를, 비평 대신에 칭찬을 이용하지 않는 걸까? 상대가 조금이라도 나아지는 모습을 보인다면 진심어린 칭찬을 해주자. 그 칭찬에 힘을 얻어 상대는 더욱 발전을 거듭할 것이다.

싱싱교도소 소장인 루이스 로즈는 범죄행위에 대해서 작은 양심의 가책조차 느끼지 않는 재소자라 할지라도 사소한 일에 칭찬을 받으면 변화가 생긴다는 점을 발견했다. 나는 지금 이 부분을 쓰면서 루이스 소장에게 편지를 받았다. 그 내용은 이렇다. "재소자들의 노력에 대해 칭찬하는 것은 잘못을 꾸짖는 것보다 그들의 협력을 이끌어내는 데 유리합니다. 그리고 그들이 결국 사회에 다시 적응하도록 만드는 데 더 효율적이란 걸 알았습니다."

나는 싱싱교도소에 갇혀본 적이 없지만 나 자신을 돌아보면 사소한 말 한마디가 나에게 얼마나 큰 전기들을 마련해주었는지 알 것 같다. 칭찬은 마법과도 같다. 이를 증명해주는 이야기는 숱하게 많다.

지금으로부터 약 50년 전에 10살 정도의 소년이 나폴리의 한 공장에서 일하고 있었다. 그는 성악가가 꿈이었지만 처음 그의 담임선생님은 "네 목소리는 노래에 어울리지 않아. 마치 덧문이 바람에 덜컹거리는 것 같은 목소리야"라고 하며 그를 낙담시켰다. 그러나 가난한 농부의 아내였던 그의 어머니는 그를 꼭 안아주며 따뜻하게 격려해주었다.

"너는 틀림없이 훌륭한 성악가가 될 거야. 엄마는 알 수 있단다. 조금씩 네 노래 실력이 좋아지고 있다는 것이 바로 그 증거란다."

 그녀는 시커멓게 햇볕에 그을려가며 일한 돈으로 아들에게 음악 공부를 시켰다. 어머니의 칭찬과 격려가 소년의 삶을 송두리째 바꾸어놓았다. 이 소년이 바로 그 유명한 카루소였다.

 19세기 초, 런던에 나이 어린 작가 지망생이 있었다. 그에게는 유리해 보이는 조건이 단 하나도 없었다. 학교는 4년 밖에 다니지 못했고, 아버지는 빚 때문에 교도소에 들어가 있었다. 하루 세끼 끼니도 제대로 챙기지 못할 정도였다. 그러다가 그는 취직을 하게 되었다. 쥐구멍 같은 창고에서 구두약 용기에 상표를 붙이는 일이었다. 밤이면 음산한 다락방에서 두 소년과 함께 잠을 잤다. 이 두 아이들은 빈민가의 부랑아였다. 그는 자신이 없었기 때문에 누가 비웃기라도 할까 봐 남들이 잠이 든 사이에 몰래 쓴 처녀작을 우편으로 보냈다. 계속해서 작품들을 보냈지만 모두 다 반송되어 왔다. 그러다가 드디어 기념할 만한 날이 오고야 말았다. 한 작품이 채택된 것이다. 원고료는 한 푼도 받지 못했지만 편집장으로부터 칭찬을 받았다. 그는 드디어 인정을 받은 것이다. 그는 감격의 눈물을 흘리며 거리를 돌아다녔다. 자신의 작품이 활자화되어 세상에 나온다는 사실이 그의 삶에 큰 변화를 일으킨 것이다. 만약 그런 일이 없었다면 그는 평생을 쥐구멍 같은 창고에서 살아야 했을지도 모른다. 이 소년의 이름은 찰스 디킨스다.

50년 전, 한 소년이 런던의 어느 직물상점에서 일하고 있었다. 아침 5시에 일어나 청소와 심부름을 하며 하루 14시간이나 혹사를 당하고 있었다. 그는 이 중노동을 견디기 힘들었다. 그렇게 2년을 참고 일했지만 더 이상은 견딜 수 없어 어느 날 아침을 먹고 몰래 가게를 빠져나와 가정부로 일하고 있는 어머니를 찾아 15마일의 거리를 걸어서 갔다.

그는 미친 듯이 울부짖으며 그 가게에서 계속 일을 하느니 차라리 죽는 게 낫다고 어머니에게 호소했다. 그런 다음 모교의 교장선생님에게 자신의 심경을 알리는 장문의 편지를 써서 보냈다. 교장선생님으로부터 답장이 왔다.

"자네는 머리가 명석하니 그런 중노동에는 어울리지 않는다. 좀 더 지적인 일을 해야 한다"며 그를 위해 학교에 교사 자리를 마련해주었다.

이 칭찬은 소년의 미래를 확 바꾸어놓아 영문학사에 길이 남을 위대한 업적을 남겼다. 77권의 책을 써서 펜 하나로 100만 달러 이상의 부를 일궈낸 이 사람은 바로 『타임머신』의 작가 H. G. 웰스였다.

1922년 캘리포니아 외곽에서 어려운 살림으로 아내를 부양하고 사는 한 남자가 있었다. 그는 주일에 교회에 나가 성가대에서 노래를 부르고 결혼식 축가를 불러 5달러를 받기도 했다. 너무 가난해서 시내에서는 살 수가 없었고 포도농장 한가운데에 있는 낡은 집에 월세로 살았는데, 12달러 50센트인 월세조차도 제때 내지 못했다.

그는 포도농장에서 품팔이를 하면서 월세를 조금씩 갚고 있었다. 그는 오로지 포도만으로 연명하던 시절도 있었노라고 내게 말했다. 생계가 점점 힘들어지자 그는 유일한 재산인 트럭을 팔 생각까지 했었다. 그러던 중 루퍼트 휴스에게 칭찬을 들었다. "자네는 아주 대성할 재목이네. 뉴욕에 가서 노래 공부를 하게나." 그 말은 그에게 큰 전환점이 되었다. 2500달러를 빌려 뉴욕으로 간 것이다. 그는 바로 미국의 전설적인 바리톤 로렌스 티베트였다.

누군가를 변화시키고자 한다면, 상대의 마음속에 감춰져 있는 보물의 존재를 깨닫게 할 수 있다면 단순히 그 상대만을 바꾸는 것이 아니라 완전히 다른 사람으로 다시 태어나게 할 수도 있다. 이것이 지나친 과장이라고 생각한다면 미국이 낳은 가장 위대한 심리학자이자 철학자인 윌리엄 제임스의 이 말에 귀를 기울이면 좋을 것이다.

우리의 가능성과 비교한다면 현실 속의 우리는 아직 그 절반의 완성에도 미치지 못한다. 우리는 육체적, 정신적

자질의 극히 일부분밖에 활용하고 있지 않다. 일반적으로 말하자면 인간은 실제 능력보다도 훨씬 좁은 범위 안에서만 살면서 자신이 가지고 있는 모든 능력을 제대로 발휘하지 못한 채 방치하고 있다.

이것을 읽고 있는 여러분도 자신이 가지고 있는 보석과도 같은 수많은 능력을 썩히고 있을지 모른다. 여러분이 활용하지 않은 능력을 누군가의 사소한 칭찬 한마디로 발휘할 날이 올 수도 있다. 비난은 인간의 능력을 시들게 하고, 격려는 찬란한 꽃을 피워준다.

Key point

| 사람을 변화시키는 원칙 6 |

사소한 것이라도 아낌없이
진심으로 칭찬하라.

07
기대를 걸어라

내 지인 어니스트 겐트 부인은 뉴욕 스카스데일에서 살고 있었다. 그녀는 새로운 하녀를 고용해 그다음 주 월요일부터 출근하도록 해놓았다. 그러고는 그사이 하녀가 전에 일하던 집에 전화해 그녀에 대해 물어보았다. 그런데 전 집주인의 말에 따르면 그 하녀는 문제가 많은 사람이었다. 하녀가 일을 하러 온 날, 겐트 부인은 이렇게 말했다.

"넬리, 전에 일하던 집에 전화해서 물어보니 네 칭찬이 자자하더구나. 넌 요리도 잘하고 아이들도 잘 돌본다고 하던걸. 그런데 네가 집 정리에 서툴다는 말도 덧붙이더라. 하지만 나는 그 사람이 거짓말을 했다고 생각해. 내 눈으로 본 너는 복장이 단정해. 하나를 보면 열을 안다고 넌 분명 집 정리도 잘할 거야. 난 넬리를 만나서 예감이 아주 좋구나."

그리고 말한 대로 됐다. 넬리에 대한 켄트 여사의 평가는 넬리가 일하면서 지켜야 할 최소한의 조건이 되었다. 넬리는 켄트 부인을 실망시키고 싶지 않아 일과 후에도 남아서 청소를 하곤 했다.

볼트윈 기관차 제조회사의 사무엘 버클렌 사장은 이렇게 말했다.

"뭔가 장점을 찾아 경의를 표해주면 대부분의 경우 내가 생각했던 대로 따라와준다."

요컨대 상대의 어떤 점을 고치고 싶다면 그 점에 관해서는 그가 다른 사람보다 뛰어나다고 말해주는 것이다. 셰익스피어는 "덕이 없더라도 덕이 있는 것처럼 행동하라"라고 했다. 상대에게 장점을 발휘하게 하고 싶다면 그에게 이미 그런 장점이 있다고 공공연하게 이야기해주는 것이 좋다. 좋은 평가를 해준다면 그 사람은 당신의 기대를 저버리지 않을 것이다.

조젯 르블랑 여사는 자신의 저서 『마테를링크와 함께한 내 추억』에서 신데렐라와 같은 운명을 걸어온 가난한 벨기에 소녀의 이야기를 썼다.

근처 호텔의 여종업원이 내 식사를 가져왔습니다. 모두에게 '접시닦이 마리'라 불리는 소녀였습니다. 처음 호텔에 들어갔을 때 접시닦이를 했기 때문입니다. 이 소녀는 아주 못생긴 데다 사팔뜨기에 오다리의 불쌍한 소녀였습니다. 하루는 이 소녀가 마카로니 한 접시를 붉게 부은 손으로 가져왔을 때, 나는 단도직입적으로 말했습니다.

"마리, 너는 네 내면에 훌륭한 보물이 있다는 것을 모르고 있구나."

자신의 감정을 억누르는 습관이 배어 있는 이 소녀는 한동안 말을 하지 못했습니다. 자신의 마음을 겉으로 표현할 용기가 없었던 것입니다. 이윽고 마카로니 접시를 테이블 위에 올려놓고 한숨을 내쉬면서 조심스럽게 말했습니다. "부인, 그런 건 생각해보지도 못했습니다." 소녀는 내 말을 의심 없이 받아들인 것 같았습니다. 그대로 조리실로 가서 내가 한 말을 모두에게 들려준 것입니다. 내 말을 굳게 믿은 진지한 표정으로 말하자 아무도 놀릴 생각조차 하지 못했습니다. 그날 이후 모든 사람들이 그 소녀를 따뜻한 시선으로 바라보게 되었습니다. 그런데 정말 놀라운 변화는 마리 자신에게 일어났습니다. 자신의 내면에 기적이 감춰져 있다고 굳게 믿고 자신의 얼굴과 외모에 신경을 쓰기 시작한 결과 이전까지 억제하고 있던 젊음을 꽃피우며 추했던 외모가 변화하기 시작했습니다.

그리고 두 달 뒤, 그녀는 주방장의 조카와 가까운 시일 내에 결혼하기로 했다고 연락해 왔습니다. 그녀는 "저는 이제 숙녀가 될 거예요"라고 하며 내게 고마움을 표현했습니다. 내 한마디가 이 소녀의 인생을 바꾸어놓은 것입니다.

르블랑 여사는 '접시닦이 마리'에게 기대감을 안겨주었고, 그녀는 그것을 목표로 향상을 할 수 있었다. 즉, 자신에 대한 새로운 평가가 이 소녀를 변하게 한 것이다.

헨리 클레이 리스너가 프랑스에 주둔한 보병부대 병사들의 품행을 교정하고자 했을 때도 이런 방법을 사용했다. 미국에서 가장 유명한 장군인 제임스 하보드가 리스너에게 프랑스에 주둔 중인 미군 보병이 자기가 아는 군인 가운데 가장 정갈하고 이상적인 군인이라고 말했다. 과대포장이었을까? 그럴지도 모른다. 하지만 리스너가 이 말을 듣고 어떻게 했는지를 보자. 리스너는 이렇게 썼다.

"나는 기회가 있을 때마다 병사들에게 장군의 이 말을 했습니다. 그 말이 사실인지 아닌지는 중요하지 않았습니다. 사실이 아니라 할지라도 하보드 장군이 이 말을 했다는 것을 아는 것만으로 병사들이 그 기준에 맞추고자 할 것이란 걸 알고 있었으니까요."

옛 속담에 이런 말이 있다. "개를 죽이려면 미친개라고 부르기만 하면 된다." 그렇다면 좋은 개라고 해주는 게 어떨까? 사람은 누구나 자신에게 가해지는 평판대로 살려고 한다.

싱싱 교도소 소장이었던 로즈는 이렇게 이야기했다. "악당을 대하는 유일한 방법은 그를 존경할 만한 사람인 것처럼 대하는 것뿐이다. 그런 대접을 해줄 만한 사람이라고 여겨라. 그러면 그는 누군가 자신을 믿어준다는 것만으로도 흐뭇해져 그런 대우에 맞게 행동하게 된다."

이 말은 아무리 반복해서 곱씹어도 지나치지 않다. 누군가의 행동을 좋은 쪽으로 유도하려면 먼저 유도하고자 하는 그 좋은 면을 상대가 지니고 있다고 말해야 한다.

Key point

| 사람을 변화시키는 원칙 7 |

기대를 걸어라.

08
격려해 주어라

내 친구 중에는 40대 독신 남자가 있다. 그는 최근 한 여성과 약혼을 했다. 약혼녀는 그에게 댄스를 배우라고 했다. 그는 그때 일을 내게 이렇게 전해주었다.

나는 젊어서 댄스를 배웠고 그대로 20년 동안 같은 춤밖에 추지 못했기 때문에 분명히 다시 배울 필요는 있었지. 처음 찾아간 강사는 내 춤은 춤도 아니라고 했다. 아마 그것은 사실이었을 거야. 처음부터 다시 배워야 한다고 했지만, 나는 완전히 의욕을 잃어 그 강사를 찾아가지 않았어.

다음으로 찾아간 강사의 말이 사실이 아니라는 것을 잘 알면서도 그편이 훨씬 맘에 들었다네. 그는 내 댄스가 약간 시대에

뒤처진 것이지만 기본이 탄탄하기 때문에 새로운 스텝도 쉽게 배울 것이라고 했거든. 처음 강사는 결점만 강조하여 실망을 시켰지만, 이 강사는 그와 정반대였지. 장점을 칭찬하고 결점은 거의 말하지 않았어. 리듬감도 좋고 소질도 있다고 해주었어. 그런 말을 들으니 자신이 춤을 잘 추지 못한다는 것을 알면서도 잘 추는 것 같은 기분이 들었지. 물론 수업료를 냈기 때문에 그 정도의 입에 발린 소리를 하는 것도 이상할 것이 없지만, 내가 그런 걸 신경 쓸 필요는 없지 않나. 어쨌거나 칭찬을 받은 덕분에 나는 댄스 실력이 꽤 늘었어. 강사의 말 한마디에 힘이 났고 희망이 생긴 것이지. 향상심이 일어난 거네.

아이들이나 남편, 종업원에게 바보라거나 무능력하고 재능이 없다고 화를 내는 것은 향상심의 싹을 꺾어버리는 것이다. 그 반대로 해야 한다. 용기를 북돋워주면서 할 수 있다는 마음을 먹게 상대의 능력을 믿고 있다는 것을 보여주는 것이다. 그러면 상대도 자신의 능력을 보여주기 위해 최선을 다하게 된다.

로웰 토마스는 이 방법을 이용하고 있다. 그는 이 방면에서는 선수이다. 상대를 자극시키고, 자신감을 심어주고, 용기와 신념을 심어주는 데 대단히 능숙하다.

예를 들어 이런 일이 있었다. 불과 얼마 전 나는 토마스 부부와 함께 주말을 보냈다. 토요일 밤, 따뜻하게 불타고 있는 난로 옆에서 브리지 게임을 하자는 권유를 받았다. 브리지? 말도 안 돼는 소리! 내게 브리지 게임은 영원한 수수께끼이다. 전혀 할 줄 모른다.

로웰은 이렇게 말했다.

"데일, 브리지는 아주 간단한 거야. 특별한 비밀이 없어. 기억력하고 판단력만 있으면 돼. 자네는 기억력에 관한 책까지 쓰지 않았나. 자네에게는 안성맞춤인 게임이야."

정신을 차리고 보니 나는 난생 처음으로 브리지 테이블 앞에 앉아 있었다. 치켜세우면서 자신감을 심어준 덕분에 별거 아니라는 생각이 들어 이런 결과로 이어진 것이다.

브리지 게임 하면 엘리 컬버트슨이 떠오른다. 브리지 게임을 할 줄 아는 사람이라면 누구나 그의 이름을 알고 있을 것이다. 그가 쓴 브리지 게임에 관한 책은 각국어로 번역되어 100만부 이상이 팔렸다고 한다. 그도 한 젊은 여성으로부터 "당신에게는 브리지 게임에 뛰어난 소질이 있다"라는 말을 듣지 않았다면 브리지 게임의 최고가 되지는 않았을 것이다.

컬버트슨은 1922년에 미국으로 건너와 철학과 사회학의 교사가 될 생각이었지만 적당한 직장을 찾지 못했다. 그래서 그는 석탄 판매업을 했지만 실패로 끝났고, 연이어 커피 판매업까지 실패를 하였다.

처음에 그는 브리지 게임을 업으로 삼는 사람이 될 생각은 전혀 없었다. 트럼프 게임에 소질이 없는 것은 물론이고 남에게 피해를 줄 정도였다. 처음부터 끝까지 질문만 퍼붓고 게임이 다 끝난 뒤에는 게임 과정에 대해 시끄럽게 따졌기 때문에 아무도 그와 트럼프 게임을 하려 하지 않았다.

그러던 어느 날, 그는 조세핀 딜론이라는 미모의 브리지 선생을 만나게 되면서 그녀와 사랑에 빠졌고, 결국은 결혼까지 하게 되었다. 그녀는 그가 면밀하게 카드를 분석하는 모습을 보고 트럼프 게임에 선천적인 소질이 있다고 칭찬해주었다. 컬버트슨을 브리지 게임의 권위자로 만든 것은 그녀의 이 격려 한마디 덕분이었다고 한다.

Key point
| 사람을 변화시키는 원칙 8 |

격려를 하여 자신의 능력에 자신감을 갖게 하라.

09

기꺼이 협조하게
만들어라

1915년 유럽은 제1차 세계대전의 소용돌이 속에 빠져 있었기 때문에 미국도 보고만 있을 수가 없었다. 과연 평화를 되찾을 수 있을지 아무도 장담할 수 없었던 상황에서, 우드로 윌슨 대통령은 협력을 결심하고 전쟁 당사국의 지도자들과 협의하기 위하여 평화사절단을 파견하기로 했다.

평화주의를 표방하던 국무장관 윌리엄 브라이언은 자신이 이 책임을 맡고 싶어 했다. 자신의 이름을 후세에 남길 좋은 기회라고 생각한 것이다. 그러나 윌슨은 브라이언이 아니라 자신의 친구인 하우스 대령을 임명하였다. 이 일을 맡은 대령에게는 풀어야 할 중대한 과제가 남아 있었다.

브라이언의 감정을 상하지 않게 주의해서 그에게 이 사실을 알려야만 했던 것이다.

당시의 상황을 하우스 대령은 일기에 이렇게 적고 있다.

"브라이언은 내게 이야기를 듣고 실망하는 기색이 역력했다. 그는 자신이 가고 싶었다고 말했다. 그래서 나는 대통령이 이번 사절단 파견을 공식화시키는 것은 현명하지 못하다고 여기고 있기 때문에, 브라이언이 가게 된다면 세상의 이목을 끌어 상황을 악화시킬 것이라고 말했다."

다시 말해서 브라이언이 너무나 거물이기 때문에 이 임무에는 어울리지 않다고 말했고, 이 말에 그도 만족스러워했다.

윌슨 대통령은 윌리엄 맥아두를 각료로 임명했을 때도 이 방법을 이용했다. 각료라는 지위는 누구에게나 명예로운 지위이다. 그런 자리를 임명하는 데 윌슨은 상대 존재의 중요성을 배가시키는 방법을 이용했다. 맥아두는 이렇게 말해주었다.

"윌슨은 내각을 개편하면서 내게 재무장관을 맡아주면 정말로 고맙겠다고 말했다. 정말로 즐겁게 해주는 언변이었다. 내가 이 명예로운 자리를 수용하는 것이 마치 은혜를 베풀어주는 듯한 기분이 들었다."

그러나 불행하게도 윌슨은 항상 이 방법을 이용한 것이

아니었다. 그가 이 방법을 일관되게 이용했다면 아마도 역사가 바뀌었을지도 모른다. 예를 들어 국제 연맹가입 문제에 관하여 그는 상원을 화나게 했고 공화당은 무시해버렸다. 인간관계를 생각하지 않는 방법 때문에 그 자신은 실각을 당해야 했고, 건강을 해쳤고, 수명이 단축되었고, 미국을 연맹 불참가국으로 만들어 세계 역사의 방향을 바꾸어버리고 말았다.

더블데이 페이지 출판사는 "내가 하려는 일에 상대가 적극 협조하도록 만들어라"라는 사훈을 언제나 충실하게 준수했다. 그 결과 오 헨리 같은 작가도 다른 출판사가 자신의 책을 출간하겠다고 할 때보다 더블데이 페이지가 출간을 거절하는 게 더 기분이 좋았다고 할 정도였다. 더블데이 페이지 출판사는 원고를 거절하면서도 그 원고의 장점을 말해주며 누구보다 정중하게 필자를 대했다.

내 지인 중에는 강연을 부탁받을 때마다 매번 거절하는 남자가 있다. 그런데 그의 거절 방법은 정말로 기가 막힐 정도라 거절을 당하더라도 기분 나빠하지를 않았다. 그것은 바쁘다는 식으로 자신의 상황을 이야기하는 것이 아니라, 먼저 의뢰를 해준 것에 대해 감사를 전하고 아쉽지만 상황이 여의치 않다고 하면서 대신에 다른 강연자를 추천하는 것이었다. 다시 말해 상대가 실망할 겨를도 없이 다른 강연자를 떠올리게 하는 것이다.

"제 친구 중에 『브루클린 이글』지의 편집장인 클리 브랜드 로저스가 있는데 그 친구는 어떨까요? 아니면 가이 히콕은 어떠신지요? 그는 유럽 특파원으로 파리에서 오랫동안 근무했었기 때문에 말할 거리가 상당히 많습니다. 또 인도에서 맹수 사냥에 관한 영화를 제작했던 리빙스턴 롱펠로도 생각해보셨으면 좋겠습니다."

뉴욕의 큰 인쇄소 J. A. 윈트 오가니제이션의 경영자 J. A. 윈트는 기계공 한 사람의 태도를 바로잡아 주고 싶었다. 그의 심기를 건드리지 않는 것이 관건이었다. 그 기계공은 쉴 새 없이 돌아가는 기계 수십 대를 관리하면서 일이 너무 많고 근무시간이 너무 길다는 불평을 하고 있었다. J. A. 윈트는 그에게 조수를 붙여주지도 않고 일을 줄이지도 않으면서 그 기계공이 만족하도록 해주었다. 그의 이름을 떡 하니 붙인 개인 사무실을 하나 차려준 것이다. 문에는 '서비스 파트 매니저'라는 직함이 붙어 있었다. 이제 그는 명실공히 서비스 파트의 매니저였다. 그런 중책을 맡았다는 뿌듯함으로 그는 아무런 불평 없이 행복한 마음으로 일을 했다.

이것은 어린아이를 속이는 사탕발림처럼 느껴질 수도 있

다. 그러나 나폴레옹도 똑같은 방법을 썼다. 그는 자신이 제정한 레지옹 도뇌르 훈장을 1500개나 뿌렸고, 18명의 장군에게 '원수'의 칭호를 하사하였고, 자신의 군대를 '대육군'이라 불렀다. 역전의 용사들을 '장난감'으로 속이는 것이라는 비난에 그는 이렇게 대답했다.

"인간은 장난감에 지배를 당한다."

나폴레옹의 이런 방식, 즉 직책과 권위를 수여하는 방법은 현재의 우리가 활용을 해도 효과가 있다. 그 예로 뉴욕 주 스카즈데일에 사는 내 친구 겐트 부인의 경우를 소개하기로 하자. 부인은 이웃의 말썽꾸러기들 때문에 골치를 썩이고 있었다. 정원에 들어와 잔디를 망쳐놓는 것이었다. 혼을 내기도 하고 으름장을 놓기도 했지만 전혀 먹히지를 않았다. 그래서 그녀는 골목대장에게 직책을 주어 권위를 갖게 해주었다. '탐정'이라고 하는 직책이었다. 그리고 잔디에 무단으로 침입하는 사람을 단속하는 임무를 맡긴 것이다. 이 방법은 기가 막히게 적중했다. '탐정'은 뒤뜰에 모닥불을 피워 쇠방망이를 붉게 달군 뒤에 그것을 휘두르며 침입자를 쫓아냈다.

인간의 본성이 이러하다. 이런 점을 제대로 알고 상대로 하여금 스스로 협조하게 만들어야 한다.

Key point

| 사람을 변화시키는 원칙 9 |

기꺼이 협조하게 만들어라.

| Part 05 |

행복한 가정을 만드는 7원칙

SEVEN RULES FOR MAKING

YOUR HOME LIFE HAPPIER

01
지나친 잔소리는 금물

나폴레옹 3세의 왕비인 마리 유지니는 절세의 미인으로 나폴레옹 3세는 그녀의 아름다운 미모에 반해 그녀를 왕비로 맞았다. 주변 사람들은 스페인의 가난한 귀족의 딸인 그녀를 반대했지만, 그녀의 우아함과 젊음과 아름다움에 완전히 마음을 빼앗긴 나폴레옹 3세는 반대의 목소리에 귀를 기울이지 않았다. 나폴레옹 3세 부부는 건강, 부, 권력, 명예, 사랑, 애정 등, 로맨스를 위한 모든 조건을 갖추고 있었다. 이렇게 뜨거운 사랑으로 가득한 결혼은 본 적이 없을 정도였다.

그러나 안타깝게도 얼마 못 가 뜨겁게 타오르던 애정도 빛을 잃고 쓰디쓴 후회만이 남게 되었다. 나폴레옹은 유지니를 왕비로 삼을 수는 있었지만 프랑스의 그 어떤 것으로도, 그의 애정으로도, 황제의 권력으로도 그녀의 시끄러운 잔소리를 막을 수가 없었던 것이다. 질투와 시기에 사로잡힌 그녀는 그의 말을 전혀 믿으려 하지 않았다. 국정의 중요한 회의석상까지 뛰어들어 방해를 했다. 그에게 다른 애인이 생기는 것을 두려워하며 한시도 감시의 시선을 풀지 않았다. 언니를 찾아가 남편의 흉을 보거나 울면서 소리치는 일도 자주 있었다. 그의 서재에 갑자기 찾아가 욕설을 퍼부으며 저주를 하는 것은 일상다반사였다.

호화스러운 왕궁이 몇 개나 있었지만 그에게는 마음 편히 쉴 공간이 없었다.

유지니는 이런 남편에게 귀가 따가울 정도로 잔소리를 퍼부었는데, 그렇게 해서 대체 무엇을 얻을 수 있었을까? 세상에 보기 드문 뜨거운 사랑을 질식시켜 스스로 불행을 자초할 뿐이었다.

E. A. 라인하르트의 저서 『나폴레옹과 유지니』의 한 대목을 인용해보겠다.

"나폴레옹은 밤만 되면 모자를 눌러 쓰고 작은 문을 통해 몰래 궁을 빠져 나갔다. 그러고는 절친한 친구와 단 둘이 자신을 기다리는 아리따운 여인에게 가곤 했다. 때로는 큰 도시 여기저기를 헤매며 유지니가 잔소리를 하지 않았더라면 더 좋았을 것이라고 되뇌기도 했다."

 유지니는 권좌에 앉았다. 또 누가 보더라도 가장 아름다운 여인이었다. 그러나 권력도 아름다움도 잔소리 앞에서는 무력해질 뿐이었다. 그녀는 욥처럼 비참하게 외쳤을지도 모른다. "내가 가장 두려워하던 일이 내게 벌어졌다!"라고 말이다. 그녀는 잔소리로 스스로 가장 두려워하는 결과를 초래하고 말았다. 사랑을 해치는 가장 강력한 수단은 잔소리다. 잔소리는 실패를 모르는 악마의 수단이다.

 레오 톨스토이 부인은 임종을 앞두고 딸들을 불러 이렇게 이야기했다.

 "너희 아버지기 돌아가신 건 엄마 때문이다."

 딸들은 아무 말도 하지 않았다. 그저 엄마의 고백이 맞다고 생각할 뿐이었다. 엄마의 끝없는 불평과 비난과 잔소리가 아버지를 죽음으로 몰아갔다는 것을 딸들도 잘 알고 있었다.

 톨스토이 부부는 누가 보더라도 행복해야만 했다. 남편은 세계적인 문호로 『전쟁과 평화』, 『안나카레리나』와 같은 불후의 명작을 남겼다.

 톨스토이의 명성을 쫓아 모여든 숭배자들은 밤낮으로 그를 따라다니며 그가 말하는 것은 하나도 남김없이 받아 적었다. "이제, 잠자리에 들도록 하세"라는 일상적인 말까지 받아 적을 정도였다.

톨스토이 부인은 부는 물론 사회적 지위와 자식 복까지 타고났다. 이렇게 행복한 결혼생활은 그리 많지가 않다. 너무 완벽한 이 행복이 깨질까 두려워 무릎을 꿇고 이 축복이 영원하길 기도할 정도였다.

그러나 정말로 예기치 못한 사건이 터지고 말았다. 톨스토이의 태도가 변하면서 결국에는 완전히 다른 사람이 되고 말았다. 지금까지 자신의 저서들을 부끄러워하면서 평화를 염원하고 전쟁과 가난을 세상에서 몰아내기 위한 팸플릿을 만들기 시작한 것이다.

젊었을 때 온갖 범죄의 맛을 알았고 살인까지 저질렀다고 하는 톨스토이가 예수의 가르침을 그대로 따르기 시작한 것이다. 자신의 모든 재산을 사람들에게 나누어주고 스스로 생활 전선에 뛰어들었다. 하루 종일 들판에서 일을 하고, 나무를 자르고, 풀을 베었다. 손으로 만든 신발을 신고 자신의 방을 스스로 청소하였다. 나무 그릇으로 식사를 하면서 예수의 가르침에 따라 적을 사랑하려 노력하였다.

톨스토이의 생애가 비극적이었던 원인은 바로 결혼 때문이었다. 그녀의 아내는 화려하고 사치스러운 것을 좋아했지만, 그는 그런 것들을 경멸했다. 그녀는 사회적인 명성과 찬사를 갈망했지만, 그에게는 그런 것들이 아무런 의미가 없었다. 부인은 부를 갈망했지만, 그는 부를 죄악시 여겼다. 그는 저서의 인세도 받으려 하지 않았다. 때문에 부인은 몇 년 동안이나 화를 내고 울면서 소리치면서 그를 원망했다. 맘에 들지 않는 것이 있을 때마다 신경질적인 발작을 일으키면서 죽어버리겠다고 소리쳤다.

앞서 말했듯 이 두 부부는 누구보다도 아름답고 행복한 가정생활을 누리고 있었다. 그러나 50년 가까운 세월이 흘러, 이제는 서로 바라보기조차 싫을 정도로 등한시하게 되었다. 저녁이면 부인은 톨스토이의 발치에 무릎을 꿇고 50여 년 전 그가 자신에게 바친 일기 한 소절을 읽어달라고 애원했고, 톨스토이는 그 시절을 회고하며 읊었다. 그리고 그 둘은 각자 울음을 터뜨리곤 했다. 먼 옛날 꿈꾸던 자신의 모습과 현실이 너무 달랐던 것이다.

1910년 10월의 눈 내리던 어느 날 밤, 82세의 톨스토이는 가정의 불화를 견디다 못해 정처 없이 집을 나섰다. 11일 뒤에 그는 한 정거장에서 숨을 거두고 말았다. 그의 마지막 유언은 절대로 아내를 자신 곁으로 오지 못하게 하라는 것이었다.

이것이 톨스토이 부인의 시끄러운 잔소리, 불평, 신경질이 빚어낸 비참한 결말이다. 그녀의 입장에서 생각해본다면 불평을 쏟아낼 나름의 이유가 충분히 있었을 것이다.

그러나 문제는 그렇게 불평을 쏟아내서 그녀가 얻은 것이 무엇인가 하는 것이다. 때문에 사태는 점점 악화되기만 하지 않았는가?

아브라함 링컨의 삶을 비극적으로 만든 것 또한 결혼 때문이었다. 그가 암살당한 것은 그의 결혼생활과 비교한다면 비극이라 할 수 없을 정도이다. 링컨 부인은 세상에 둘도 없는 잔소리꾼으로 4분의 1세기 동안 링컨을 괴롭혔다.

그녀는 1년 내내 남편에게 불평과 비난을 퍼부었다. 그녀의 말에 의하면 링컨에게는 장점이 하나도 없었다. 구부정하게 걷는 모습, 인디언을 닮은 모습, 귀의 모양, 얼굴 생김새가 모두 맘에 들지 않았다. 링컨과 그의 부인은 모든 면에서 대조적이었다. 성장과정, 성격, 취미, 사고방식 등 뭐 하나 공통된 점이 없었다.

링컨 연구의 권위자이자 상원위원인 앨버트 비버리지는 이렇게 말했다.

"부인의 앙칼진 목소리는 길 건너편에서도 들릴 정도였고, 쉴 새 없이 주변에 울려 퍼지고 있었다. 난폭한 행동도 자주 있었다."

링컨 부인은 신혼시절 제이콥 아일리 부인의 집에서 하숙을 하였다. 아일리 부인은 스프링필드 의사의 미망인으로 남편이 죽은 뒤 하숙집을 경영하고 있었다.

어느 날 아침, 링컨 부부는 식당에서 아침식사를 하고 있었는데 링컨 부인이 갑자기 화를 내기 시작했다. 원인은 알려지지 않았지만 그녀는 화를 참지 못하고 남편의 얼굴에 뜨거운 커피를 끼얹었다. 그것도 다른 하숙인들이 보는 앞에서. 아일리 부인이 달려가 젖은 수건으로 그의 얼굴과 옷을 닦아주는 동안 링컨은 묵묵히 치욕을 견뎌야만 했다.

링컨 부인의 질투심만큼 심한 예는 찾아볼 수 없을 정도였다. 그리고 그녀는 결국 발작을 일으키고 말았다. 발작을 일으킬 정도였으니 선천적으로 정신병이 있었던 것이 아닌가 하는 추측만이 그녀를 동정할 유일한 근거였다.

그렇다면 과연 그런 잔소리와 분노가 링컨을 바꾸어놓았을까? 아니, 바뀐 것은 사실이다. 그녀에 대한 태도가 바뀌었다. 그는 불행한 결혼 생활을 후회하면서 가능하면 그녀와 얼굴을 마주치지 않도록 노력했다.

스프링필드에는 링컨을 포함해서 11명의 변호사가 있었다. 그들은 스프링필드에만 머물러 있어서는 먹고살 수 없었기 때문에 데이비드 데이비스 판사를 따라 각지의 순회 법정을 떠돌면서 제8재판 구역의 각 군청소재지를 순차적으로 방문했다.

다른 변호사들은 토요일이 되면 언제나 스프링필드로 돌아와 가족들과 함께 즐거운 주말을 보냈지만, 링컨은 그러지 않았다. 집으로 돌아가는 것이 무서웠던 것이다. 봄 3개월과 가을 3개월 동안 순회재판을 따라 나서면 절대로 스프링필드에는 돌아가지 않았다.

이 상태가 몇 년 동안이나 지속되었다. 시골의 오두막에서의 삶은 비참했다. 그러나 그것이 아무리 비참한 삶이라도 아내의 잔소리와 발작과 비교한다면 훨씬 나았다.

링컨 부인, 유지니 왕비, 톨스토이 부인처럼 심한 잔소리가 초래한 결과는 그녀들의 삶에 비극을 안겨다 주었을 뿐이다. 정말로 소중한 모든 것을 파멸시키고 만 것이다.

뉴욕의 가정 재판소에 11년 동안 근무한 베시 함버거는 수천 건의 이혼 소송을 조사해본 결과 남편이 집을 나가는 주된 이유는 아내의 잔소리를 참을 수 없기 때문이라고 했다. 또한 『보스턴 포스트』지는 이렇게 말하고 있다.

"세상의 아내들은 잔소리를 삽 삼아서 결혼이라는 무덤을 끝없이 파고 있다."

Key point
| 행복한 가정을 만드는 원칙 1 |

지나친 잔소리는 금물이다.

02

장점을
인정하라

"나는 평생 동안 바보짓을 많이 하겠지만 연애결혼만은 하지 않을 생각이다."

이것은 영국의 수상 디즈레일리의 말이다.

그는 이것을 실행했다. 35세까지 독신 생활을 하다가 한 돈 많은 미망인과 결혼했다. 15살이나 연상인 부인은 50년의 삶을 살면서 머리카락에는 서리가 내려 있었다. 물론 연애는 아니었다. 그가 돈 때문에 결혼했다는 것을 그녀도 잘 알고 있었다. 그래서 그녀는 서로를 알기 위해 1년만 기다려달라는 조건을 하나 달았다. 그리고 그 기간이 지나자 그녀는 청혼을 받아들였다.

대단히 산문적이고 뻔한 이야기지만 그 결과는 매우 성

공적인 것으로 이 두 사람만큼 행복한 결혼생활을 보낸 부부도 드물다.

디즈레일리가 선택한 돈 많은 미망인은 젊지도 아름답지도 않았고, 머리가 명석하지도 않았다. 문학과 역사의 지식도 없었고 웃음이 터질 만한 무식한 말도 아무렇지 않게 했다. 예를 들어 그리스 시대와 로마 시대 중에 어느 시대가 먼저인지도 몰랐다. 의상이나 가구를 보는 안목도 전혀 없었다. 그러나 결혼생활에서 가장 중요한 것을 알고 있었다. 그녀는 남자를 조종하는 기술을 알고 있었다.

그녀는 남편의 지능에 맞서려는 생각이 전혀 없었다. 많은 사람들을 상대로 재치 있게 응수하고 피로에 지쳐 돌아온 디즈레일리에게 아내의 엉뚱한 수다는 더없는 위로가 되어주었다. 아내의 따뜻한 배려로 가득한 가정은 그에게 있어 무엇과도 바꿀 수 없는 마음의 휴식처였다. 그가 인생의 행복을 느낄 수 있었던 것은 아내와 함께 보낸 시간들이었다. 그녀는 그의 좋은 협력자이자 마음의 친구였고, 또한 조언자였다. 그날 있었던 일들을 아내에게 빨리 말해주고 싶어서 언제나 회의가 끝나면 곧장 집으로 달려갔다. 그녀는 (이것이 중요한 것이다) 남편의 일에 대하여 절대적인 신뢰를 보냈다.

그녀는 30년 동안 디즈레일리를 위해 살았다. 자신의 재산 역시 그를 위해 써야만 가치가 있는 것이라고 여겼다. 그리고 그녀는 디즈레일리에게 있어서는 없어서는 안 될 소중한 존재였다. 그녀가 죽은 뒤 디즈레일리는 백작이 되었다. 그러나 그전에 자신이 평민이었던 시절에 그는 빅토리아 여왕에게 아내를 귀족의 반열에 올려줄 것을 청하였고, 1868년에 그녀는 귀족의 반열에 이미 올라 있었다.

그녀가 사람들 앞에서 아무리 실수를 하더라도 그는 그녀의 잘못을 지적하거나 화를 내지 않았다. 만약 누군가 그녀를 조롱하기라도 하면 그는 정색을 하고 그녀를 감싸주었다. 그녀는 결코 완벽한 아내는 아니었지만 30년 동안 지치지도 않고 남편의 이야기만 하면서 남편을 칭찬했다. 그 덕분에 디즈레일리는 "결혼한 지 30년이 되었지만 나는 지금도 권태기가 뭔지 모른다"라는 말을 하기에 이르렀다.

디즈레일리도 사람들 앞에서 언제나 아내가 자신의 목숨보다 소중하다고 말했다. 그의 아내는 "남편이 따뜻하게 대해주어서 내 삶은 행복의 연속이다"라고 친구들에게 이야기했다.

두 사람은 이런 농담을 자주 주고받았다고 한다.

"내가 당신과 함께 산 것은 결국 다 재산 때문이야."

"맞아요, 하지만 다시 결혼을 한다면 이번에는 사랑을 위해 나와 다시 결혼을 하겠죠?"

디즈레일리는 아내의 말을 인정했다. 분명히 그녀는 완벽한 아내는 아니다. 그러나 디즈레일리는 그녀의 장점을 충분히 이끌어낼 수 있을 만큼 현명한 사람이었다.

헨리 제임스는 이런 말을 했다. "다른 사람과 관계를 맺음에 있어 가장 먼저 알아야 할 것은, 상대방이 내가 행복을 추구하는 방식을 인정하길 바란다면 나 또한 상대방의 행복추구 방식을 인정해주어야 한다는 점이다."

릴랜드 포스터 우드의 말도 같은 맥락이다.

"자신에게 꼭 어울리는 사람을 고른다고 해서 반드시 성공적인 결혼생활을 하게 되는 건 아니다. 자기 자신도 상대에 어울리는 사람이 되어야 하는 것이다."

Key point

| 행복한 가정을 만드는 원칙 2 |

장점을 인정하라.

03
허물을 캐지 마라

디즈데일리의 가장 무서운 정적은 글래드스턴이었다. 두 사람은 항상 대립의 날을 세우며 격렬하게 충돌했다. 그러나 그들에게는 딱 하나의 공통점이 있었다. 원만한 가정생활이 바로 그것이다.

윌리엄 글래드스턴과 그의 아내 캐서린은 59년 동안 변함 없는 애정을 주고받으며 살았다. 나는 근엄한 표정의 영국 수상 글래드스턴이 아내의 손을 잡고, 노래를 부르며 난롯가를 돌며 춤을 추는 모습을 자주 상상해보곤한다.

건달 남편과 요조숙녀 아내가 손에 손을 마주 잡으면
세상의 풍랑쯤은 두려울 게 없다네.

정적에게는 도깨비처럼 무서운 글래드스턴도 가정에서는 절대로 비난의 말을 하지 않았다. 아침 식사를 위해 계단을 내려왔을 때, 식구들이 아직 잠을 자고 있다는 것을 안 그는 아주 온화하게 항의를 하였다. 큰 목소리로 노래를 부르는 것이었다. 영국에서 가장 바쁜 남자가 혼자 계단 밑에서 아침 식사를 기다리고 있다는 것을 그렇게 알리는 것이었다. 그는 가정에서는 절대로 화를 내지 않기로 결심한 것이다.

러시아의 캐서린 여왕도 그랬다. 그녀는 세계 최대의 왕국을 지배하고 수백만의 국민의 생사 여탈 권한을 쥐고 있었다. 정치적으로는 매우 심한 일도 저질렀고 전쟁을 일으켜 무수한 적을 도륙하기도 했다. 그러나 요리사가 고기를 너무 구웠을 때에도 잔소리 한마디하지 않고 웃으며 먹었다. 이 점은 세상의 모든 남편들이 본받아야 할 점이다.

이혼문제의 권위자 도로시 딕스의 말에 의하자면 세상의 모든 결혼 중에 50퍼센트 이상은 실패로 끝난다고 한다. 신혼의 달콤한 꿈은 깨지고 이혼의 우울함을 맛봐야 하는 원인 중의 하나는 서로의 허물을 캐는 것이라고 한다.

당신이 자녀들에게 잔소리를 하고 싶어졌을 때, 당신은 아마도 내가 또 '잔소리는 안 된다'고 말할 것이 틀림없다고 생각할 것이다. 그러나 그렇지가 않다. 일단 아메리카

저널리즘의 고전 중에 하나라고 불리는 「아빠는 잊어버린다」라는 글을 읽으라고 권하고 싶다. 이 글은 처음에는 『피플스 홈 저널』지의 논설로 발표되었지만, 나중에 『리더스 다이제스트』지가 요약해서 게재한 것이다.

이 「아빠는 잊어버린다」는 어느 순간 진실된 감정을 허심탄회하게 적어 독자들의 심금을 울린 아름다운 작품으로서 이제는 불후의 문장이 되어 여러 상황에서 인용되며 사회에 커다란 반향을 일으키고 있다.

아빠는 잊어버린다
-리빙스턴 라니드

아들아, 들어보렴. 너는 작은 손에 뺨을 얹고 땀에 젖은 이마에 금발의 곱슬머리를 붙인 채 편하게 자고 있구나. 아빠는 혼자서 몰래 네 방에 들어와 있다. 조금 전까지 아빠는 서재에서 신문을 읽고 있었지만 갑자기 고통스러운 후회가 밀려와 죄의식에 사로잡혀 네 곁으로 왔단다.

아빠는 생각했단다. 지금까지 네게 너무나 심하게 대했다는 것을. 네가 학교에 갈 준비를 하면서 수건으로 얼굴을 살짝 훔칠 뿐이라고 야단을 쳤지. 신발을 깨끗이 닦지 않았다고도 야단을 쳤지. 물건을 함부로 바닥에 던진다고 소리를 쳤지.

오늘 아침 식사시간에도 잔소리를 했구나. 음식을 흘린다고,

씹지 않고 삼킨다고, 테이블에 팔꿈치를 올린다고, 빵에 버터를 많이 발랐다고 야단을 쳤다. 그리고 너는 놀러 가고 아빠는 역으로 가기 위해 함께 집을 나서며 헤어질 때, 너는 뒤를 돌아보고 손을 흔들며 "아빠, 다녀오세요!"라고 했지. 아빠는 인상을 찡그리며 "가슴을 쫙 펴라!"라고 소리쳤지.

똑같은 일이 저녁에도 반복되었구나. 내가 돌아왔을 때 너는 땅바닥에 무릎을 대고 구슬치기를 하고 있었지. 스타킹의 무릎에 구멍이 나 있는 것을 보고 아빠는 너를 집으로 쫓아 보내 친구들 앞에서 창피를 주었구나. "그게 얼마나 비싼 건지 알아! 네가 돈을 벌어서 샀다면 훨씬 소중하게 여길 거야!" 아빠 입에서 이런 말이 나오다니, 정말 한심하구나!

그리고 밤이 되어 아빠가 서재에서 신문을 읽고 있을 때, 너는 슬픈 눈동자로 겁을 먹은 채로 서재에 들어왔었지. 시끄럽다는 듯이 쳐다보니 너는 입구에 서서 주저하고 있더구나. 아빠가 "무슨 일이야"라고 소리치자 너는 아무 말도 하지 않은 채 내게로 다가와 양팔로 목을 감싸고 아빠에게 입맞춤을 해주었지. 너의 그 작은 두 팔에는 신께서 선물하신 사랑이 가득 담겨 있었지. 아무리 무시를 당해도 결코 마르지 않는 사랑이었다. 그리고 너는 쿵쾅거리며 2층 네 방으로 뛰어갔지.

아들아, 그런데 아빠는 그 뒤로 갑자기 말로 형언할 수 없는 불안감에 휩싸여 손에 쥐고 있던 신문을 떨어뜨리고 말았단다.

어째서 아빠에게 그런 나쁜 습관이 생겼던 걸까! 꾸중만 하는 습관이! 아직 어린 너에게 아빠가 지금까지 무슨 짓을 한 걸까! 하지만 절대로 너를 사랑하지 않아서가 아니야. 아빠는 아직 철부지인 너에게 무리한 기대를 하고 있었나 보다. 너를 어른과 똑같이 대하고 있었구나.

네 마음속에는 선량하고, 훌륭하고, 진실한 것들이 가득 차 있다. 너의 따뜻한 마음씨는 산 저 너머에서 퍼지고 있는 아침햇살과도 같다. 네가 아빠에게 달려와 저녁 키스를 했을 때, 아빠는 그것을 확실하게 깨달았다. 다른 문제는 아무것도 없단다. 아빠는 네게 용서를 빌기 위해 이렇게 무릎을 꿇고 앉아 있단다.

이것이 너에 대한 아빠의 작은 속죄란다. 낮에 이런 이야기를 하면 너는 이해를 못하겠지? 하지만 내일부터는 꼭 좋은 아빠가 되어주마. 너와 사이좋게 함께 기뻐하고 슬퍼해주마. 잔소리가 하고 싶어질 때면 혀를 깨물겠다. 그리고 네가 아직 어린 아이라는 것을 항상 잊지 않도록 하마.

아빠는 너를 어른처럼 대해왔던 것 같구나. 이렇게 천진난만하게 잠든 얼굴을 보니 너는 역시 아직 어린아이구나. 어제도 엄마 품에 안겨 어깨를 기대고 있지 않았니. 아빠가 네게 너무 많은 걸 바라왔구나.

Key point

| 행복한 가정을 만드는 원칙 3 |

허물을 캐내지 마라.

04
칭찬하라

로스앤젤레스에서 가정연구소 소장을 맡고 있는 폴 포피노 박사는 이렇게 말했다.

대부분의 남성은 자기 말을 잘 들어주는 상냥한 여자를 원한다. 여성으로부터 자신의 허영심을 채우고 우월감을 느끼고 싶기 때문이다. 유능한 중역 여성도 한번쯤은 식사에 초대할지는 모르지만 대학에서 배운 '현대철학의 조류'의 강의를 화제로 삼거나 자신의 것은 자신이 내겠다고 고집을 피우는 경우가 많다. 때문에 그녀는 두 번 다시 초대를 받지 못한다. 이와 반대로 대학을 나오지 않은 경리직원을 식사에 초대하면 상대 남성에게 뜨거운 시선을 보내며 "당신과 좀 더 이야기를 하고 싶어요"

라고 조를 것이다. 그 결과 그는 그녀에 대해 동료들에게 "그렇게 예쁜 것은 아니지만 말이 잘 통하는 여성이다"라고 이야기하게 된다.

남성은 자신을 아름답게 보이려고 하는 여성의 노력을 칭찬해주어야 한다. 여성은 의상에 대하여 놀라울 정도 관심을 갖고 있다. 이것에 대해 남성은 너무나 무관심하다. 예를 들어 한 쌍의 남녀가 거리에서 다른 한 쌍과 마주쳤다고 하자. 여성은 남성에게는 거의 관심이 없고 상대 여성의 복장에만 신경을 쓴다.

내 할머니는 작년에 98세의 나이로 돌아가셨다. 죽기 직전에 30년 전에 찍은 할머니의 사진을 보여주었지만 눈이 침침해 잘 보이지가 않았다. 그러자 할머니는 "내가 어떤 옷을 입고 있지?"라고 물었다. 100살이 다 된 할머니가 30년 전에 자신이 어떤 옷을 입고 있는지 신경을 쓰는 것이다. 나는 깊은 감명을 받으며 할머니의 이야기를 들었.

남성은 5년 전에 자신이 입었던 옷을 전혀 기억하지 못하고 또한 기억하려고도 하지 않는다. 그러나 여성은 다르다. 남성들은 이 점을 염두에 둬야 한다. 프랑스의 상류사회에서는 남성은 여성들의 복장에 대하여 하룻밤에 몇 번이고 칭찬을 해야 한다고 어릴 적부터 가르치고 있다. 정말로 현명한 지혜이다.

  내가 모아둔 이야기 중, 실화는 아니지만 재미난 우스갯소리가 있어서 소개할까 한다. 어떤 농부의 아내가 힘든 일을 마치고 돌아온 남편에게 저녁 식사로 건초 더미 한 묶음을 내왔다. "당신 미쳤어?" 남편이 소리치자 아내가 대답했다. "에구, 당신이 알아차릴 줄은 미처 몰랐네요. 20년 동안 당신을 위해 요리를 해왔지만 당신이 건초를 먹는지 맛있는 음식을 먹는지 내색을 안 하니 내가 알 도리가 있었겠어요?"

  모스크바와 상트페테르부르크의 귀족들은 훌륭한 요리를 즐기고 난 뒤 꼭 요리사를 불러 칭찬하는 관습을 갖고 있다. 꽤 좋은 풍습 아닌가. 여러분의 아내에 대해서도 이 정도의 배려는 할 수 있지 않을까 싶다. 닭을 잘 구웠으면 당신이 건초를 먹지 않아서 다행이란 점을 아내에게 표현하라. 아니면 금주법 시대에 여장부 텍사스 기넌이 클럽에서 하던 말처럼 아내에게 열화와 같은 박수를 보내든지 말이다. 앞서 본 것처럼 영국의 최고 정치가인 디즈테일러처럼 자기 아내를 칭찬하고 고마움을 표시하는 걸 부끄럽게 여기지 말자.

  며칠 전 한 잡지에 에디 켄터에 대한 이야기가 실렸다.

  "오늘의 내가 있을 수 있는 것은 전부 다 아내 덕분입니다. 우리는 어릴 적 친구로 그녀는 내가 샛길로 빠지지 않게 항상 마음을 써줍니다. 결혼 후에는 열심히 저축을 하고 투자를 해서 나를 위해 재산을 늘려주었습니다. 귀여운 5명의 자식복을 타고났으며 그녀의 세심한 배려 덕분에 집안은 항상 따뜻하고 온화합니다. 앞으로도 내가 어떤 일에 성공을 하게 된다면 그것은 모두 아내 덕분입니다."

할리우드에서 결혼은 도박과도 같다. 위험률 때문에 보험사들도 꼬리를 감출 정도이다. 그런 와중에도 워너 박스터의 결혼만은 보기 드물게 성공적이었다. 부인은 여배우였던 위니프렛 브라이슨인데, 그녀는 화려한 무대를 뒤로 하고 그와 결혼을 했다. 그녀의 희생은 매우 컸다. 그러나 그 희생은 충분한 보상을 받았다. 박스터는 이렇게 말하고 있다.

"그녀는 무대에서 갈채를 받을 기회를 잃었습니다. 그 대신에 아내는 언제나 내 갈채를 받고 있습니다. 여성이 남편에 의해 행복을 느끼게 된다면 그 행복은 남편의 찬사와 사랑 이외에는 아무것도 없습니다. 그리고 그 찬사와 사랑이 진실된 것이라면 남편의 행복 또한 보장됩니다."

Key point

| 행복한 가정을 만드는 원칙 4 |

칭찬하라.

05

작은 배려를 게을리 하지 마라

✖

 예로부터 꽃은 사랑의 증표로 여겨져 왔지만 그만큼 가치가 있는 것은 없다. 그중에서도 계절의 꽃은 값이 싸다. 거리 어디에서도 팔고 있다. 그런데도 세상의 남편들은 한 다발의 수선화조차 집에 사 들고 가려하지 않는다. 그들은 꽃이 난처럼 비싼 것만 있다고 생각하고 있거나, 아니면 알프스의 높은 산에서 자라는 에델바이스처럼 쉽게 손에 넣을 수 없는 귀중한 것이라고 착각하고 있는 것 같다.

 얼마 안 되는 꽃을 아내에게 선물하기 위해 그녀가 입원하기를 기다리는 것은 아닐까? 내일은 퇴근길에 장미꽃 두세 송이를 사서 들어가는 것은 어떨까? 한 번 시험을 해볼 만한 가치가 있다.

조지 코안은 브로드웨이의 스타였지만 어머니가 돌아가시기 전까지 매일 두 번씩 전화를 걸었다. '그렇게 할 말이 많을까'라고 생각하는 사람이 있을지도 모르지만 특별한 이야기를 한 것은 아니다. 다시 말해 상대방에게 자신의 배려를 알리기만 하면 그만인 것이다.

여성은 생일이나 기념일을 중시한다. 그 이유를 남성은 잘 모른다. 일반적으로 남자는 기념일을 기억하지 않아도 불편함이 없이 살 수 있다. 그러나 잊어서는 안 되는 기념일이 몇 가지 있다. 예를 들어 1492년(콜럼버스가 미대륙을 발견)과 1776년(미국의 독립선언), 그리고 아내의 생일과 결혼기념일이다. 처음 두 가지는 잊어도 용서가 된다. 그러나 뒤의 두 가지는 절대로 잊어서는 안 된다!

4만 건의 이혼소송을 다루었고, 2000쌍의 조정에 성공한 시카고의 조셉 사바스 판사는 이렇게 말했다.

"가정불화의 원인 대부분은 아주 사소한 것에 의한 것이다. 남편이 출근할 때 아내가 손을 흔들며 배웅을 해주기만 하면 이혼을 막을 수 있는 경우가 얼마든지 있다."

로버트 브라우닝(1812~89)과 엘리자베스 브라우닝의 결혼생활은 목가적인 아름다움이 있다고 하는데, 남편은 사소한 칭찬을 아끼지 않으며 끊임없이 사랑을 키워왔다. 병약한 아내가 자매들에게 보낸 편지에는 이런 구절이 있다.

"최근 나는 남편이 말한 것처럼 정말로 천사가 된 기분이 들기 시작했어요."

아내에 대한 작은 배려의 가치를 너무 가볍게 여기는 남성들이 세상에는 너무 많다. 결혼의 행복은 작은 배려의 집합에 의해 완성된다. 이 사실을 깨닫지 못한 부부는 불행한 결혼생활을 보내야만 할 것이다.

이런 사소한 관심과 배려의 소중함을 모르는 남편들이 너무 많다. 게이너 매덕스는 『픽토리얼 리뷰』지에 이런 글을 써 냈다. "아내들이 아침에 침대에서 식사를 하는 건 귀여운 기분전환이다. 이는 곧 남편들이 일과 후 멋진 술집에서 술 한잔 하는 것과 같은 이치다."

결혼은 곧 이러한 사소한 사건들로 이뤄진다. 이를 무시해서는 좋은 결혼생활을 하기 힘들다. 여류 시인 에드나 세인트 빈센트는 시로써 이런 이치를 읊었다.

하루하루 가는 게 괴로운 것은
사랑이 가고 있어서가 아니라
사랑이 사소한 일로 가버린 탓

네바다 주 리노의 이혼법정은 일주일에 6번 개정되고 이곳에서 인정되는 이혼의 비율은 미국 부부의 1할이나 된다고 한다. 그중에서 꼭 이혼이 필요하다고 여겨지는 경우는 얼마 안 되며, 대부분의 경우 아주 사소한 애정의 표현을 게을리 한 것이 주된 원인이었다.

다음 글을 오려서 모자 안쪽에 붙여놓고 시시때때로 읽어보길 바란다.

"나는 지금 걷는 이 길을 단 한 번만 지나갈 수 있다. 그러므로 내가 선행을 베풀거나 친절을 보일 수 있으면 지금 해야 한다. 미루고 난 뒤 다시 돌아올 수는 없다."

Key point

| 행복한 가정을 만드는 원칙 5 |

작은 배려를 게을리 하지 마라.

06
예의를 지키자

월터 담로치는 대통령 선거에 출마를 한 적이 있는 웅변가 제임스 블레인의 딸과 결혼했다. 오래전에 두 사람은 스코틀랜드의 앤드류 카네기의 집에서 만나 남들의 부러움을 사는 원만한 가정을 꾸려왔다. 담로치 부인에게 그 비결을 묻자 이렇게 말해주었다.

"가장 중요한 것은 배우자의 선택이겠지만 그다음으로 중요한 것은 결혼 후의 예의입니다. 젊은 아내들은 모르는 사람들에게 예의를 지키는 것과 마찬가지로 남편에게도 예의를 지켜야합니다. 시끄럽게 바가지를 긁어대는 여자에게서는 어떤 남자라도 도망칠 겁니다."

무례함은 애정을 파괴하는 암과도 같다. 이것은 누구나

알고 있는 이야기지만 특히 가정에서는 모르는 사람을 대할 때보다 심하게 무례를 저지른다.

"이런, 또 시작이군!" 설마 남에게 이런 말은 하지 않을 것이다. 친구의 편지를 몰래 뜯어보거나 그들의 비밀을 파헤치지는 않을 것이다. 그러나 가장 가깝고 소중한 가족에게는 아무렇지도 않게 무례를 저지른다.

도로시 딕스 여사는 "우리에게 무례한 독설을 퍼붓는 사람이 가족이라는 사실은 너무나 놀라운 일이다"라고 말했다. 예의는 말하자면 결혼생활의 윤활유이다.

『아침 식탁의 독재자』의 저자 올리버 홈스는 가정에서는 결코 독재자가 아니었다. 그는 아무리 기분이 좋지 않아도 가족들에게는 결코 그런 모습을 보이지 않았다. 불쾌한 기분은 본인으로 충분하다. 다른 가족까지 불쾌함을 느끼는 것은 참을 수가 없었던 것이다.

이것이 올리버 홈스의 주장이다. 우리는 과연 어떤가? 회사에서 일이 잘 풀리지 않는다거나, 상사에게 혼이 났다거나 하는 불쾌한 일이 있을 때마다 가족들에게 화풀이를 한다.

네덜란드에서는 집에 들어가기 전에 신발을 벗는 습관이 있다. 그날의 불쾌했던 모든 것들을 집안에 들어가기 전에 털어버리는 것이다.

윌리엄 제임스의 논문 「인간의 맹목성에 대하여」에 이런 내용이 있다. "여기에서 말하는 인간의 맹목성이란 자신 이외의 동물과 인간의 감정에 대한 무감각함으로 우리는 모두 이런 경향이 있다."

고객과 동료에 대해서는 결코 난폭한 언행을 하지 않는 남자도 아내에게는 아무렇지 않게 소리를 친다. 그러나 진정한 행복을 얻기 위해서는 일보다는 결혼생활을 훨씬 중요하게 여길 필요가 있다.

설령 평범하다 할지라도 행복한 가정생활을 음미하고 있는 편이 독신의 천재보다 훨씬 행복하다. 러시아의 문호 투르게네프는 이렇게 말하고 있다.

"나를 위해 저녁을 준비하고 기다려주는 여성이 있다면 나는 모든 재능을 버리더라도 아깝지 않다."

원만한 가정이 세상에는 몇 퍼센트나 될까? 도로시 딕스 여사는 결혼의 50퍼센트가 실패라고 말하고 있지만, 폴 포피노 박사의 이야기는 다르다. 박사의 말에 의하면 "사업에 성공하는 확률은 결혼에 성공할 확률보다 낮다. 사업은 70퍼센트가 실패를 하지만 결혼은 70퍼센트가 성공을 한다"고 했다.

딕스 여사는 결혼에 대해 다음과 같은 결론을 내렸다.

결혼이라는 사건과 비교한다면 출생은 그저 에피소드에 불과하며 죽음도 사소한 사건에 불과하다.

남자들이 일에 쏟는 열정을 어째서 가정에는 쏟지 않는 건지 여성들은 그 이유를 모른다.

백만이라는 부를 축적하는 것보다 상냥한 아내와 평화롭고 행복한 가정을 일구는 것이 남자들에게는 훨씬 의미 있는 것이지만, 원만한 가정을 위해 진지하게 노력을 하는 남자는 100명 중에 한 사람도 되지 않는다. 인생에 있어서 가장 중요한 것을 그냥 방치하고 있다. 아내에게는 강압적인 태도보다는 부드러운 태도로 대하는 것이 훨씬 효과적인데도 어째서 남자들은 후자를 선택하는지 여자들은 이해할 수가 없다.

아내를 마음먹은 대로 움직이는 기술을 남편들도 알고 있을 것이다. 조금만 칭찬해주면 아내가 만족한다는 것을 남편들은 잘 알고 있다. 낡은 옷이라 할지라도 잘 어울린다고 칭찬해주면 아내는 최신 유행의 옷을 원하지 않는다는 것도 잘 알고 있다. 아내의 눈에 키스를 해주면 아내의 눈이 멀고, 입술에 키스를 해주면 벙어리가 된다는 것을 남편들은 잘 알고 있다.

남편이 이런 정도의 것들은 잘 알고 있을 것이라고 아내들은 생각한다. 그녀는 자신을 기쁘게 해주는 방법을 남편에게 가르쳐주었다. 그럼에도 불구하고 남편은 그 방법을 활용하려 하지 않고 아내와 싸워 큰 손해를 보는 한이 있더라도 아첨을 하는 것보다는 낫다고 여기는 것 같다. 그러니 아내가 화를 내는 것도 당연하다.

Key point

| 행복한 가정을 만드는 원칙 6 |

예의를 지켜라.

07
성에 대한 올바른 지식을 가져라

사회위생국의 총책임자인 캐서린 데이비스 여사는 천 명의 기혼여성을 상대로 결혼생활에 대한 설문조사를 한 적이 있었다. 그 결과 성생활에 불만을 가지고 있는 사람이 의외로 많다는 것을 알았다. 이 조사를 근거로 여사는 미국에서의 이혼 원인의 큰 원인 중에 하나로 성생활의 불화를 꼽을 수 있다고 발표했다.

G. V. 해밀턴 박사의 조사도 이것을 입증해주고 있다. 박사는 남녀 각각 100명의 결혼생활에 대하여 4년 동안 연구를 하였다. 박사는 이들을 개별적으로 면담하여 약 400개의 질문을 만들어서 그들의 결혼생활을 철저하게 분석했다. 이 조사 결과는 사회적으로 중요한 의미를 갖고 있기

때문에 유력한 자선가의 경제적 원조를 받았다. G. V. 해밀턴 박사와 케네스 맥가우언 박사의 공저 『결혼의 장애물』이 그 조사의 결과이다.

결혼의 장애물에 대해 해밀턴 박사는 이렇게 지적하고 있다.

"성적 불화는 가정불화의 주된 원인이 되지 않는다고 일부 정신의학자들이 주장하고 있지만 절대로 그렇지 않다. 성생활만 원활하다면 대부분의 경우에 약간의 다른 마찰은 문제가 되지 않는다."

폴 포피노 박사는 가정생활에 대한 권위자로 그의 이야기에 따르면 결혼의 실패는 보통 네 개의 원인에서 비롯된다고 한다. 그 순서는 다음과 같다.

1. 성생활의 불화
2. 여가 생활에 대한 의견의 불일치
3. 경제적 곤란
4. 심신의 이상

성의 문제가 1위를 차지하고 있다는 것을 주목하기 바란다. 그리고 금전적 문제가 3위를 차지한 것은 조금 의외의 결과이다.

이혼문제의 권위자들은 한결같이 입을 모아 성생활의 균형을 유지하는 것이 결혼생활에서 절대적으로 필요하다고 한다. 신시내티 가정법원의 호프만 판사는 수천 건의 이혼소송을 처리한 사람으로 "이혼의 원인은 십중팔구 성적 불만때문이다"라고 증언하고 있다.

　심리학자로 유명한 존 와트슨도 "섹스가 인생의 가장 중요한 문제라는 것은 명백하다. 섹스는 인생의 행복을 좌우한다"라고 했다.

　내 강습회에 참석한 수많은 개업의들도 이 의견에 찬성을 하고 있다. 교육문화가 발전한 현대사회에서 이런 본능적인 것에 대한 무지로 인해 결혼생활이 파괴되고 인생항로에 적신호가 속출하는 것은 너무나 안타까운 이야기가 아닌가.

　올리버 버터필드 신부는 18년 동안의 사제생활을 그만두고 뉴욕의 가족 상담소 소장이 되었다. 그만큼 수많은 결혼식에 참석한 사람도 드물 것이다. 그는 이렇게 말하고 있다.

　"내 경험에 의하면 결혼식장의 신랑 신부들은 사랑으로 불타고 있지만 결혼의 진정한 의미를 모르는 사람이 의외로 많다. 결혼에 있어서 성생활의 균형은 매우 어려운 문제임에도 불구하고 대부분의 경우에선 그대로 방치하고 있다. 그런데도 이 나라의 이혼율이 이 정도에 머무르고 있는 것은 놀랄 만한 일이다. 많은 부부들이 진정한 결혼생활을 영위하지 못한 채 단순히 이혼을 하고 있지 않을 뿐이다. 지옥에 빠져 있는 것과 마찬가지다.

행복한 결혼은 그냥 방치해놓아서는 이룰 수 없다. 현명하고 신중하게 계획을 세워야만 비로소 행복을 이룰 수 있다."

버터필드 신부의 주례로 결혼식을 올린 신랑 신부는 그와 함께 이 문제에 대하여 솔직하게 이야기를 나누어야만 했다. 그 결과 성적으로 무지한 사람이 매우 많다는 것이 판명되었다고 한다.

그는 이렇게도 말해주었다.

"결혼생활을 행복하게 하는 요소의 여러 가지가 있는데 성 문제는 그중 하나에 불과하다. 하지만 성의 균형이 깨지면 다른 요소들도 모두 깨지고 만다."

올바른 성 지식을 얻기 위해서는 어떻게 하는 것이 좋을까? 그는 이렇게 말하고 있다.

"결혼생활에 대한 사고방식과 현실에 대하여 허심탄회한 태도로 이야기를 나누어야 한다. 가장 바람직한 것은 성 지식을 올바르게 가르쳐줄 적당한 책을 읽는 것이다."

성에 관해 책을 보며 공부한다는 게 어색한가? 몇 해 전

콜럼비아대에서 미국 사회위생협회와 공동으로 교육 전문가들이 대학생의 성과 결혼에 관해 토론을 한 적이 있다. 이 토론회에서 폴 포피노 박사는 이렇게 말했다.

"현재 이혼율이 감소하는 이유는 사람들이 성과 결혼에 대해 기술한 좋은 책을 많이 읽어서입니다."

Key point

| 행복한 가정을 만드는 원칙 7 |

성에 대한 올바른 지식을 가져라.

가정의 행복 측정법

남편을 위한 문제

1. 당신은 때때로 아내에게 꽃을 사준다든가, 생일날이나 결혼기념일에 선물을 한다든가, 또 아내에게 예기치 않은 일을 해 기쁘게 만들어주는 친절한 마음씨를 보여주고 있는가?
2. 당신은 남이 보는 앞에서 아내에게 잔소리를 하지 않도록 주의하고 있는가?
3. 당신은 생활비 이외의 용돈을 아내에게 주고 있는가?
4. 당신은 감수성이 강한 여성의 심정을 이해하고, 피곤해서 짜증이 난 아내를 친절하게 돌봐주고 있는가?

5. 당신은 당신의 여가 시간의 절반을 아내와 함께 지내고 있는가?

6. 당신은 아내의 요리나 가계의 처리에 대해서 당신의 모친이나 친구의 아내와 비교하지 않는가?

7. 당신은 아내의 지적인 생활, 또는 독서 의견에 대해서 깊은 관심을 보여주는가?

8. 당신은 안내가 다른 남성으로부터 호의를 받아도 싫은 소리를 하지 않고 허용할 수 있는가?

9. 당신은 주저 없이 아내를 칭찬할 수 있는가?

10. 당신은 아내가 당신을 위해서 단추를 달거나 양말을 꿰매주면 감사의 표시를 하고 있는가?

아내를 위한 문제

1. 당신은 남편의 회사 동료나 시간 사용법에 대해서 비평하지 않도록 조심하고 있는가?

2. 당신은 가정을 행복하게 하기 위해서 최대한 노력을 하고 있는가?

3. 당신은 남편을 기쁘게 하기 위해서 매일매일 식단에 신경을 쓰고 있는가?

4. 당신은 남편의 일을 이해하고 그의 도움이 되도록 마

음을 쓰고 있는가?

5. 당신은 남편이 실패하여도 군소리하지 않고 명랑하게 그리고 용감하게 역경을 헤쳐 나갈 각오가 되어 있는가?

6. 당신은 시댁 식구들과 정답게 지내려고 노력하고 있는가?

7. 당신은 남편에게 예뻐 보이는 옷차림을 하고 있는가?

8. 당신은 이의가 있어도 다소의 차이라면 타협해서 가정의 원만을 꾀하고 있는가?

9. 당신은 남편의 취미에 동조해서 함께 골프를 치거나 야구 등을 보러 가곤 하는가?

10. 당신은 남편과 공통의 화제를 갖기 위해 사회의 동향에 대해서 관심을 갖고 있는가?